Amor em Manhattan

SARAH MORGAN

Amor em Manhattan

tradução de
William Zeytoulian

Rio de Janeiro, 2021

Título original: Sleepless in Manhattan
Copyright © 2016 by Sarah Morgan

Todos os personagens neste livro são fictícios. Qualquer semelhança com pessoas vivas ou mortas é mera coincidência.

Direitos de edição da obra em língua portuguesa no Brasil adquiridos pela Editora HR LTDA. Todos os direitos reservados. Nenhuma parte desta obra pode ser apropriada e estocada em sistema de banco de dados ou processo similar, em qualquer forma ou meio, seja eletrônico, de fotocópia, gravação etc., sem a permissão do detentor do copyright.

Direitos exclusivos de publicação em língua portuguesa cedidos pela Harlequin Enterprises II B.V./ S.À.R.L para Editora HR Ltda.

A Harlequin é um selo da HarperCollins Brasil.

Contatos:

Rua da Quitanda, 86, sala 218 — Centro — 20091-005 — Rio de Janeiro — RJ
Tel.: (21) 3175-1030

Diretora editorial: *Raquel Cozer*
Gerente editorial: *Alice Mello*
Editor: *Ulisses Teixeira*
Copidesque: *Iris Figueiredo*
Revisão: *Cristiane Pacanowski* e *Victor Oliveira*
Produção editorial e diagramação: *Pipa Agência de Conteúdos Editoriais e Literários*
Design de capa: *Osmane Garcia Filho*

CIP-BRASIL. CATALOGAÇÃO NA PUBLICAÇÃO
SINDICATO NACIONAL DOS EDITORES DE LIVROS, RJ

M846a

Morgan, Sarah

Amor em Manhattan / Sarah Morgan ; tradução William Zeytoulian. - 1. ed. - Rio de Janeiro : Harlequin, 2018.

384 p. : il. ; 21 cm.

Tradução de: Sleepless in Manhattan
ISBN 978-85-398-2539-4

1. Romance inglês. I. Zeytoulian, William. II. Título.

17-45932

CDD: 823
CDU: 821.111-3

Este livro é dedicado a Nicola Cornick, uma autora incrível e que é tudo o que uma amiga deve ser.

———

Há algo no ar de Nova York que torna o sono inútil.
— Simone de Beauvoir

Capítulo 1

Quando estiver subindo uma escada, suponha sempre que alguém está olhando por debaixo de sua saia.

— Paige

— "PROMOVIDA". ACHO QUE ESSA é a minha palavra favorita. Vocês não têm ideia de quanto tempo faz que estou esperando por isso.

Arrastada pelo fluxo dos vagões, Paige Walker seguiu suas duas amigas, Eva e Frankie, enquanto subiam pelas escadarias saindo do metrô e emergiam rumo ao céu ensolarado e azul. Acima dela, os arranha-céus de Manhattan tocavam as nuvens fofas como uma floresta de aço e vidro cintilando sob a claridade do sol matinal, todos competindo para ver qual era mais alto. O Empire State. O Rockefeller Center. Cada um mais alto, maior, melhor. *Olhem para mim*, parecem dizer.

Paige olhou e sorriu. Aquele era o grande dia. Até o clima estava em festa.

Nova York devia ser a cidade mais empolgante do mundo. E ela amava aquela vitalidade, as promessas, o ritmo.

Paige conseguiu um emprego na Estrela Eventos logo depois de terminar a faculdade e quase não acreditou na própria sorte, ainda mais porque suas duas melhores amigas também estavam lá. Trabalhar para uma grande empresa com sede em Manhattan era um sonho. A energia plena da cidade entrava por sua pele e percorria suas veias como uma injeção de adrenalina. Aqui, poderia se tornar quem quisesse ser. Poderia viver sua vida sem ninguém perguntando vinte e cinco vezes por dia se estava tudo bem. No frenesi de tirar o fôlego que era Nova York, as pessoas estavam ocupadas demais consigo mesmas para ter tempo de pensar nos outros. As interações ficavam na superfície e nunca se aprofundavam. Ela se misturava à multidão e estava muito bem assim.

Paige não queria se destacar. Não queria ser diferente, preciosa ou especial. Ela não queria ser a garota-propaganda de ninguém.

Queria ser anônima. Normal, seja lá o que isso quisesse dizer. E isso finalmente aconteceu, lá, em Nova York.

O caos urbano oferecia um tipo peculiar de privacidade. Tudo se movia rápido.

Quer dizer, tudo menos sua amiga Eva, que não gostava muito de madrugar.

— "Promovida" não é minha palavra favorita. "Amor", essa sim, provavelmente é. — Eva bocejou, sonolenta. — Ou talvez "sexo", que é a segunda melhor coisa que existe. Eu acho, pelo menos. Não lembro bem, pois faz muito tempo que não faço. Estou até preocupada que possa ter esquecido como se faz. Se algum dia eu ficar pelada de novo na frente de um cara, acho melhor levar um manual de instruções. Por que ninguém em Manhattan quer saber de namorar? Eu não quero só ficar. Quero um parceiro para o resto da vida. Até patos têm parceiros para a vida toda... por que nós não? — Ela fez uma pausa para amarrar o cadarço e suaves mechas de seu cabelo loiro penderam para a frente junto com seus seios, que tinham curvas generosas como um cupcake carnudo. Um homem que vinha caminhando bem na sua frente parou abruptamente, boquiaberto, e outros quatro trombaram contra ele.

Tentando prevenir um engavetamento humano, Paige agarrou o braço de Eva e puxou-a para o lado.

— Você é um perigo ambulante.

— E eu tenho culpa se meus cadarços se desamarram sozinhos?

— O problema não são seus cadarços. O problema é que você acabou de anunciar para toda Manhattan que não faz sexo há mil anos.

— O problema — disse Frankie, bloqueando a vista com os braços — é que uma dúzia de banqueiros está fazendo fila para investir nos seus fundos. E não estou falando de finanças. Levante-se, Bela Adormecida. Eu amarro o seu cadarço.

— Não tenho nenhum fundo de investimentos para administrar, mas pelo menos não tenho que ficar acordando de madrugada para me preocupar com receitas e juros. Aí está um bônus, mas um diferente do que o que esses banqueiros conhecem. — Eva se levantou e esfregou os olhos. Ela tinha dificuldade de se concentrar antes das dez da manhã. — Você não precisa amarrar meu cadarço. Não sou uma criancinha de seis anos.

— Você não era tão fatal com seis anos. É mais seguro se eu amarrar. Não estou com um decote que devia vir com aviso para cardíacos ou um cérebro incapaz de filtrar o que sai de minha boca. E chega um pouco para lá. Estamos em Nova York. Aqui é crime bloquear o fluxo de pedestres. — Havia um tom de irritação na voz de Frankie, o que fez Eva torcer o nariz e colocar o pé de lado.

— Ninguém pode ser processado por ficar no caminho dos outros. O que deu em você hoje?

— Nada…

Paige e Eva se entreolharam. Ambas sabiam que "nada" queria dizer "algo" e que não adiantava pressionar Frankie por respostas. Ela falaria quando estivesse pronta, o que geralmente acontecia quando a poeira tivesse baixado um pouco.

— Bloquear o fluxo de pedestres devia ser julgado como provocação — disse Paige. — E, sim, ela era fatal desse jeito quando criança. Você se esqueceu da festa de oito anos dela quando o Freddie Major ameaçou bater no Paul Mathews se ela não aceitasse seu pedido de casamento.

— Freddie Major. — A lembrança fez a sombra de um sorriso se esboçar no rosto de Frankie. — Eu coloquei um sapo dentro da camisa dele.

Eva se estremeceu toda.

— Você era uma criança malvada.

— O que posso dizer? Nunca fui boa com homens. Não importa a idade. — Frankie empurrou seu copo de bebida contra a mão de Eva. — Segura isso aqui e, se você jogar no lixo, será o fim da nossa amizade.

— Nossa amizade sobrevive há mais de vinte anos. Gosto de pensar que ela seria capaz de sobreviver mesmo se eu jogasse no lixo essa porcaria que você está bebendo.

— Ela não ia sobreviver, não. — Atlética e flexível, Frankie se abaixou com agilidade. — Todos podem se permitir um vício. O meu é consumir porcaria.

— Coca-Cola Diet não é café da manhã! Seus hábitos alimentares são uma ameaça à sua própria vida. Por que você não deixa eu fazer um suco de couve com espinafre para você? — perguntou Eva.

— Não deixo porque gosto de esquecer o que tomei no café da manhã depois que termino de comer. E meus hábitos alimentares não são tão ameaçadores quanto o seu jeito de se vestir. — Frankie amarrou os cadarços do All Star verde brilhante de Eva enquanto um rio de pessoas passou caminhando por elas, todas apressadas para chegar o mais rápido possível em seus destinos. Frankie estremeceu quando alguém esbarrou nela.

— Por que você não dá um nó duplo, Ev?

— Porque eu ainda estava dormindo quando me vesti.

Frankie se levantou e arrancou a Coca Diet da mão de Eva. Seu cabelo rodopiava em chamas flamejantes por sobre os ombros.

— Ai! Cuidado aí! — Ela arrumou os óculos, virou o rosto e viu a silhueta de um homem de terno sumir na multidão. — É falta de educação arrancar o rim de alguém com uma pasta sem dar ao menos uma anestesia. — Praguejando baixinho, esfregou as costelas com as mãos. — Há dias em que eu queria voltar a viver numa cidadezinha do interior.

— Você só pode estar brincando. Você voltaria para a Ilha Puffin? — Paige trocou a bolsa de ombro. — Eu nunca tenho vontade de voltar, nem mesmo no metrô, quando estou tão espremida que parece que tem uma jiboia me abraçando. Não que a ilha não seja bonita, ela é… Mas é uma ilha, ponto final. — Nas águas agitadas da Baía de Penobscot, sufocada pelas preocupações de seus pais, Paige se sentiria isolada da civilização. — Gosto de viver em um lugar onde ninguém quer saber dos mínimos detalhes da minha vida.

Às vezes, na ilha, ela tinha a impressão de que todos tentavam fazer o papel de pai e mãe. "Paige, por que você está sem casaco?" "Paige, tadinha, eu vi que o helicóptero levou você para o hospital de novo." Ela se sentia presa, cerceada, como se alguém a agarrasse pelas mãos sem lhe dar qualquer chance de escapar.

Sua vida, até então, consistia em manter-se bem, segura, protegida a ponto de querer gritar a pergunta que ardia em seu peito desde a infância: de que vale estar viva se não a deixam viver?

Mudar-se para Nova York foi a melhor e mais emocionante coisa que aconteceu em toda a sua vida. Lá era diferente da Ilha Puffin em todos os aspectos possíveis. Diferente para pior, diriam alguns.

Mas não Paige.

Frankie torcia o nariz.

— Vocês sabem que sou incapaz de colocar os pés na Ilha Puffin de novo. Eu seria linchada. Sinto falta de algumas coisas, mas algo de que *não* tenho saudades mesmo é de todo mundo me olhando com raiva por minha mãe ter tido um caso com um homem que não era casado com ela. — Frankie afastou uma mecha de cabelo dos olhos. Raiva, frustração e sofrimento irradiavam dela e, quando amassou a latinha vazia na mão, seus dedos estavam brancos. — Em Manhattan, pelo menos, tem um ou outro homem com quem minha mãe ainda não transou. Embora ontem a lista tenha diminuído, oficialmente, em um nome.

— De novo? — Paige finalmente entendeu por que Frankie estava tão sensível. — Ela mandou uma mensagem pra você?

— Sim, depois de eu ignorar as outras catorze mensagens anteriores. — Frankie deu de ombros. — E você me perguntou por que eu não estava a fim de tomar café da manhã, Ev... Pelo visto, ele tinha 28 anos e meteu nela forte que nem porta de celeiro batendo em vendaval. A riqueza de detalhes na mensagem me fez perder o apetite. — A irreverência no tom de voz de Frankie não escondeu sua tristeza e Paige deslizou o braço por baixo do dela.

— Eles vão terminar logo.

— É claro que vão terminar logo. Os namoros da minha mãe nunca duram. Mas enquanto os dois estiverem juntos, minha mãe vai dar um jeito de arrancar uma quantidade considerável dos bens dele. Eu não tenho pena do cara. Para mim, ele tem tanta culpa quanto minha mãe. Por que os homens não conseguem manter o zíper da calça fechado? Por que eles simplesmente não conseguem dizer "não"?

— Muitos caras dizem "não". — Paige pensou nos próprios pais e no casamento longo e feliz deles.

— Não os caras com quem minha mãe sai. Meu maior medo é encontrar algum em um evento qualquer. Já pensou nisso? Acho que eu devia mudar de nome.

— Você nunca vai encontrar algum deles. Tem muita gente em Nova York.

Eva se enlaçou no outro braço de Frankie.

— Sua mãe vai se apaixonar um dia desses e tudo isso vai acabar.

— Ah, para com isso! Nem vocês conseguem romantizar essa situação toda. Isso não tem nada a ver com amor — retrucou Frankie. — Homens são o emprego da minha mãe. Ela é CEO da ATD, que é a sigla da corporação Arranque Tudo Deles.

Eva soltou um suspiro.

— Ela tem problemas…

— Problemas? — Frankie parou bruscamente. — Ev, a minha mãe deixou de ser "problemática" há muito tempo. Podemos falar de outra coisa? Eu não devia nem ter tocado nesse assunto. Tenho certeza de que vai estragar meu dia e eu sei bem, pois não é a primeira vez que isso acontece. Morar em Nova York tem muitas vantagens, mas poder evitar a própria mãe é uma das maiores.

Pela milésima vez, Paige pensou que tinha sorte com seus pais. Tudo bem que eles se preocupavam e exageravam um pouco além da conta, o que a deixava louca, mas em comparação à mãe da Frankie, eles eram extraordinariamente normais.

— Viver em Nova York é a melhor coisa que aconteceu com todas nós. Como é que a gente sobrevivia sem umas comprinhas na Bloomingdale's ou sem os pãezinhos da Magnolia Bakery?

— Ou sem dar comida para os patos do Central Park? — disse Eva, em tom melancólico. — É o que mais gosto de fazer. Eu ia lá com a minha avó todos os fins de semana.

O olhar de Frankie suavizou.

— Você morre de saudades dela, não é?

— Eu estou bem. — Eva se encolheu um pouco. — Há dias melhores e outros piores. Não é tão ruim quanto um ano atrás. Ela já tinha 93 anos. Não tenho do que reclamar, não é mesmo? Só é estranho não a ter por perto. Ela foi uma presença constante ao longo de toda a minha vida e agora não está mais aqui. Eu não tenho mais ninguém. Não sou próxima de mais ninguém.

— Você tem a gente — disse Paige. — Nós somos a sua família. Vamos sair nesse fim de semana para fazer umas comprinhas? A gente podia ir dar uma olhada nas maquiagens na Saks da Quinta Avenida e depois sair para dançar.

— Dançar? Eu *amo* dançar. — Eva mexeu os quadris de forma provocante e quase causou um novo engavetamento.

Frankie a puxou para a frente.

— Não há palmilha de silicone no mundo que dê conta de um dia de compras e balada. Além disso, sábado é noite de filme. Meu voto é por maratona de horror.

Eva recuou.

— Nem pensar! Eu ia ficar a noite inteira acordada.

— Também sou contra. — Paige fez uma careta. — Quem sabe o Matt libera a televisão para uma maratona de comédias românticas para comemorar a minha promoção?

— De jeito nenhum! — Frankie arrumou os óculos. — É mais fácil o seu irmão pular da janela do que liberar a televisão para uma noite inteira de comédias românticas. Ainda bem, aliás.

Eva deu de ombros.

— Que tal sairmos hoje à noite, em vez de no sábado? Eu nunca vou conhecer alguém se não sair.

— Ninguém vem para Nova York para conhecer alguém. As pessoas vêm para cá pelos programas culturais, pela experiência, pelo dinheiro... A lista é longa, mas encontrar um homem para casar não faz parte dela.

— Então por que você veio para cá?

— Eu vim porque queria viver num lugar grande, anônimo, e porque as minhas melhores amigas moram aqui. E porque amo vários lugares dessa cidade — admitiu Frankie. — Eu adoro o parque da High Line, o Jardim Botânico e nosso cantinho secreto no Brooklyn. Adoro aquele prédio de pedrinhas marrons e vou ser eternamente grata a seu irmão por alugar aquele apartamento pra gente.

— Você ouviu isso? — perguntou Eva, tocando Paige com o cotovelo. — Frankie disse algo bom sobre um homem.

— Matt é um dos poucos homens decentes do planeta. Ele é um amigo e só isso. Acontece que gosto de ser solteira. Qual é o problema? — O tom de voz de Frankie era tranquilo. — Sou independente e me orgulho disso. Ganho meu próprio dinheiro e não preciso ficar dando satisfação a ninguém. Ser solteira é uma escolha, não uma doença.

— Já a minha escolha seria não ser solteira. Também não há nada de errado com isso, então não vem com esse sermão. Não vou fingir que não fico desanimada porque a camisinha na minha bolsa passou do prazo de validade. — Eva ajeitou um fio de cabelo loiro rebelde para trás da orelha e, com habilidade, encaminhou a conversa para outro tema que não fosse namoro. — Eu *amo* o verão. Colocar uma saia leve, chinelos, ver uma peça de Shakespeare no parque, passear de barco pelo rio Hudson, passar várias horas da tarde na cobertura do prédio. Eu ainda não acredito que seu irmão construiu aquilo. Ele é tão inteligente.

Paige não discordou.

Oito anos mais velho, Matt saiu de casa na Ilha Puffin muito tempo antes dela. Seu irmão decidiu começar um negócio próprio de arquitetura e paisagismo exatamente ali, em Nova York, e a empresa dele agora estava tendo sucesso.

— Aquele jardim na cobertura é um paraíso. — Frankie acelerou o passo. — O que aconteceu com aquele contrato grande em Midtown? Não deu certo?

— Ainda estão esperando a resposta, mas a empresa dele está indo bem.

E agora era a vez dela.

A promoção de Paige era o passo seguinte em sua vida. Com sorte, seria também o passo a seguir rumo à cura para a tendência excessivamente protetora de sua família.

Como ela nasceu com um problema no coração, sua infância foi um constante vaivém entre hospitais, médicos e pais carinhosos que lutavam para esconder a própria angústia. À medida que foi crescendo, Paige se sentia totalmente incapacitada. No dia em que saiu do hospital depois da cirurgia que todos torciam para que fosse a última, jurou a si mesma que mudaria aquilo. Felizmente, a não ser por exames de rotina ocasionais, ela foi dispensada de intervenções médicas frequentes e agora estava bem. Sabia que tinha sorte e estava decidida a fazer cada dia valer a pena. O único jeito de fazer isso era se afastar da Ilha Puffin, e foi o que fez.

Paige tinha uma vida nova e tudo ia bem.

— Precisamos nos apressar. Não podemos chegar atrasadas — disse Eva, interrompendo os pensamentos de Paige.

— Ela não pode vir com aquele discursinho de que trabalhamos meio período, já que ontem trabalhamos até quase de madrugada.

Paige não precisou nem perguntar quem era "ela". "Ela" era Cynthia, a diretora de eventos, a única coisa de que Paige não gostava no trabalho. Cynthia tinha entrado na Estrela Eventos um ano depois de Paige, e o clima da empresa mudou imediatamente. Foi como se alguém tivesse descarregado um caminhão de lixo tóxico numa fonte pura, envenenando todos que bebessem dela.

— Ainda não acredito que Cynthia demitiu a coitada da Matilda. Você tiveram alguma notícia dela?

— Eu liguei várias vezes — disse Eva —, mas ela não atende. Estou preocupada. A Matilda precisava muito daquele emprego. Eu a visitaria, mas também não sei onde mora.

— Continue ligando. Vou tentar convencer a Cynthia a mudar de ideia.

— Qual é o problema dela? A mulher está sempre de mau humor. Se detesta tanto o próprio emprego, por que simplesmente não pede demissão? Sempre que a vejo, quero pedir desculpas mesmo sem ter feito nada. Sinto como se ela fosse um tubarão branco no topo da cadeia alimentar e eu, uma foquinha, prestes a ser devorada de uma bocada só.

Paige fez que não com a cabeça.

— Cynthia nunca vai pedir demissão. O que é mais um motivo para eu desejar tanto essa promoção. Assim vou ter menos contato com ela, mais responsabilidades e meus próprios problemas para resolver. — Paige ganharia mais e teria novas experiências e, um dia, com sorte daqui a não muito tempo, abriria um negócio próprio e seria sua própria chefe. Ela estaria no controle de tudo.

Esse era seu sonho, mas Paige não se contentava apenas em sonhar. Ela tinha um plano.

— Você vai ser uma chefe incrível — disse Eva. — Desde o dia em que planejou minha festa de oito anos, eu sabia que você iria longe. É claro que não seria muito difícil ser uma chefe melhor do que a Cynthia. Outro dia mesmo ouvi alguém dizer que ela não se dava por satisfeita até fazer uma pessoa chorar pelo menos uma vez. — Eva fez uma parada de emergência em frente a uma vitrine. As focas e os tubarões foram substituídos por uma expressão de nirvana em loja de departamentos. — Vocês acham que aquele top ficaria bom em mim?

— Talvez, mas não tem jeito de ele entrar no seu armário. — Paige puxou a amiga. — Você precisa jogar alguma coisa fora antes de comprar algo novo.

— E eu tenho culpa de ter apego sentimental às minhas coisas?

Frankie entrou na frente de Eva para desviar seu olhar da vitrine.

— Como é possível ter apego sentimental a uma roupa?

— É simples. Se algo bom acontece enquanto estou vestindo uma roupa, eu a visto de novo quando preciso de energias positivas. Hoje, por exemplo, estou vestindo minha camisa da sorte para ter certeza absoluta de que a promoção da Paige vai vir junto com um aumento de salário considerável.

— Como é possível que uma camisa traga sorte?

— Várias coisas boas aconteceram comigo enquanto eu vestia esta camisa.

Frankie balançou a cabeça.

— Eu não quero saber.

— Ótimo, pois não vou contar. Vocês não sabem tudo sobre mim. Eu tenho um lado místico. — Eva esticou o pescoço na tentativa de olhar a vitrine. — Será que posso…?

— Não. — Paige deu um cutucão nela. — Você não tem nada de mística, Ev. Você é um livro aberto.

— É melhor ser um livro aberto do que cruel e desumana. E todas nós temos nossos próprios vícios. Frankie com as flores. Você com o seu batom vermelho… — Eva olhou para os lábios de Paige. — Aliás, esse tom é lindo. É novo?

— Sim, se chama "Sucesso do Verão".

— Muito conveniente. A gente precisa comemorar hoje à noite. Ou você acha que a Cynthia vai convidar você para fazer algo?

— A Cynthia nunca socializa. — Paige passou horas e mais horas tentando compreender a chefe, mas ainda não tinha entendido nada. — Nunca a ouvi falar sobre algo ou alguém que não fosse do trabalho.

— Vocês acham que ela tem vida sexual?

— Nenhuma de nós tem vida sexual. Estamos em Manhattan, querida. Todos estão ocupados demais para transar.

— Menos a minha mãe — murmurou Frankie.

— E o Jake — acrescentou Eva rapidamente. — Ele estava no evento que os Adams fizeram algumas noites atrás. Definitivamente, ele era o cara mais sexy do lugar. E o mais inteligente também. O Jake está sempre transando com alguma mulher diferente, mas acho que o fato de ele ser absurdamente gostoso e ter aquele corpão ajuda. Agora eu até consigo entender por que você foi apaixonada por ele na adolescência, Paige.

Paige sentiu como se alguém tivesse lhe dado um soco no estômago.

— Isso já faz muito tempo.

Pensar em Jake transando com outras mulheres não devia incomodá-la. Não mesmo.

— Os primeiros amores são marcantes — disse Eva. — O sentimento nunca passa.

— A primeira decepção amorosa também. Esse sentimento também nunca passa. Minha paixão pelo Jake acabou há muito tempo, então podem parar de me olhar desse jeito.

Mas a relação deles não era tão simples.

Havia dias em que Paige queria que ele não fosse o melhor amigo do seu irmão.

Se ao menos Jake fosse um cara qualquer que ela conhecera em sua adolescência, Paige poderia rir de tudo, se esquecer dele e seguir em frente em vez de ser obrigada a continuar presa a suas lembranças constrangedoras.

Mas lá estavam suas algemas, sempre tinindo.

Mesmo agora, depois de tantos anos, ainda se encolhia quando pensava nas coisas que dissera a ele. E as coisas que fez eram ainda piores.

Ela havia ficado nua...

As lembranças fizeram Paige querer enfiar a cabeça no primeiro buraco que visse no chão.

Será que Jake também pensava naquilo às vezes? Pois ela pensava bastante.

Eva ainda falava:

— Aposto que ele está na lista de desejo de um milhão de mulheres.

Incrédula, Frankie balançou a cabeça.

— Quando uma pessoa faz uma lista de desejos, ela normalmente escolhe algo como pular de paraquedas ou viajar para Machu Picchu, alguma experiência para a vida toda, Ev.

— Tenho certeza de que ser beijada por Jake Romano é uma experiência incrível, para a vida toda. Muito melhor do que pular de paraquedas, mas sou suspeita para falar. Tenho medo de altura.

Paige continuou caminhando.

Ela nunca ia descobrir.

Mesmo quando se jogou em cima dele, Jake não chegou perto de beijá-la.

Paige sonhava que ele fosse arrebatado pelo desejo. Em vez disso, Jake se desprendeu delicadamente dos lábios grudentos dela como alguém se liberta da roupa que um vento forte lançou sobre si.

Sua bondade cheia de paciência foi o golpe mais humilhante de todos. Jake não estava lutando contra seus desejos: ele estava lutando contra *ela*, combatendo-*a*.

Essa foi a primeira e última vez que Paige disse "eu te amo" para um homem. Ela tinha *muita* certeza de que Jake também nutria sentimentos por ela, mas o fato de ter se enganado totalmente ditou a forma como interagia com o sexo oposto desde então. Paige não confiava mais em seus instintos.

Hoje em dia, era muito, muito cuidadosa com seu coração. Fazia exercícios, comia suas cinco porções diárias de frutas e legumes e direcionava todo o seu foco ao trabalho, que sempre provou ser mais empolgante do que qualquer relacionamento.

Paige parou de andar ao chegar à entrada do prédio onde ficavam os escritórios da Estrela Eventos e respirou fundo. Não tinha por que ficar pensando no Jake quando estava prestes a entrar na reunião mais importante de sua vida. Tinha a tendência de ficar com a cabeça nas nuvens e os joelhos bambos. Precisava se concentrar.

— É isso. Chega de dar risada. Dentro dessas paredes, não há espaço para diversão.

Cynthia esperava por elas na mesa da recepção.

Paige sentiu um rompante de irritação.

É sério que ela não conseguia esboçar *um* único sorrisinho em um dia importante como aquele?

Felizmente, nem Cynthia conseguia estragar o trabalho para Paige. Ela amava aquilo tudo. Divertia-se cuidando dos mínimos detalhes e fazendo de cada evento uma ocasião memorável. Para ela, o que mais importava era ver um cliente satisfeito. Quando criança, Paige adorava organizar festinhas para seus amigos. Isso era sua profissão agora e ela estava prestes a assumir muito mais responsabilidades.

Imaginar o novo nível de suas funções melhorava o humor das três amigas, que atravessaram a recepção com um sorriso no rosto.

Gerente sênior de eventos.

Paige já tinha planejado tudo. Cada um da sua equipe daria o máximo de si no trabalho não só para ninguém falar mal, mas porque seria prazeroso. E a primeira coisa que ia fazer seria encontrar um jeito de contratar a coitada da Matilda de volta.

— Bom dia, Cynthia.

— Se me lembro bem, seu contrato não prevê nada sobre trabalhar meio período.

Se havia uma pessoa capaz de quebrar toda a alegria de um momento, essa pessoa era a Cynthia.

— O evento da Seguradora Capital acabou só depois da meia-noite e os trens estavam todos lotados hoje de manhã. Nós…

— …estávamos tirando vantagem da situação. — Cynthia lançou um olhar para o relógio na parede, mesmo sabendo muito bem que horas eram. — Preciso conversar com você no meu escritório agora mesmo. Vamos acabar logo com isso.

Tratava-se da reunião para debater a promoção dela e Cynthia queria "acabar logo com isso"?

As amigas de Paige foram embora rapidamente, mas ela ainda conseguiu ouvir Eva murmurar baixinho a música tema de *Tubarão*.

Aquilo melhorou seu humor.

Trabalhar com as amigas era umas das melhores coisas daquele emprego.

Enquanto seguia Cynthia rumo ao escritório, passaram por Alice, uma das gerentes de clientes recém-contratadas.

Percebendo que os olhos da moça estavam avermelhados, Paige parou de andar.

— Alice? Está tudo…

Mas Alice seguia a passos rápidos e Paige fez uma nota mental para procurá-la mais tarde e descobrir o que tinha acontecido.

Problemas com o namorado, talvez?

Questões do trabalho?

Ela sabia que muitos dos funcionários da equipe estavam horrorizados pelo fato de Matilda ter sido demitida por conta de um acidente com uma bandeja de champanhe. Criou-se na empresa um clima de mal-estar generalizado. Todos se perguntavam, em segredo, quem seria o próximo.

Seguindo a chefe até o escritório, Paige fechou a porta.

Logo, logo ela estaria na posição de tomar as próprias decisões sobre a equipe. Aquele era o momento dela. Havia trabalhado duro por aquilo e ia aproveitar cada instante.

Tomara que o aumento de salário seja bom.

Eva tinha razão, elas deveriam comemorar mais tarde. Tomar algumas taças de algo gelado e espumante. E depois sair para dançar, talvez. Tinha séculos que não saíam para dançar.

Cynthia pegou uma pasta.

— Como você sabe, estamos procurando formas de dinamizar a Estrela Eventos e reduzir os custos. Não preciso nem dizer que estamos operando em um mercado desafiador.

— Eu sei disso e tenho algumas ideias que adoraria compartilhar. — Paige esticou o braço para alcançar sua bolsa, mas Cynthia balançou a cabeça e segurou sua mão.

— Nós estamos despachando você, Paige.

— Despachando? Para onde? — Não tinha passado pela cabeça de Paige que sua promoção pudesse implicar em transferência para outro escritório. E havia somente mais um escritório: em Los Angeles, do outro lado do país. Por isso ela não esperava. Paige amava Nova York. Adorava viver e trabalhar com as amigas. — Achei que eu ia ficar por aqui mesmo. Uma mudança para Los Angeles seria um passo grande demais. — Mesmo desejando muito a promoção, devia ter se preparado para considerar o fato de que talvez implicasse uma realocação. Quem sabe não seria bom se pedisse um tempinho para pensar no assunto? Seria aceitável, não é mesmo?

Cynthia abriu a pasta.

— Por que você acha que estamos realocando você em Los Angeles?

— Você disse que vão me despachar...

— Nós estamos despachando você da Estrela Eventos.

Paige olhou para Cynthia com o olhar fixo, petrificado.

— Perdão?

— Estamos fazendo cortes. — Cynthia folheou os arquivos e não retribuiu o olhar de Paige. — Para falar sem rodeios, os negócios despencaram. Todo mundo no mercado de eventos está dispensando funcionários e reduzindo horas.

Ela estava sendo demitida.

Nem promovida, nem transferida para Los Angeles.

Demitida.

Um zunido ecoou nos ouvidos de Paige.

— Mas... Eu trouxe nove clientes importantes nos últimos seis meses. Praticamente todos os novos contratos foram assinados graças a mim e...

— Nós perdemos a Adams Construtora como cliente.

Paige teve um choque.

— O quê?

Chase Adams, proprietário de uma das mais bem-sucedidas construtoras de Manhattan, vinha sendo um dos principais clientes da Estrela Eventos. Foi depois de um evento importante para a empresa dele que Matilda foi demitida.

Carma, pensou Paige. Primeiro Cynthia demitiu a Matilda e agora Chase Adams demitiu todo mundo.

O caso de Paige era apenas uma casualidade.

— Eu não estava em posição de discutir — continuou Cynthia. — Aquela menina estúpida, Matilda, acabou com o evento deles.

— Foi por isso que cancelaram o contrato com a gente? Por causa de um acidente?

— Derramar uma taça de champanhe pode ser considerado acidente, mas deixar uma bandeja inteira cair é mais como uma catástrofe. Adams insistiu para que eu me livrasse dela. Tentei convencê-lo a mudar de ideia, mas Chase não cedeu. Aquele homem é dono de metade de Manhattan. Ele é uma das pessoas mais importantes da cidade.

— Se é assim, ele não precisava acabar com a coitada da Matilda. — Paige pensou em alguns adjetivos para descrever Chase Adams, nenhum muito elogioso. Ela com certeza não culpava Matilda pelo ocorrido.

— O que passou, passou. Com certeza daremos ótimas referências para seu próximo emprego.

Próximo emprego?

Mas Paige queria aquele emprego. O emprego que amava. *O emprego que batalhou para ter.*

A boca de Paige estava tão seca que era difícil falar. O coração batia forte, lembrete brutal de quão frágil era sua vida. Naquela mesma manhã, se sentia a dona do mundo, mas agora o controle de tudo fugia de suas mãos.

Outras pessoas estavam decidindo sobre o futuro dela. A portas fechadas. Pessoas que esperavam que ela ficasse *blasée*.

E Paige era profissional nisso. Sempre que as coisas se tornavam difíceis, ela ficava *blasée* como um computador em modo de "hibernação".

Sabia reprimir seus sentimentos e estava fazendo isso naquele exato momento.

Seja profissional, Paige.

— Você me disse que se eu atingisse minhas metas, seria promovida. Eu ultrapassei todas.

— O cenário mudou e, como operadores comerciais, precisamos manter a fluidez e reagir às necessidades do mercado.

— Quantas pessoas mais vocês estão demitindo? É por isso que a Alice estava chorando? Ela também foi mandada embora? Quem mais? — Será que o mesmo tinha acontecido com Frankie e Eva?

Eva não tinha família a que recorrer e Paige sabia que Frankie ia preferir passar fome a pedir um centavo para a mãe.

— Não estou em posição de discutir sobre outros funcionários com você.

Paige permaneceu sentada, rígida, golpeada pela emoção. Sentiu uma perda de controle vertiginosa.

Confiara em seus chefes. Eles haviam prometido coisas grandiosas. Ela dedicara horas e mais horas àquilo, trabalhara uma quantidade monstruosa de tempo e colocara seu futuro nas mãos deles. E foi isso o que fizeram com toda a sua confiança? E sem nenhum aviso prévio, nenhuma pista?

— Essa empresa cresceu por minha causa. Eu tenho números que comprovam isso.

— Nós trabalhamos como um time. — Cynthia estava tranquila. — Você é boa no que faz, mas tende a ser um pouco amigável demais com as pessoas com quem trabalha e devia dizer "não" aos clientes mais vezes. Aquela vez em que mandou lavar a seco o terno de um cliente no meio de uma festa foi meio ridículo. Mas fora isso, não tenho do que reclamar. O problema não é o seu trabalho.

— Mandei lavar o terno pois o cara derramou bebida nele e estava tentando impressionar o chefe. Ele nos indicou vários contratos depois daquilo. E sou amigável pois gosto de trabalhar com uma equipe feliz e num ambiente com energia boa.

Algo de que Cynthia não sabia nada.

Para Paige, olhar para a chefe era como encarar uma porta fechada. Nada do que dissesse poderia abri-la. Era perda de tempo.

Em vez de uma promoção e de um aumento de salário, o que ganhou foi uma demissão.

Ela teria que recorrer a sua família para conseguir ajuda financeira. Mais uma vez, Paige ia trazer preocupações a seus pais e ao irmão. E o instinto natural deles seria protegê-la.

Ela sentiu seu coração bater acelerado e, instintivamente, levou a mão ao peito. Através do tecido de sua camisa, sentiu o pingente prateado em forma de coração que, às vezes, usava secretamente por debaixo da roupa.

Por um instante, Paige se viu transportada de novo para a maca do hospital, aos 17 anos. Ela se viu cercada de cartões com votos de melhora e balões, esperando pela cirurgia e fora de si de tão assustada. Sua mente imaginava as situações mais inóspitas quando a porta do quarto se abriu e um médico de jaleco branco entrou carregando uma prancheta.

Paige se preparou para mais exames, mais dor, mais notícias ruins, quando percebeu que se tratava de Jake.

— Eles não me deixaram entrar, porque não é hora de visita, por isso estou flexibilizando um pouco as regras. Você pode me chamar de Dr. Romano. — Ele deu uma piscadinha para Paige e fechou a porta. — Hora do seu remédio, srta. Walker. Nada de gritar, senão vou extrair seu cérebro e doá-lo para fins científicos.

Ele sempre a fazia rir. Sua presença também fazia outras coisas com ela. Coisas que faziam Paige desejar estar vestida com algo mais justo e sensual, em vez de uma camiseta grande e folgada com uma estampa de desenho animado.

— É você quem vai me operar?

— Eu desmaio quando vejo sangue e não sei diferenciar uma bunda de um cérebro, então não, não serei eu. Tome aqui. Trouxe algo para você. — Ele enfiou a mão no bolso de trás da calça e puxou uma caixinha. — É melhor você abrir logo, antes que eu seja preso.

Por um instante, Page pensou que Jake estava lhe dando um anel de noivado e seu coração, mal comportado, bateu em falso.

— O que é isso? — Com as mãos trêmulas, abriu a caixa. Dentro dela, pousado sobre um suporte acolchoado de seda azul-profundo, estava um lindo pingente de prata no formato de um coração preso a uma delicada corrente. — Ah, Jake...

Atrás deles, havia três palavras gravadas.

Um coração forte.

— Imaginei que seu coração pudesse aceitar uma ajudinha. Leve esse coração com você, querida, e pense nele como um reforço quando o seu coração de verdade estiver em apuros.

Podia até não ser um anel, mas ele a chamara de "querida" e lhe dera um colar.

Isso com certeza queria dizer alguma coisa.

Paige deixou de se preocupar com a cirurgia e não pensou em mais nada além de Jake.

Quando os enfermeiros foram buscá-la para a operação, já tinha planejado todo o futuro ao lado de Jake. Já tinha até escolhido o nome dos filhos que os dois teriam.

Na sala de cirurgia, tiveram que arrancar a corrente de seu punho fechado e, assim que acordou outra vez, tomou-a de novo nas mãos.

Um coração forte.

Desde então, Paige sempre carregava o pingente consigo quando precisava de coragem, por isso o colocara naquela manhã.

Com movimentos automáticos, ela se levantou. Precisava sair à procura de um emprego, não tinha tempo a perder e não ia gastar o que tinha lutando contra o inevitável.

— Precisa retirar as suas coisas da mesa hoje — informou Cynthia. — Você receberá a indenização pela rescisão do contrato, é claro.

Indenização.

Se "promoção" era sua palavra predileta, "indenização" era aquela de que menos gostava. Soava brutal. Paige sentiu como se estivesse prestes a passar por mais uma grande cirurgia, só que dessa vez para amputar seus sonhos e esperanças. A escada a subir tornou-se ainda maior. Ainda faltava muito para realizar seus planos de começar um negócio próprio.

Ao sair do escritório de Cynthia, Paige fechou a porta.

Teve um choque de realidade. Se soubesse de antemão o que ia acontecer, não teria comprado café na ida para o trabalho. Não teria comprado um batom novo, já que tinha tantos. Paige ficou parada, imóvel, arrependendo-se de cada centavo que gastara nos últimos anos. No momento mais sombrio de sua vida, prometera a si mesma aproveitar cada instante, porém jamais esperara por algo desse tipo.

Ela atravessou o corredor vazio até o banheiro mais próximo. Apenas o som do salto de seus sapatos contra o chão ecoava pelo espaço.

Havia menos de meia hora, estava empolgada com seu futuro. Estava otimista.

Agora, estava desempregada.

Desempregada.

Sozinha naquele recinto sem uma alma viva sequer, Paige finalmente deixou a máscara cair.

Em seu escritório em um prédio envidraçado no centro de Manhattan, Jake Romano estava sentado com os pés sobre a mesa, escutando distraidamente o que dizia o homem do outro lado da linha telefônica.

Em frente à sua mesa, uma repórter jovem e loira estava inquieta em sua cadeira e tentava conferir as horas sem que ele notasse. Jake raramente dava entrevistas, mas, de algum modo, aquela mulher tinha conseguido um jeito de burlar sua secretária. Como ele alimentava certa admiração por pessoas persistentes e criativas, não a dispensou.

Impulso do qual começava a se arrepender. E queria que a mulher sentisse o mesmo. Até aquele momento, eles já tinham sido interrompidos três vezes e a cada uma ela parecia mais frustrada.

Como as perguntas da repórter começaram a soar intrusivas, Jake decidiu fazê-la esperar um tempinho a mais e se concentrou na ligação.

— Você não precisa de alguém que elabore uma estratégia de conteúdo para reformular uma proposta peso-pena dessas. O que você precisa mesmo é de um bom redator.

A repórter inclinou a cabeça e conferiu suas anotações. Jake ficou pensando quantas interrupções mais ela toleraria antes de sair andando.

Jake tirou as pernas de cima da mesa e decidiu encerrar a ligação.

— Você sabe que sou um homem ocupado, então vou interrompê-lo. Entendo que quer um projeto bonito, mas um design bem-feito não serve para merda nenhuma se o conteúdo é fraco. Tudo é lindo na teoria, mas o que importa é resolver problemas de verdade para pessoas reais. E por falar em problemas, vou pensar nos seus e dou um retorno. Se eu achar que somos as pessoas certas para o trabalho, converso com a equipe e marcamos uma reunião ao vivo. Pode deixar. — Jake desligou. — Desculpe por isso — disse, voltando sua atenção para a repórter.

A mulher esboçou um sorriso tão falso quanto o pedido de desculpas dele.

— Sem problemas. Você é um homem difícil de segurar. Sei disso. Estou tentando conseguir essa entrevista há um ano.

— E agora você conseguiu. Então, terminamos?

— Eu tenho mais algumas perguntas para fazer. — Ela fez uma pausa, como se estivesse colocando os pensamentos em ordem. — Já falamos sobre os seus negócios, seus objetivos filantrópicos e a ideologia da sua empresa. Agora, eu gostaria de falar para nossos leitores algo sobre o Jake como pessoa. Você nasceu na parte mais barra pesada do Brooklyn e foi adotado quando tinha 6 anos de idade.

Jake se manteve inexpressivo.

A repórter olhou para ele com expectativa.

— Eu não ouvi sua resposta...

— Eu não ouvi sua pergunta.

Ela enrubesceu.

— Você visita sua mãe?

— O tempo todo. Ela tem o melhor restaurante italiano de Nova York. Você devia ir lá conferir.

— Você está falando sobre sua mãe adotiva... — ela conferiu o nome no bloco de notas: — Maria Romano. Estou perguntando sobre sua mãe de verdade.

— Maria é minha mãe de verdade. — Uma pessoa que conhecesse Jake teria percebido seu tom de voz e ficado alerta, mas a repórter permaneceu sentada, desatenta como uma gazela que ignora ser perseguida por um predador do topo da sua cadeia alimentar.

— Então você não tem contato com sua mãe biológica? Fico me perguntando como ela deve se sentir agora que você tem um negócio multinacional e é multimilionário.

— Sinta-se livre para perguntar a ela. — Jake se levantou. — Nosso tempo acabou.

— Você não gosta de conversar sobre o passado?

— O passado é história — disse Jake em tom tranquilo —, e sempre fui melhor em matemática. Agora peço sua licença, pois tenho clientes esperando por mim. Clientes que vão pagar pelo meu tempo.

— Claro, claro. — A moça deslizou o gravador para dentro da bolsa. — Você é um exemplo do sonho americano, Jake. Uma inspiração para milhões de americanos que tiveram uma infância difícil. Apesar do seu passado, você fundou uma empresa de muito sucesso.

Apesar dele, não, pensou Jake. *Por causa dele.*

Ele fundou uma empresa de sucesso por causa do seu passado.

Quando a repórter saiu, Jake fechou a porta e atravessou sua sala até a janela. O sol cintilava através da janela que ia do chão até o teto. Como Midas observando sua montanha de ouro, Jake lançou um olhar para os altos arranha-céus do centro de Manhattan que se espalhavam a seus pés.

Teve a sensação de haver areia em seus olhos por ter dormido pouco, mas os manteve abertos, desfrutando aquela vista, satisfazendo-se do conhecimento que podia adquirir e cada pedacinho daquele horizonte deslumbrante.

Nada mal para o menino de uma parte ruim do Brooklyn que disseram que nunca ia conseguir nada sozinho.

Se quisesse, Jake poderia ter dado à repórter uma história para publicar na primeira página e ela talvez ganhasse um Pulitzer.

Ele cresceu olhando para a promessa cintilante de Manhattan do outro lado das águas. De lá, ignorava o latir incessante dos cachorros, a gritaria nas ruas, o ronco dos motores dos carros e encarava com inveja uma vida diferente. Olhando por cima da rápida correnteza do rio East, via prédios que subiam até o céu e queria viver na outra margem, onde ficavam os altos arranha-céus, onde o vidro dos edifícios refletiam luz e ambição.

Manhattan parecia distante e remota como o Alasca. Mas Jake tinha tempo de sobra para olhar. Ele não tinha pai e, quando ainda era pequeno, passava a maior parte do tempo sozinho enquanto a mãe adolescente trabalhava em três empregos.

Eu te amo, Jake. Somos só eu e você contra o mundo.

Com um olhar vago, Jake olhou para o cruzamento das ruas vários metros abaixo de seus pés.

Fazia muito tempo desde a última vez que alguém mencionara sua mãe. E muito tempo, também, desde aquela noite quando ele ficou sentado por horas e horas nas escadarias do apartamento, esperando que ela voltasse.

O que teria sido dele se Maria não o tivesse adotado?

Jake sabia que devia agradecer a ela por muito mais do que uma casa.

Então desviou o olhar da vista de volta para o computador em sua escrivaninha.

Foi Maria quem lhe deu seu primeiro computador, uma máquina antiga que pertencera a um de seus primos. Jake tinha 14 anos quando hackeou um site pela primeira vez e 15 quando descobriu que possuía habilidades que outras pessoas não tinham. Quando fez 16 anos, escolheu a empresa com o escritório mais envidraçado que encontrou, foi até lá e contou quão vulnerável eles eram a ataques cibernéticos. Todos riram de sua cara, até Jake mostrar como era fácil burlar o sistema de segurança. Então, pararam de rir e ouviram o que tinha a dizer.

Ele se tornaria uma lenda em segurança cibernética, aquele adolescente cheio de carisma, confiança e com um cérebro tão astuto que podia conversar com homens que tinham o dobro da sua idade e metade da sua inteligência.

Podia lhes mostrar quão pouco sabiam, expor suas fraquezas e, depois, ensinar como corrigi-las. Na escola, Jake matava todas as aulas de inglês, mas nunca as de matemática. Ele conseguia entender os números.

Jake podia até ter vindo do nada, mas havia decidido que em breve ia para um lugar e que seria tão rápido que acabaria deixando todo mundo para trás.

Foi explorando esses dons que conseguiu ir para a faculdade e, muitos anos depois, comprar para sua mãe — pois era isso que Maria era, mesmo antes de adotá-lo oficialmente — um restaurante onde ela pudesse partilhar seus dotes culinários com o pessoal bom do Brooklyn sem ter que os espremer que nem sardinhas na cozinha de casa.

Com ajuda do seu amigo mais próximo, Matt, ele criou o próprio negócio e desenvolveu um programa de codificação de dados que foi comprado por uma importante empresa de segurança por uma soma que lhe garantiu nunca mais precisar se preocupar com dinheiro.

Depois, entediado com o mercado de segurança cibernética excessivamente concorrido, direcionou sua atenção para o mercado crescente de marketing digital.

Agora, sua empresa oferecia tudo, de conteúdo criativo a design, sem nunca deixar de aceitar ocasionais pedidos de consultaria em segurança. Foi um desses pedidos que o deixara acordado até tarde na noite anterior.

A porta de seu escritório se abriu novamente e Dani, uma de suas novas funcionárias, entrou levando café.

— Achei que você pudesse precisar disso aqui. Aquela mulher foi mais difícil de espantar do que mosquito em bolsa de sangue.

— Ela estava com meias listradas e sem sapatos, um código de vestimenta adotado por pelo menos metade de seus funcionários. Jake não queria saber o que as pessoas vestiam no trabalho. Tampouco se interessava pelo que vestiam na época da faculdade. Ele só se importava com duas coisas: paixão e potencial.

Dani tinha os dois.

Ela colocou o café sobre a mesa. O aroma forte e pungente da bebida subiu até Jake, entrecortando seu cérebro nebuloso que o lembrava de ter ficado trabalhando até as três da madrugada.

— Ela também te fez perguntas?

— Sim, milhões. A maioria sobre a sua vida pessoal. Queria saber se a sua infância problemática era o motivo para você nunca sair duas vezes com a mesma mulher.

Jake destampou o copo de café.

— Você disse para ela cuidar da própria vida?

— Não. Eu disse que era porque, segundo a última contagem, há cerca de setenta mil mulheres solteiras em Manhattan e que se você saísse mais de uma vez com alguma delas, nunca ia conseguir ficar com todas. — Com uma expressão divertida, Dani entregou a Jake uma pilha de recados. — Seu amigo Matt ligou quatro vezes. Ele parecia preocupado com alguma coisa.

— Matt nunca se preocupa com nada. — Jake bebeu um gole do café, saboreando o aroma e a tão necessitada dose de cafeína. — Ele é o sr. Tranquilidade.

— Bem, há poucos minutos, ele parecia o sr. Preocupação. — Dani pegou os quatro copos de café vazios de cima da mesa e os empilhou. — Sabe, não me importo em alimentar seu vício por café, mas você poderia comer ou dormir de vez em quando. É o que pessoas normais fazem, caso esteja se perguntando.

— Eu não estava me perguntando. — Sua dúvida era por que seu amigo tinha ligado no meio do horário de trabalho. E qual a razão para Matt ter deixado quatro mensagens com sua assistente em vez de ligar direto para ele. Quando pegou o próprio celular, Jake viu seis ligações perdidas. Ficou preocupado.

— Matt falou de que se tratava?

— Não, mas pediu que você ligasse assim que pudesse. A repórter ficou impressionada por você ter se recusado a fechar negócio com Brad Hetherington. É mesmo verdade? — Dani segurou um copo que quase caiu da pilha. — Ele é um dos caras mais ricos de Nova York. Eu li uma matéria sobre ele na *Forbes* na semana passada.

— Também é um babaca egoísta, e eu evito com todas as minhas forças fazer negócios com babacas egoístas. Fico de mau humor. Um conselho para você, Dani: nunca se intimide por dinheiro. Siga seus instintos.

— Quer dizer que não vamos trabalhar com ele?

— Estou pensando no assunto. Obrigado pelo café. Você não precisava ter se incomodado. — Foi a mesma coisa que disse a ela no dia em que começou a trabalhar na empresa. Ainda assim, Dani continuou levando café para ele todos os dias.

— Como um presente que não tem fim. — Jake tinha dado uma chance a Dani enquanto todos lhe fechavam as portas. Ela nunca se esqueceria disso. — Você trabalhou até tarde ontem e começou cedo hoje de manhã, por isso pensei que pudesse querer algo para ficar acordado. — Os olhos dela deixaram claro que também ficaria muito feliz em proporcionar outras maneiras de mantê-lo acordado.

Jake ignorou o olhar.

Ele quebrava sem problemas as regras feitas pelos outros, mas nunca as que havia criado para si mesmo e, no topo de sua lista, estava a regra número um: nunca misture sua vida privada com trabalho.

Jake jamais faria algo que pudesse ameaçar seus negócios. Eram muito importantes para ele. Além disso, podia até ser um gênio dos computadores, mas era o primeiro a admitir a si mesmo que seus talentos não se estendiam a relacionamentos.

Assim que Dani foi embora, ligou para Matt.

— Qual é a emergência? A cerveja acabou?

— Pelo visto você não viu as notícias do mercado.

— Tive reuniões desde cedo. O que foi que eu perdi? Alguém invadiu o seu site e você precisa de um especialista? — Engolindo o bocejo, Jake apertou um botão qualquer do teclado para tirar o computador do modo de hibernação, na esperança de que isso também o acordasse. — Alguma grande incorporação?

— A Estrela Eventos demitiu metade dos funcionários.

Jake despertou imediatamente.

— Então a Paige não foi promovida?

— Não sei. Ela não atende o celular.

— Você acha que ela foi demitida?

— Acho possível. — Matt pareceu tenso. — É provável. Ela desligou tudo, e sempre faz isso quando está irritada.

Jake não precisou nem perguntar o que isso significava. Já tinha visto Paige brava algumas vezes e não gostou nada. Detestava imaginá-la com medo e lutando para reprimir os sentimentos.

— Bem… que saco…

— Ela trabalhou tanto para essa promoção. Não falou de outra coisa o ano inteiro. Ela deve estar arrasada.

— Sim. — E Jake faria qualquer coisa para não ver Paige triste. Ele começou a calcular quanto tempo levaria para atravessar a cidade e quebrar a cara de alguém. — E Eva e Frankie?

— Também não atendem. Estou torcendo para que estejam juntas. Não quero que Paige fique sozinha, sem contato com ninguém.

Ele também não queria.

Jake se levantou e foi até a janela, listando mentalmente suas opções.

— Vou fazer algumas ligações. Vou descobrir o que está acontecendo.

— Por que Paige não atende o celular? — A pergunta soou como um grunhido do outro lado. — Estou preocupado com ela.

— Você sempre está preocupado com ela.

— Ela é minha irmã…

— Sim, mas você não a tira de debaixo da asa. Precisa deixar Paige viver a própria vida. Ela é mais forte do que você pensa. É forte e tem saúde.

Mas nem sempre foi assim.

Jake tinha lembranças nítidas de Paige na adolescência, pálida e magra sobre uma cama de hospital, esperando por uma cirurgia delicada no coração. E também se lembrava do amigo, pálido e preocupado como Jake nunca o vira antes, com olheiras enormes por conta de noites e mais noites sem dormir, que passara ao lado do leito da irmã.

— O que você vai fazer hoje à noite? — perguntou Matt, num tom cansado.

— Tenho um encontro. — Se estava em condições de comparecer, ele não sabia. Seu amigo não era o único que estava cansado. Esgotado como estava, Jake seria o primeiro homem na face da Terra a ter transado em coma.

— Com a Gina.

— A Gina foi no mês passado.

— Você já saiu com a mesma mulher por mais de um mês?

— Não sem perder a noção de tempo. — Jake sempre ia para a próxima. Funcionava bem para ele.

— Então não é amor de verdade? — Matt deu risada. — Foi mal. Esqueci que você não acredita em amor.

Amor?

Jake lançou um olhar pela janela. A cidade brilhava sob os raios de sol.

— Ainda está aí? — A voz de Matt interrompeu as lembranças de Jake.

— Sim. — Sua voz saiu enferrujada. — Ainda estou aqui.

— Se não é amor de verdade, cancele o encontro e venha para cá. Se as três perderam o emprego, não quero ter que lidar com a situação sozinho. Minha irmã dá trabalho quando está estressada, ainda mais porque insiste em fingir que está tudo bem. Fazê-la admitir que está passando por um momento difícil é como perfurar uma barra de aço. Não me importo que ela faça isso com a mamãe, mas fico louco da vida quando faz comigo.

— Você está pedindo que eu cancele uma noite de sexo com uma loiraça sueca para ajudar a convencer a sua irmã e as amigas dela a serem honestas com os próprios sentimentos? Pode me chamar de chato, mas não acho a sua oferta nem um pouco tentadora.

— Ela é sueca? Como se chama? Com o que trabalha?

— O nome dela é Annika. Não perguntei o sobrenome e não tenho nenhuma vontade de saber onde trabalha, desde que não seja na minha empresa.

Jake caminhou de volta até a mesa e, quando se sentou, não era Annika a mulher em que pensava. Onde é que a Paige estava? Ele a imaginou vagando pelas ruas, triste, rumo a qualquer lugar. Sozinha. Reprimindo os sentimentos. Merda. Jake pegou um lápis e começou a rabiscar num pedaço de papel sobre a mesa.

— Não sou bom em lidar com lágrimas.

— Você já viu a Paige chorar alguma vez?

Jake segurou o lápis mais forte com os dedos.

Sim, ele já tinha visto Paige chorar.

Mas Matt não sabia nada sobre aquilo.

— Eu já vi a Eva chorar.

— A Eva chora vendo um filme triste ou o pôr do sol — brincou Matt —, mas nunca faltou um dia no trabalho desde que a avó morreu. Ela se arrastava para fora da cama, botava a maquiagem e ia trabalhar, mesmo estando acabada. Aquela garota é durona. — Houve um momento de silêncio. — Olha, se rolar choro, pode deixar comigo.

Jake pensou no encontro que tinha marcado para aquela noite. Depois, pensou em Paige. Ela, em quem Jake tentava, com todas as forças, pensar apenas como a irmã mais nova de seu melhor amigo.

A irmã mais nova do Matt. A irmã mais nova. Nova.

Se repetisse bastante aquela palavra, talvez sua mente acabasse acreditando.

Se recusasse o convite de Matt, seria incapaz de ajudar. E ele realmente queria ajudar. A situação era ainda mais complicada, porque Paige não queria ser ajudada. Ela detestava ser protegida e afagada. Ela não queria ser o centro das preocupações de ninguém.

E Jake entendia isso. Entendia *Paige*.

Motivo pelo qual decidiu que ia oferecer seu apoio de uma maneira que fosse aceitável.

E a primeira coisa que tinha a fazer era tirá-la do estado de choque e colocá-la em um estado de ação.

— Eu vou sim.

Sua noite de sexta-feira regada a pura diversão carnal evaporou como éter.

Em vez de passar a noite com uma loira maravilhosa, bancaria o irmão para uma mulher que ele fizera questão de evitar sempre que pôde. Por que a evitara?

Porque Paige Walker não era nada "nova". Ela era uma mulher feita.

E seus sentimentos por ela estavam longe de ser "fraternais".

— Obrigado. — Matt pareceu aliviado. — E, Jake…

— O quê?

— Seja gentil.

— Eu sou sempre gentil.

— Não com a Paige. Sei que vocês não têm mais se dado tão bem. — A voz de Matt soou cansada de novo. — Isso não me preocupa normalmente, porque… bem, você sabe por quê.

Tinha uma época em que pensava que ela estava apaixonada por você.

Paige esteve loucamente apaixonada por ele.

E, com a voz abafada e cheia de esperanças, e os olhos brilhando com seus sonhados finais felizes, dissera a Jake quanto.

Paige estava nua na ocasião.

Houve um barulho agudo de algo se quebrando. Jake olhou para baixo e viu que tinha partido o lápis.

— Você não precisa se preocupar. Agora Paige com certeza não está apaixonada por mim.

Jake pode até não ter aliviado o sofrimento do coração de Paige naquela época, mas iria aliviar agora.

Teve o cuidado de eliminar todo e qualquer sentimento que ela pudesse alimentar por ele havia muito tempo.

Agora, a única emoção que Paige sentia na presença dele era uma irritação extrema. A forma como a afastava era quase artística. Alguns dias, Jake até fingia que tinha se divertido com aquilo tudo.

Ele a deixava incomodada.

Mantinha-a irritada.

E em segurança.

— É bom saber, pois você é o tipo de problema que minha irmã não precisa na vida. Você lembra que prometeu não encostar um dedo nela, não é?

— Sim, eu me lembro. — Essa promessa o aprisionara por uma década. Isso e a consciência de que Paige não ia ser capaz de lidar com a realidade de um envolvimento com ele.

— Ei, você é meu amigo mais próximo. É como um irmão para mim, mas nós dois sabemos que você não seria bom para a minha irmã. Não que você estivesse interessado nela. Nós dois sabemos que Paige não faz o seu tipo.

— É isso aí. — Jake manteve um tom de voz monótono. — Ela não é o meu tipo.

— Você me faz um favor? Preciso que encontre seu lado sensível hoje à noite. Não fique implicando ou provocando. Seja gentil. Consegue fazer isso?

Gentil.

Ele abriu uma gaveta de sua mesa e pegou um lápis novo.

— É claro que consigo.

Jake ia compensar por tê-la tirado do sério.

Faria isso por Paige, pois se importava com ela, e faria isso por Matt, pois era o mais próximo que Jake tinha de um irmão.

E faria isso por si mesmo, pois o amor, na sua opinião, era a maior loteria do mundo e o único risco que ele não estava disposto a assumir.

Capítulo 2

Quando a vida fecha uma porta, você pode sempre entrar pela janela.

— Eva

— Você precisa queimar sua camisa da sorte.

De pé no terraço do prédio de arenito em que as três moravam no Brooklyn, por sobre a grama que balançava suavemente sob o vento, Paige olhava fixamente para o topo dos prédios brilhantes do centro de Manhattan. A sombra do jardim oferecia um exuberante e perfumado oásis em uma cidade cercada de aço e vidro.

Seu irmão, que era paisagista, viu potencial no que outros ignoraram e comprou um imóvel num prédio tradicional por uma fração de seu preço de mercado. Depois, dividiu o apartamento em três, cada um com seu próprio charme. Mas a cereja do bolo era a cobertura. Num passe de mágica, Matt transformou o espaço desgastado e sem uso em um paraíso de tranquilidade. Altas coníferas cercavam o terraço de mármore azul, protegendo o canteiro personalizado repleto de zimbros, murtas e rosas. Da rua não dava para ver a cobertura, e ela era inimaginável para os milhares de turistas que se acotovelavam na Times Square. Foi só quando se mudou para lá que Paige descobriu o mundo secreto das coberturas de Nova York, uma infinidade de jardins elevados no topo dos arranha-céus, como a decoração no topo de um bolo de casamento.

No verão, todos se encontravam lá depois do trabalho e se esparramavam nas espreguiçadeiras e nos pufes para beber e conversar. Sábado à noite tinha filme. Eles convidavam os amigos e assistiam em um telão improvisado enquanto o mundo seguia em frente metros e mais metros abaixo deles.

Aquele era o lugar predileto de Paige.

A chama de velas tremulava dentro de potinhos de vidro e o ar era tomado pelo aroma de lavanda e jasmim. Era uma cena tranquila de verão que fazia a loucura urbana de Manhattan parecer estar a milhões de quilômetros de distância. Subir ali quase sempre a acalmava.

Mas não naquele dia.

Desempregada.

Aquela palavra tomava conta da sua mente, não deixando espaço para qualquer outro pensamento.

Na frente delas, a mesa estava repleta de pratos que pareciam deliciosos. Grão-de-bico assado com especiarias, vegetais temperados com um bom azeite de oliva e ervas. Eva sempre cozinhava quando estava estressada, e foi o que fez a tarde inteira. A geladeira estava cheia de comida.

Mas nenhuma delas estava comendo.

— Eu joguei a camisa fora. — A voz de Eva saiu grossa. — Talvez não devesse ter feito isso, pois só Deus sabe quando vou poder comprar uma nova. Não consigo entender por que estou tão triste. Eu nem gostava de verdade daquele emprego, ao menos não como vocês. Só continuei por causa do dinheiro e porque vocês trabalhavam lá. Eu adoro trabalhar com vocês. Mas nem era meu sonho, que é fazer o meu blog de gastronomia crescer e ter um público fiel de seguidores. Mas esse emprego era o sonho de vocês... Vocês devem estar tão tristes.

Paige olhou por cima da cobertura dos prédios, tentando organizar e dar nome a seus sentimentos. Parecia que tudo estava fora de controle.

— Estou bem. — Ela conseguiu esboçar um sorriso com a facilidade de alguém que o fingira milhares de vezes antes. — Não precisa se preocupar comigo.

Frankie estava de joelhos, cuidando do canteiro de plantas. Ela regava, podava e arrancava as folhas mortas sem dizer uma palavra.

Paige sabia o que isso significava.

Sempre que Frankie ficava triste ou com raiva, a reação era furiosa.

Sempre que sentia medo, ficava quieta.

Nessa noite ela estava quieta.

Por causa da sua educação, a capacidade de aguentar firme sozinha era tudo para Frankie.

Paige sentia o mesmo, mas por motivos diferentes.

Garrinhas, a gatinha que Matt tinha adotado, apareceu do nada e Eva acabou derramando o que estava bebendo.

— Por que ela sempre faz isso? Essa gata é doida. — Ela se levantou e Paige lhe deu um guardanapo.

— Eu sei. É por causa dessa gata que minhas roupas estão todas marcadas. — Paige se esticou para pegar a gata, mas ela desviou balançando o rabo, desdenhando do gesto de carinho. — Por que meu irmão não adotou um cachorro fofinho?

— Porque cachorrinhos fofos precisam de atenção e a Garrinhas é "O gato que andava sozinho". — Frankie citou o conto de Kipling e Garrinhas retribuiu mudando de direção e se esfregando brevemente em sua perna. — De nada.

— Se ela parasse de arranhar e pular nos outros, talvez deixasse de ser "a gata que andava sozinha". Ela teria amigos. — Eva esfregou o vestido. — Eu pensava que os animais conseguiam sentir quando alguém sofreu um trauma, para reconfortá-lo. — A voz dela oscilou. — Nós íamos comemorar a promoção de Paige hoje à noite e agora estamos todas desempregadas. Não estou me sentindo muito bem. Como vocês conseguem ficar tão calmas?

Paige observou Garrinhas se espreguiçar no parapeito perto de Frankie.

— Eu estou um pouco brava. — E com muito medo, mas não confessaria isso a ninguém. — Estou brava com a Cynthia, pois ela prometeu Deus e o mundo, mas, no final, era tudo mentira. E estou brava comigo mesma, porque fui estúpida ao acreditar no que me disseram. Se eu tivesse pressentido algo, talvez não estivéssemos nessa situação agora.

Eva se esticou para pegar outro guardanapo.

— Não é nada estúpido acreditar no seu chefe.

— É estúpido acreditar em qualquer pessoa. — Frankie esticou o braço para fazer carinho na gata, que soltou um silvo de advertência.

Paige balançou a cabeça.

— Desculpa por isso. Meu irmão é a única pessoa em quem ela confia, mesmo sendo eu quem coloca comida para ela. O mundo é injusto.

Eva despejou o molho na salada que preparou.

— Não sei por que cozinhei se nenhuma de nós está com vontade de comer. Deve ser porque me desestressa. Foda-se a Cynthia. Fodam-se todos eles.

Frankie ergueu uma das sobrancelhas.

— Eu nunca ouvi você xingar antes.

— Eu nunca perdi um emprego antes. Para tudo tem uma primeira vez na vida, ainda que essa experiência com certeza não constasse da minha lista de desejos. — Eva jogou a salada no prato com violência e algumas folhas se perderam pelo caminho. Elas brilhavam sob a luz suave da varanda, por causa do azeite. — Pelo menos não vou ter que contar pra vovó. Querem saber a pior parte? Não trabalhar mais com vocês duas. — Lágrimas brilharam em seus olhos e, em poucos segundos, Paige já estava a seu lado.

Aquele emprego era importante para ela, mas suas amigas, as amigas que conhecia quase a vida toda, eram o mais importante.

— Vai dar tudo certo — disse Paige com firmeza, como que para conferir paixão suficiente a suas palavras para se tornarem realidade. — Nós vamos encontrar outro emprego.

— Nós já procuramos. — A voz de Eva saiu abafada contra o ombro de Paige. — Não tem nada.

Frankie se levantou e ficou entre as duas.

— Então vamos continuar procurando. — Ela passou as mãos no ombro de Eva, que fungou.

— Abraço coletivo? Quando a Frankie me abraça, sei que as coisas estão indo mal mesmo.

— Foi mais um tapinha nas costas do que um abraço — murmurou Frankie. — E não vão se acostumando, não. Foi só um pequeno lapso da minha parte. Vocês sabem que gosto tanto de ficar encostando nos outros quanto a Garrinhas. Mas sinto o mesmo que vocês. Não estou nem aí para a Estrela Eventos. Eu me incomodo mesmo por não trabalharmos mais juntas.

Paige sentiu um rompante de raiva e desespero misturados com culpa.

Ela era a líder da equipe. Devia ter previsto aquilo tudo. Será que havia algo que não sabia?

Ficou repassando a história em sua cabeça.

— Para mim, não faz sentido que Chase Adams tenha dispensado nossos serviços porque Matilda derrubou uma bandeja de champanhe.

— Vocês acham que a Matilda sabe o que aconteceu por causa dela? — perguntou Eva, preocupada. — Vocês acham que é por isso que não está atendendo o celular? Espero que ela não esteja se sentindo culpada.

— Vamos continuar ligando para Matilda. É tudo o que podemos fazer, Ev. E se acharmos outro emprego, vamos tentar fazer com que a contratem também. Quando acharmos — corrigiu-se Paige, rapidamente. — Quis dizer, "quando acharmos" outro emprego. — Nunca foi tão difícil se manter otimista.

Paige manteve seu sorriso falso a tarde inteira, na tentativa de animar as amigas. Havia gente sendo demitida e empresas contratando por aí o tempo todo. Elas tinham suas habilidades. Precisavam ser persistentes. Paige ficou repetindo essas palavras e fingiu acreditar nelas. Quanto a suas ambições de um dia fundar a própria empresa, talvez fosse bom conseguir um pouco mais de experiência em outro lugar. Seu sonho estava à espera, não morto.

Paige tentava ponderar, racionalizar e aceitar de uma vez o fato, mas uma tarde inteira se arrastando por sites de emprego com Eva e Frankie consumiu seu breve instante de otimismo. Elas finalmente desistiram e se refugiaram no jardim da cobertura.

Agora, Paige sentia um rompante de frustração. Ficar sentada ali não a levaria a lugar nenhum.

Eva sentou-se em uma das cadeiras, mas ela ficou de pé, olhando fixamente para os canteiros que despejavam suas cores primaveris. Devia ligar para alguma das empresas para quem haviam produzido eventos. Perguntar se estavam contratando.

O som de vozes masculinas e o tilintar de taças perturbaram seus pensamentos. Paige virou-se e viu seu irmão aparecer no topo da escada.

Ela imediatamente fez aparecer o seu sorriso de "estou muito bem, obrigada". O rosto feliz durou até ela ver a reluzente cabeleira escura e os ombros poderosos do homem atrás dele.

Não, não, não.

Sentia-se fraca e exposta. E a última pessoa que queria ver naquele momento de vulnerabilidade era Jake Romano.

Em um mundo onde os homens eram encorajados a entrar em contato com seu lado feminino, Jake era imperdoavelmente másculo. Naquele dia, para quebrar o costume, ele vestia um terno, com a camisa aberta no pescoço e sem gravata. Até o tecido perfeitamente moldado não conseguia esconder a largura de seus ombros ou o poder sóbrio e bruto de seu corpo. Ele era o tipo de homem que você não gostaria de encontrar em um beco deserto numa noite escura. A não ser que tivesse um *encontro* com ele.

Paige desviou o olhar, grata à luz do luar e às velas que criavam sombras protetoras por entre manchas esparsas de luminosidade. Jake a conhecia melhor do que ninguém. Bem até demais.

Ele tinha sido o objeto de todas as fantasias dela durante a adolescência e a fonte de suas desilusões. Quando se é adolescente, não há nada mais cruel do que uma rejeição amorosa, e Jake foi o responsável pelo que podia ser chamado de a rejeição do século.

Se a decisão coubesse somente a Paige, ela se certificaria de nunca mais cruzar o caminho dele, mas, infelizmente, essa opção não estava disponível.

Gostando disso ou não, Jake estava ligado à vida deles.

— Não tem comemoração hoje. Fomos demitidas. Não só não fui promovida, como também nos tornamos oficialmente desempregadas. — Havia um nó de pânico em sua garganta. Paige conseguia reprimir seus sentimentos; não os fatos. Mais cedo ou mais tarde, teria que contar para seus pais e sua mãe ficaria preocupada.

Ela já dera muito mais do que preocupações a sua mãe.

Apesar de sua saúde não lhe causar problemas há anos, a família de Paige ainda a tratava como porcelana frágil. Por causa disso, ela fazia de tudo para não dar motivos para se preocuparem. Eles protegiam uns aos outros.

— Eu vi no noticiário. — Matt colocou a garrafa de champanhe sobre a mesa e puxou a irmã para abraçá-la. — Você deveria ter atendido o celular.

A força e a familiaridade do abraço dele eram reconfortantes e Paige ficou rígida em seus braços, tensa.

— Eu estou bem.

— Sim, claro. — A risada dele não tinha traço de humor. — Não faz assim.

— Assim como?

— Dizer que está bem quando não está. — Matt segurou os ombros da irmã, olhando para ela. — Por que você não ligou?

— Estava ocupada procurando outro emprego. Queria ter boas notícias para dar, não más.

Ele sempre esteve ao lado dela. Uma das lembranças mais antigas de Paige era Matt ajudando-a a se levantar depois de cair de cara na areia. Ele limpou a areia, segurou-a firme e a levou até o mar para alegrá-la.

Os pais só concordaram em deixar que ela fizesse faculdade em Nova York por confiarem em Matt para cuidar dela. No começo, ele levou a responsabilidade um pouco a sério demais e os dois tiveram algumas brigas.

Aos poucos, foram aprendendo a entrar em consenso, mas ele ainda tinha a tendência de querer resgatá-la.

Alguns homens são protetores natos e Matt era um.

Seus dedos estavam firmemente postos sobre os ombros dela.

— Estou aqui para suavizar as más notícias. É para isso que servem os irmãos mais velhos. Você quer que eu vá bater na sua chefe?

— Não, não quero, mas se eu encontrasse o Chase Adams, eu mesma daria na cara dele. — Paige estava horrorizada com sua vontade de chorar.

— O que Chase Adams tem a ver com isso? — Jake tirou o paletó e se acomodou na cadeira mais próxima. Ele fazia Paige pensar num leão ou num tigre, sempre capaz de arranjar um canto confortável, independentemente do que estava acontecendo à sua volta.

— Ele é o motivo pelo qual Matilda foi demitida e por que todas nós fomos dispensadas. Sem aviso prévio, aliás. — Paige se afastou de Matt e narrou rapidamente os detalhes. — Quem faz uma coisa dessas? Quem seria capaz de demitir uma pessoa tão gentil e bondosa por conta de um único acidente?

— Você tem certeza do que aconteceu? — Jake pegou um prato. — Porque isso não parece algo que Chase faria. — Os olhos dele eram de um azul acinzentado e faziam Paige pensar em montanhas nebulosas ou fumaça.

— Você o conhece?

— Nós dois o conhecemos. — Matt se sentou e Garrinhas subiu imediatamente em seu colo. — Eu fiz uns serviços em um dos imóveis dele e concordo com o Jake. Não parece algo que Chase faria.

Jake examinou uma tigela de vegetais picados e fez uma careta.

— Vocês têm alguma coisa menos saudável para comer? Talvez um hambúrguer gorduroso ou batatas fritas?

— Eu posso preparar um molho de arsênico rapidinho, se você quiser — disse Eva num tom doce e Paige olhou feio para Jake.

— Nós acabamos de perder o emprego e você só pensa no seu estômago?

— Eu sou homem. — Jake ignorou os vegetais e colocou algumas azeitonas e pão de alho no prato. — Duas partes do meu corpo controlam minha mente na maior parte do dia: meu estômago e meu...

— Você não é engraçado.

— E você não tem senso de humor. Precisa relaxar.

As palavras dele machucaram.

— Bem, desculpa se estou preocupada por ter perdido meu emprego. — Paige esfregou os braços com as mãos. — Eu confiei meu futuro àquela empresa e eles traíram minha confiança. Trabalhei duro, superei todas as metas e fizeram isso comigo. Pensei que tivesse o mínimo de controle sobre meu futuro e acabei descobrindo que não tenho nenhum.

Depois de Cynthia ter dado a má notícia, ela foi procurar Frankie e Eva, e as encontrou na mesma situação.

No prédio tradicional de arenito, Frankie alugava o apartamento com jardim, Paige e Eva dividiam o primeiro andar e Matt tinha os dois outros andares de cima. Era a organização perfeita, exceto pelo fato de Paige saber pelos ombros rígidos de Frankie que a amiga estava preocupada, sem saber por quanto tempo ainda conseguiria pagar o aluguel, mesmo o valor amigável que Matt cobrava. As três sabiam muito bem que era a generosidade do irmão de Paige que tornava possível que elas vivessem naquela parte do Brooklyn. Pessoas da idade de Paige pagavam o mesmo para viver numa caixa de sapatos. Morar em outro lugar ia significar mais dor de cabeça para os pais dela: assim, Paige aceitou a generosidade de Matt e jurou pagar tudo depois.

E no ritmo que as coisas iam, aquele momento demoraria a chegar.

Paige despencou em uma das almofadas do lado oposto a Jake.

Garrinhas ronronou e se esticou no colo de Matt.

— A escolhida… — murmurou Frankie. — Essa gata tem sérios problemas.

— É por isso que ela é tão interessante. — Os dedos de Matt acariciavam suavemente o pelo de Garrinhas. — Eu sei que estão magoadas agora, mas nós vamos encontrar outros empregos para vocês. — A camisa dele estava caída sobre os ombros e Paige notou alguns arranhões sobre sua pele.

— Foi a Garrinhas que fez isso?

— Não, foi um arbusto de azevinho temperamental. Não era meu trabalho lidar com ele, mas um dos meus funcionários ficou doente.

E Matt decidiu fazer o trabalho, em vez de decepcionar um cliente. Ele era desse tipo de pessoa e esse era o motivo para sua empresa ter tido um crescimento tão rápido. Matt era solicitado principalmente por sua visão criativa, mas nunca tinha perdido a habilidade de fazer trabalho braçal.

— Não há opções, Matt.

De olhos fechados, Garrinhas estava ronronando, perdida no suave ir e vir dos dedos de Matt.

— Vocês não podem achar que vão encontrar um emprego novo em poucas horas. Precisam de um tempo.

— Nós não temos tempo. Eva e Frankie receberam uma rescisão miserável. — E ela sabia que, mesmo que conseguisse engolir seu próprio orgulho e aceitasse a ajuda financeira de seus pais e irmão, isso não ajudaria as amigas. A tristeza se abateu sobre Paige e fez sua pele se arrepiar.

— E a Eva tem razão. Mesmo se acharmos outro emprego, não vamos mais trabalhar juntas. E nós formávamos uma equipe tão boa. Eu não sei o que fazer.

Paige sentiu um nó na garganta. Ela detestava a si mesma por ser tão patética. Já tinha passado por situações bem piores do que aquela. O que foi que aconteceu com toda aquela firmeza?

O olhar de Jake encontrou o de Paige e ela teve a incômoda impressão de que ele sabia exatamente quão perto ela estava de desmoronar.

Paige detestava o fato de não conseguir esconder seus sentimentos dele com a mesma facilidade com que fazia dos outros.

— Vou dizer o que é que vocês têm que fazer. — Jake pegou o champanhe. Sua camisa delineava perfeitamente os ombros fortes. Ele tinha o corpo de um lutador, com músculos desenvolvidos e potentes. — Vocês têm que comemorar. E dois minutos depois de beber essa garrafa de champanhe, deveriam abrir a empresa de vocês. Querem ter controle sobre o que o chefe de vocês faz? Então sejam suas próprias chefes.

Capítulo 3

Se você não teve sucesso de cara, mude de plano.

— Paige

VIRAR SUA PRÓPRIA CHEFE?

— Que tipo de piada insensível é essa?

Matt apontou para as taças.

— Sirva logo a bebida e cale a boca, Jake. Apenas sugestões sérias são bem-vindas aqui.

— Estou falando sério. A Paige estava indo bem naquela porcaria de empresa, por que não trabalhar para si mesma?

A mão de Matt congelou e Garrinhas a cutucou para que voltasse.

— Porque começar o próprio negócio não é algo que se faça assim, ao bel-prazer. É arriscado.

— A vida é arriscada. — Jake colocou salada no prato. — Paige acabou de perder o emprego, então, pelo visto, ficar na zona de conforto não deu tão certo. Ela sempre falou sobre começar um negócio próprio um dia. Esse, talvez, seja o dia. Dessa forma, Paige pode escolher a própria equipe e continuar a trabalhar com Eva e Frankie. Problema resolvido.

Paige sentiu seu coração se debater contra o peito. Essa ideia era louca. Estúpida.

Ou não?

Matt estremeceu todo quando Garrinhas pulou de seu colo.

— O que você está sugerindo implica um passo enorme. Agora não é hora de tomar uma decisão dessas.

— Agora é a hora perfeita. — Jake enterrou o garfo na comida e se virou para Paige. — A não ser que você queira ficar um tempo se afundando. Nesse caso, vá em frente. Festa de comemoração ou de comiseração, não importa, eu estou dentro. Sirva o champanhe e vamos lá.

Havia um ponto a favor de Jake, refletiu Paige: ele não a protegia. Nunca a protegera.

Não que ele não a tivesse deixado fora de si.

— Não quero comiseração nenhuma. — Antigamente, Paige teria gostado tanto do fato de ele conhecê-la tão bem. Agora, ela queria que não fosse assim. Era difícil se esconder de alguém que conhecia todos os seus segredos. Parecia invasão de privacidade, como se ela tivesse lhe entregado uma chave que Jake se recusava a devolver. — É verdade que quero abrir a minha empresa um dia, mas preciso de experiência. Preciso aprender quanto puder e planejar tudo cuidadosamente. Eu ainda não estou pronta.

— Você quer dizer que está com medo. — Com um movimento habilidoso de punho, Jake abriu a garrafa de champanhe e Garrinhas deu um pulo com a rolha que atravessou voando a varanda.

— Eu não estou com medo. — Paige ficou pensando em como era possível que ele sempre soubesse como ela se sentia. — Não é esse o motivo.

— Você é boa ou não no que faz?

— Eu sou excelente no que faço. É por isso que achei que ia ser promovida e…

— Você precisa de muito apoio e orientação de quem está acima de você?

Paige pensou em quanto tempo Cynthia passava trancada sozinha no escritório.

— Não.

— Você precisa de alguém para atrair clientes ou tem confiança suficiente para sair e ir atrás deles? Consegue fechar um contrato?

— Eu faço isso o tempo todo! Levei nove clientes novos no último semestre e aumentei a receita em...

— Não precisamos falar sobre números... Vamos falar sobre seus princípios. Entendemos que é excelente no que faz e que não precisa da ajuda de ninguém, então a única coisa que a impede é o medo do desconhecido. É mais fácil ficar na zona de conforto e fazer o que sempre fez. Mas você trabalhou para aquela vaca dos infernos, Paige, e ela ficou com o crédito por seu trabalho suado. Por que continuaria levando as coisas dessa forma?

— Meu próximo chefe pode ser diferente.

— Você só vai ter certeza disso se seu próximo chefe for você mesma. Pense nisso. Cynthia era uma sociopata e agora você não precisa trabalhar mais com ela. Do meu ponto de vista, isso é uma oportunidade. — A voz dele soava rouca e sexy, como se tivesse acabado de ter uma longa noite de beijos e sexo.

O que, conhecendo Jake, provavelmente tinha acontecido.

Esse pensamento incomodava Paige mais do que devia, bem como a sensação quente e incessante que tomava conta dela sempre que olhava-o.

Eva disse que isso era humanamente compreensível, já que Jake Romano era tipo o homem mais sedutor do mundo, mas Paige preferiria ser imune a ele.

Havia algo humilhante em se sentir atraída por alguém que deixara claro não corresponder a atração. Paige queria que seu corpo tivesse mais bom senso.

— Você está me acusando de covardia.

— Ter medo é diferente de ser covarde. É humano. — Calmo, Jake serviu mais champanhe. — Pegue a sua taça. É hora do plano B, querida.

— Eu não tenho plano B. E não me chame de "querida".

— Por que não?

— Porque não sou sua querida. — Mas ela já quis ser. Uma vez, quis desesperadamente ser.

— O que eu quis dizer é — disse Jake devagar — por que você não tem um plano B?

— Ah... — O constrangimento queimava nela como ácido em metal. Estar perto dele fazia Paige se sentir uma adolescente confusa e desajeitada, cheia de hormônios e nenhuma *finesse*. — Eu já disse. Não achei que ia precisar de plano B. Estava concentrada na minha promoção. Você tem um plano B?

— Sempre. — Os olhares deles se encontraram. — Precisa relaxar. Você é muito controladora. Planeja sua vida passo a passo, mas às vezes precisa deixar ela acontecer por si própria. Toda mudança preocupa e dá medo, mas você precisa superar isso. Assuma os riscos. Eles podem ser divertidos.

A falta de tato com que Jake ignorava sua angústia irritava Paige tanto quanto a piedade a teria incomodado.

— Com milhões no banco, mais trabalho do que consegue dar conta e um apartamento incrível, é fácil para você falar isso. Alguns de nós ainda pagam aluguel. — Era algo estúpido e grosseiro de se dizer, e ela se arrependeu imediatamente, ainda mais por saber que sua resposta tinha sido causada, mais do que qualquer outro motivo, por seus sentimentos frustrados.

— E como você acha que consegui ganhar esses milhões, Paige? — Jake não fez questão de esconder sua irritação.

— Acha que eu acordei uma bela manhã e descobri que estava rico? Acha que entrei na minha conta e vi que alguém tinha depositado alguns milhões? Eu construí uma empresa com muito suor e determinação. E pago o meu aluguel. Sempre paguei.

Houve um estrondo quando Frankie deixou um pote cair. Ele se despedaçou em dezenas de cacos.

Matt tirou Garrinhas do colo e se levantou.

— Esses cacos estão afiados. Cuidado para não se cortar, Frankie.

— Eu estou bem. — Frankie se abaixou e começou a catar os cacos enquanto Matt a observava, parado.

— Esse pote cair tem alguma coisa a ver com seu aluguel? — perguntou Matt. — Pois se tiver, não precisa se preocupar. Pode me pagar assim que resolver tudo.

O rosto de Frankie enrubesceu imediatamente, criando um contraste com seu cabelo de cor vibrante.

— Posso muito bem pagar meu aluguel. — A voz dela soou agressiva. — Não preciso de nenhum homem pra isso.

Paige sabia que Frankie estava pensando na mãe e, presumivel-mente, Matt também, pois ele não disse nada por um momento e só então falou com cuidado.

— Não estou me oferecendo para pagar o seu aluguel. Só quis que você soubesse que não precisa ter pressa em pagar. Quando puder, está bom. Pode esperar até conseguir um emprego novo. É um empréstimo.

— Não preciso de nenhum empréstimo. Posso pagar minhas contas. — Frankie colocou os cacos do pote em um saco plástico e só então deve ter percebido quão ingrata deve ter soado, pois seus ombros se envergaram. — Olha, eu...

— Você não precisa se explicar — disse Matt em voz baixa. — Eu entendo.

Paige viu uma breve sombra de tristeza no rosto de Frankie e percebeu que o motivo era justamente seu irmão ter percebido a agonia da amiga.

Todos que viram Frankie crescer sabiam detalhes sensacionalistas sobre sua mãe.

A cada novo capítulo dessa história, era como se Frankie morresse um pouco. Ela ainda sofria com isso, mesmo morando longe da pequenina ilha onde os eventos no quarto de sua mãe eram fonte de tantas lendas locais.

Frankie respirou fundo.

— O que eu disse foi rude da minha parte. Desculpe.

— Não precisa pedir desculpas. Eu disse o que não devia.

Os olhos de Eva se encheram de lágrimas. Ela se levantou da cadeira e deu um abraço em Matt.

— Você não disse o que não devia. Eu te amo, Matt. Você é a melhor pessoa do mundo. Por que não há mais homens como você em Manhattan? Ah… — Ela recuou quando Garrinhas passou por entre suas pernas soltando um silvo ameaçador. — A única coisa errada é essa gata. Por que não adotou uma gatinha fofa e mais amorosa?

— Porque nenhuma gatinha fofa e amorosa precisava de um lar. Essa daqui sim. — Matt afastou Garrinhas de Eva. — Você só precisa respeitar o tempo dela. As coisas vão ficar mais tranquilas quando ela aprender que pode confiar na gente.

Eva lançou um olhar dúbio para Garrinhas.

— Matt, essa gata nunca vai confiar em ninguém. Ela é psicótica.

— Todos temos motivos para ser como somos. Se formos pacientes, ela vai tomar jeito. — Ele acariciou a gata, mas Paige percebeu que seu olhar estava em Frankie.

Jake entregou uma taça de champanhe a Eva.

— Essa gata salvou Matt um milhão de vezes das mãos de mulheres interesseiras que queriam tirar vantagem e dinheiro dele. Ela é melhor do que um guarda-costas. — Jake examinou a mesa de comida com um olhar. — Você não tem uns salgadinhos, Ev? Algo gorduroso para entupir minhas veias?

Frankie empurrou os óculos no nariz, deixando uma marca de terra nas bochechas.

— Nem todas as mulheres são interesseiras.

A mão de Jake congelou na tigela que segurava.

— Foi um comentário sem importância. Qual é o seu problema? Sei que você teve um dia ruim, mas não precisa virar a Mulher Cacto.

Paige estava prestes a dizer algo para acalmar a amiga, mas viu Matt balançar a cabeça com pesar e caminhar até Frankie. Ele se aproximou e disse algo.

Paige não conseguiu ouvir suas palavras, mas o que quer que tenha dito fez Frankie abrir um breve sorriso.

Frankie murmurou algo em resposta e Paige ficou tranquila.

O que quer que seu irmão tenha dito pareceu acalmar as coisas. Ele tinha o dom de dizer a coisa certa.

Jake pegou uma cerveja.

— Um brinde à zona de conforto.

Paige rangeu os dentes.

Jake, por sua vez, tinha o costume de dizer o que lhe dava na telha, sem pensar em hora ou lugar.

Paige teve vontade de jogar o champanhe de sua taça no rosto esguio e bronzeado de Jake. Como de costume, ele parecia querer alfinetá-la de propósito.

— Além de bons modos, você precisa de ajuda psiquiátrica, Jake.

— Ninguém nunca reclamou.

Os cílios escuros emolduravam o brilho de diversão nos olhos de Jake e um espasmo de desejo sexual atingiu Paige. Ela já devia estar acostumada a essa altura do campeonato. Beijar Jake foi sua maior fantasia durante uma década, mesmo querendo trocá-la por outra menos perigosa. Paige o imaginava usando toda aquela potência muscular bruta para agarrar uma mulher e todo aquele carisma e sensualidade abrasadora para garantir que ela não quisesse escapar. Mesmo abandonando há muito tempo suas esperanças de que rolasse qualquer coisa entre eles, Paige descobrira que uma atração sexual não era algo muito fácil de se livrar. Houve dias em que quis que ele a beijasse de uma vez só para pôr um fim a suas fantasias. Todo mundo sabe que a realidade nunca chega perto de uma fantasia e Paige estava disposta a pagar um preço alto para destruir suas ilusões.

Uma brisa levantou seu cabelo e o som de risadas se ergueu das ruas abaixo, onde as pessoas caminhavam de volta para casa depois da noitada fora. Luzes cintilavam das janelas, cachorros latiam, uma sirene soava alto e um carro bateu. A vida seguia em frente.

Paige recordou com saudosismo aquela hora exata no dia anterior. Pensando no que ia vestir em sua reunião, estava empolgada com sua promoção e fazia planos para o futuro.

E agora estava desempregada.

O que ela deveria fazer no dia seguinte? Acordar, sair da cama e o que mais? Passar o dia caçando um emprego? Mesmo se encontrasse outro, não ia ser junto com suas amigas.

Ela tentou imaginar como seria trabalhar sem Frankie e Eva.

— De quanto dinheiro preciso para começar um negócio? — Paige praticamente cuspiu as palavras e seu coração batia rápido.

— Você teria alguns gastos iniciais — disse Jake. — Na maior parte, gastos jurídicos. E quero pagar por eles. Confio em você.

Matt se levantou e lançou um olhar abrasador a Jake.

— Arranja logo uns salgadinhos para o Jake, Ev. O suficiente para encher a boca até ele não conseguir mais falar.

— Quero que ele fale. — Paige sabia que se quisesse uma resposta direta, teria que conversar com Jake. Ele não queria protegê-la como o irmão. — Você realmente acha que eu conseguiria?

— Sim, se mudar sua atitude. — Jake tomou um gole de cerveja. — Você evita os riscos demais. Você se apega ao controle como um alpinista se agarra à montanha. Quer garantias e não vai encontrá-las quando tiver seu próprio negócio. Você quer segurança, mas isso não existe. Há riscos e uma tonelada de trabalho muitas vezes inútil. Ter um negócio exige muito de você. Não é para quem tem coração fraco.

Se Paige fosse a gata, teria arranhado Jake.

— Não tenho medo de assumir riscos, se for por algo que eu queira muito. E não há nada de errado com o meu coração. Ele é tão forte quanto o seu. — O coração de Paige batia forte no peito, como se confirmasse o que ela acabara de dizer.

Por que não?

Por que não?

A ideia começou a tomar forma em sua cabeça e com ela veio um sentimento inesperado de empolgação. Parte do peso que a tomara desde a reunião com Cynthia passou.

— A gente devia fazer isso. Frankie? Eva? O que vocês acham?

Frankie olhou para as plantas.

— Fazer o quê?

— Começar nosso próprio negócio.

— Você está falando sério? Eu achei que você e Jake só estavam tendo mais uma briga.

— Estou falando sério. Nós temos talento. Somos boas no que fazemos.

— Cynthia não achava isso. — Eva se jogou numa almofada e Paige sentiu uma pontada de raiva.

— Não deixe que ela faça isso com você. Não vamos deixar que ela abale nossa confiança.

— Está bem, mas eu não sei se consigo comandar um negócio, Paige. — Eva parecia cheia de dúvidas. — Eu posso fazer um glacê perfeito no bolo de casamento que você quiser e preparar tortas ótimas. Escrevo bem e as pessoas parecem gostar do meu blog, mas estratégia de negócios não é algo que me interessa e muita papelada me dá dor de cabeça.

— Eu vou cuidar dessa parte. Sua habilidade natural para fazer comidas deliciosas é seu dom especial. Você inventa pratos novos todos os dias e é excelente em lidar com as pessoas. Os clientes amam você. Ninguém é capaz de aliviar uma situação tensa como você.

Frankie se levantou sobre os saltos e limpou a terra dos dedos.

— Nenhuma de nós tem experiência em negócios.

— Eu vou aprender essa parte. — A mente de Paige estava funcionando a todo vapor. Ela tinha contatos; era capaz. Fizera seu trabalho tão bem para os outros, por que não o faria para si mesma? — Nós estaríamos no controle. Nós decidiríamos para quem trabalhar. Seria divertido.

— Seria arriscado. — A expressão de Matt era séria. — Um dos principais motivos para a falência de tantas empresas é que elas não pensam em seus clientes e concorrentes. Nova York é cheia de produtoras de eventos.

— Por isso precisamos ser diferentes. Melhores. Clientes gostam de um toque especial. Se você for alguém bem rico, vai esperar um bom serviço. A Estrela Eventos trabalhava com critérios rígidos, mas e se nós não fizermos o mesmo? E se, além de organizarmos o seu evento, nos oferecermos para tomar conta de coisinhas que estejam atrapalhando o seu dia? Cynthia reclamava disso, mas os clientes amavam o fato de sempre oferecermos algo a mais. Nós não organizávamos somente um evento. Estávamos disponíveis para fazer de tudo, desde ir à lavanderia até a ficar de babá de gato.

Eva lançou um olhar a Garrinhas.

— Eu não tenho talento para ser babá de gato. Mas como vamos oferecer tudo isso sendo apenas três?

— Nós podemos terceirizar. Ter nossos fornecedores. Não queremos fundar uma empresa inchada e gigante com funcionários que nem a Cynthia, que recebem um salário, mas não atraem nenhum cliente. A nossa vai ser reduzida. Não somos as únicas que perderam o emprego. Tem muita gente por aí que adoraria prestar serviços para nós. — A mente de Paige estava a mil, saltando obstáculos e procurando oportunidades e soluções. — Olhem por outra perspectiva. O que é que nós temos? No que somos boas? Somos organizadas e temos ótimos contatos. Conhecemos os melhores salões da cidade, boates, bares, restaurantes. Sabemos como conseguir as melhores entradas para os melhores eventos. Como lidar com problemas quando eles aparecem. Somos excelentes em fazer mil coisas ao mesmo tempo, somos amigáveis e trabalhamos bastante. O que nós temos que a maioria das pessoas em Manhattan não têm?

— Além de uma vida sexual, você quer dizer? — disse Eva, alcançando seu casaco.

— Fale por si mesma — disse Jake sorrindo. Paige o ignorou.

— Tempo. Elas não têm tempo. A pessoas têm muitas tarefas para fazer, mas não têm tempo para executá-las direito, além de o estresse que as impede de aproveitar cada momento da vida. Todas querem um dia de 48 horas, pois 24 não são suficientes. É isso o que vamos corrigir. Nós vamos devolver às pessoas algumas horas de seu dia.

Frankie arrumou os óculos.

— Não consigo imaginar uma grande corporação nos contratando. Nós seríamos muito pequenas.

— Ser pequeno pode ser bom. Isso nos torna ágeis e atenciosas. Não significa que não possamos ser profissionais como uma empresa grande com escritórios em Los Angeles.

— Pode funcionar. — Frankie se levantou, esquecendo-se das plantas por um instante. — Como vamos construir uma clientela? Fazer propaganda ia custar uma fortuna.

— Nós vamos fazer o que já fazemos. Vamos sair em busca deles. Trabalho de campo. E depois que fizermos um trabalho brilhante no evento deles, depois de colocarmos suas vidas enlouquecidas e estressadas em ordem e paz, eles vão contar para seus amigos.

— E se tudo der certo, nossas vidas tranquilas vão se tornar enlouquecidas e estressadas. — Os olhos azuis de Eva brilharam, mas, dessa vez, foi mais de empolgação do que pelas lágrimas. — Estou dentro.

— Eu também — disse Frankie, balançando a cabeça. — Estou cansada de trabalhar para uma chefe aloprada e de não ter controle sobre nada. Por onde começamos? Quanto tempo precisamos até algum dinheiro entrar?

Essa pergunta fez tudo parecer assustadoramente real e apagou a empolgação delas como um balde de água fria.

Paige engoliu em seco.

As entranhas dela se contorceram. Na teoria era uma coisa e, na prática, outra.

E se Paige não conseguisse fazer as coisas funcionarem? Dessa vez, seria ela quem decepcionaria suas amigas, não a Estrela Eventos.

— Se vocês vão mesmo entrar nessa — disse Matt —, podem começar pedindo aconselhamento.

Paige balançou a cabeça.

— Obrigada, mas prefiro fazer do meu jeito.

Jake entrelaçou as mãos atrás da cabeça, observando-a com os olhos estreitos.

— Paige, a obstinada. Você quer saber quantas novas empresas eu vi falirem nos últimos anos?

— Não. Mas foi você quem me disse para começar meu próprio negócio.

— Eu não disse para você sair correndo para qualquer lado, que nem uma criança numa loja de brinquedos. Você precisa refletir sobre o que está fazendo. Precisa buscar aconselhamento.

— Eu não estou correndo para qualquer lado. — Como era possível achar alguém atraente e ao mesmo tempo querer bater nele? — Vou pedir conselhos para quem entende do negócio, gente tipo Eva e Frankie.

— Claro, muito inteligente. Pergunta para as suas amigas. Elas com certeza vão dizer a verdade. — Jake terminou a cerveja. — Quando uma pessoa quer começar um negócio, não precisa da opinião dos amigos. Precisa dos conselhos de gente que vai te dizer o que há de errado com o conceito para você ajustá-lo. Você vai ter uma trabalheira e precisa estar preparada para isso. Precisa que alguém conteste suas ideias. Se conseguir contra-argumentar então talvez, *talvez*, suas ideias sejam boas.

Paige sentiu uma pontada de frustração. Precisando de espaço, virou-se e caminhou até o parapeito, para longe deles.

Droga. Droga…

Por que ela sempre ficava tão emotiva perto de Jake?

E se estivesse sendo ambiciosa demais, achando que poderia abrir seu próprio negócio?

E se fracassasse?

Paige ouviu o suave som de passos se aproximando.

— Desculpe — disse Jake em voz baixa. Ele estava tão perto que Paige podia sentir o calor da respiração dele contra sua bochecha.

O desejo percorreu seu corpo. Por um instante, pensou que ele lançaria os braços em torno dela. Paige fechou os olhos e prendeu a respiração.

Jake não iria tocar nela.

Ele nunca a tocou. Não de novo.

Era agonizante achar alguém tão fisicamente atraente sem ser correspondida.

Era raro os dois ficarem a sós. Não que estivessem propriamente sozinhos naquele momento. Mas por algum motivo, protegidos pelo embalo suave das árvores, enquanto a conversa do outro lado da varanda deslizava junto da brisa, pareceu que só restavam eles na varanda.

Jake não a tocou. Em vez disso, ficou de pé ao lado dela, olhando para Manhattan, do outro lado do rio.

Paige soltou a respiração devagar.

— Me diga o que há de errado com a minha ideia. Quero saber.

Ele virou a cabeça para olhá-la e o clima no terraço pareceu repentinamente íntimo e reservado.

— Você precisa pensar muito sobre o mercado em que vai atuar, em seus clientes e no que exatamente vai oferecer. Matt tem razão. Seus clientes são o mais importante. Mais do que a estrutura da empresa, do que a aparência do seu site e dos vídeos que você vai postar. Pergunte a si mesma sobre o que seus clientes precisam e então se questione por que eles vão te procurar. Se oferecer algo genérico demais, ninguém vai pensar de cara em você. Se atirar para todos os lados, vai acabar sem empresa. Que valor vai colocar nos seus serviços?

Paige teve dificuldade de se concentrar nos negócios, enquanto o tom aveludado da voz de Jake provocava seus sentidos.

— Não posso restringir o que podemos oferecer. Nós vamos fechar todos os contratos que pudermos.

— Não se venda por pouco. Você vai ser brilhante, Paige. — As palavras de Jake arrancaram o ar dos pulmões dela.

— De insultos a elogios. Você me deixa confusa.

— É verdade. Você é uma organizadora nata. Seu cuidado com os detalhes é quase irritante.

Paige quase sorriu.

— Você talvez devesse parar por aí, antes de estragar tudo.

A risada suave de Jake quebrou o silêncio latente.

— Paige, você sempre tem uma lista com todas as coisas que precisa providenciar para a noite de filmes, para não esquecer nada, mesmo sabendo que, se esquecer, é só descer dois lances de escadas para pegar. Você se lembra do aniversário de todo mundo e toma nota de todos os presentes que ganhou desde tempos remotos. Provavelmente anota em algum lugar o que cozinhou no jantar de alguém anos atrás.

— Anoto sim. — Ela franziu a testa. — Tem algum problema com isso? Algumas pessoas são alérgicas a certos tipos de comida. Gosto de manter registros sobre isso.

— É disso que estou falando. Você anota tudo. Não se esquece de nada. Vai ser tão boa com seu trabalho que a concorrência vai desistir e chorar. Eu estou quase com dó deles.

— Mesmo?

— Sim, o que não significa que eu não vá curtir ver você dando uma surra neles.

— Tem tanta coisa que pode dar errado.

— E tem outro tanto que pode dar certo.

Com os joelhos bambos, Paige se segurou na grade em frente a ele e fixou o olhar nas luzes cintilantes de Manhattan. Vista dali de cima, a ilha parecia glamourosa e tentadora, um mundo de oportunidades.

— Não sei se tenho coragem o bastante para fazer isso. — Essa confissão escapou de Paige, que sentiu os dedos de Jake deslizarem sobre os seus. A mão dele pressionou a dela com um toque seguro e forte.

— Você é a pessoa mais corajosa que conheci na vida.

O toque dele foi tão surpreendente que Paige quase afastou a mão. Em vez disso, porém, ela permaneceu imóvel presa a ele, assim como seu coração ficara preso há tantos anos.

— Não sou corajosa. — Ela se virou para encará-lo. Jake estava mais perto do que tinha pensado. Seu rosto estava logo ali, inclinado em atenta preocupação.

A vontade de ficar na ponta dos pés e pressionar sua boca contra as curvas sensuais dos lábios dele era quase arrebatadora, mas Paige permaneceu imóvel. Sua força de vontade era grande o suficiente para que ela não fosse em frente, mas não forte o suficiente para fazê-la recuar.

Uma risada veio ecoando do outro lado do terraço, mas nenhum dos dois se virou.

Jake foi desentrelaçando os dedos dos dois, mas em vez de se afastar, ergueu uma das mãos e acariciou o rosto de Paige.

Ela ficou imóvel fitando o brilho dos olhos dele. Nem que sua vida dependesse disso, Paige não conseguiria desviar o olhar.

Normalmente, Jake a ficava provocando, alfinetando, tirando do sério.

Era como se ele tentasse lhe dar milhares de razões para deixar de lado sua paixão por ele.

Essa ternura era algo que não recebia desde a adolescência, e vê-la naquele momento provocou uma pontada de dor.

Paige tinha saudades disso. Desse envolvimento tranquilo, da sabedoria e da bondade dele.

Ela engoliu em seco.

— Quando você não tem escolha, não se trata de coragem.

— É claro que se trata, sim. — A boca de Jake se inclinou num meio sorriso e Paige sentiu uma pontada de inveja de todas as mulheres que ele já beijara na vida.

Paige não tinha sido uma delas, infelizmente.

E nunca seria.

Sem chão, frustrada consigo mesma por ficar às voltas com fantasias enquanto a realidade gritava em sua cara, Paige se afastou.

— Obrigada pelo conselho.

— Ainda vou te dar mais um. — Jake não arriscou tocá-la de novo, mas sua voz a manteve perto dele. — Pondere os prós e os contras, mas não pense demais no assunto. Se focar demais nos riscos, vai acabar não fazendo nada.

— Sinto como se eu tivesse perdido toda a minha segurança.

— Aquele emprego não era a sua segurança, Paige. Empregos vêm e vão. Segurança quem faz é você mesma, com seus talentos e suas habilidades. Essas coisas você pode levar para onde quiser. Pode fazer o que fez pela Estrela Eventos em qualquer outra empresa, inclusive na sua própria.

As palavras dele deram a Paige o acesso de confiança de que tanto precisava.

Elas faziam sentido.

Paige se sentia como uma planta murcha que tinha acabado de ser regada.

— Obrigada. — A voz saiu rouca e Jake esboçou um sorriso.

— Quando você estiver trabalhando dezoito horas por dia, sete dias por semana, talvez não vá querer me agradecer. — Jake se afastou e voltou para o grupo, mas Paige permaneceu ali por mais alguns instantes, pensado no que ele tinha acabado de dizer.

Segurança quem faz é você mesma.

Eva e Frankie estavam rindo de algo que Matt disse e era tão bom ouvi-las gargalhar que o humor de Paige melhorou na hora.

Ela voltou para o grupo.

— O que é tão engraçado?

— A gente estava pensando em nomes para a empresa.

— Ah é? E aí? — Paige ainda conseguia sentir o toque de Jake em sua mão e ficou pensando como um simples roçar dos dedos dele era suficiente para enviar milhares de correntes elétricas por seu corpo.

— A gente quer algo que soe maior e melhor do que "Estrela Eventos" — disse Eva, sorrindo. — Global Eventos. Planeta Eventos. Universo Eventos.

— Nós não somos apenas uma empresa de eventos.

Paige se sentou no braço da poltrona de Eva, tomando cuidado para não olhar para Jake.

— Somos mais pessoais e precisamos nos diferenciar da concorrência.

— Nós vamos ser uma empresa feliz. Isso nos torna diferentes — ponderou Eva.

— É um estilo de vida, além de eventos. Enquanto você está ocupado trabalhando, nós podemos escolher o presente perfeito para sua mulher ou comprar flores para sua sogra.

— Ou podemos envenenar sua sogra — disse Eva com humor. — Com bolinhos de beladona.

Frankie ignorou o comentário da amiga.

— Parece que estamos oferecendo serviços de concierge.

Paige refletiu um pouco.

— É isso! É isso o que somos. Uma empresa de eventos e concierge. Nós não apenas organizamos o seu evento; fazemos todo o resto. Se for nosso cliente, vamos tomar conta de todas as coisinhas que você não tem tempo para fazer.

Eva se recostou nas almofadas.

— Então agora só precisamos de um nome e de um escritório.

— Precisamos de clientes mais do que de um escritório. Podemos começar trabalhando da mesa da cozinha. Vamos passar a maior parte do dia fora mesmo. Ou ao telefone.

Frankie franziu a testa.

— Como começamos? Eu sou florista. Jardineira. Posso fazer arranjos de flores para casamentos, aniversários ou para sua cobertura com jardim, mas não me peça para fazer serviço de telemarketing. Não consigo vender algo nem para mim mesma.

— Mas eu consigo. — Paige pegou a bolsa e tirou o celular. Jake tinha razão. Organização era o forte dela. Toda a sua empolgação havia voltado e agora foi a vez de sua confiança. — É esse o ponto de nossa empresa. Eu não sei mexer com flores para sua festa de noivado, mas conheço alguém que sabe. A pessoa, no caso, é você — disse, lançando um olhar para Frankie. — E cozinhar não é meu negócio, mas quando Eva e a equipe dela fizerem a festa da sua empresa, as pessoas vão falar sobre isso por meses e meses.

Eva ficou perplexa.

— Eu tenho uma equipe?

— Você vai ter.

— Terceirizada — aconselhou Matt. — Não vá inchar sua folha de pagamento.

Frankie soltou um sorriso falso.

— E não vai fazer vitamina de couve com espinafre para as pessoas.

— Ela faz isso? — perguntou Jake, estremecendo. — Se algum dia uma mulher preparar uma dessas para mim, nossa relação vai acabar na mesma hora.

— Eu faço no café da manhã — disse Eva divertidamente. — Você não corre nenhum risco: seus relacionamentos nunca duram tanto tempo.

— O café da manhã é a refeição mais importante do dia e a palavra "seriedade" não consta do meu dicionário.

Declaração que Paige sabia ser falsa. Jake dava consultoria de segurança cibernética para as melhores empresas e isso era ser sério. Um dia, Matt lhe disse que Jake era o cara mais esperto que conhecera na vida. A seriedade não estava presente apenas em seus relacionamentos.

E ela sabia por quê.

Jake tinha falado sobre o assunto antes de Paige criar um abismo entre os dois.

— Que emoção! — Eva deu um soquinho de leve no ombro de Frankie. — Vou entrar no mundo dos negócios com minhas duas melhores amigas. Você bem que podia me dar um cargo com um nome chique. Eu seria a pessoa mais feliz do mundo. "Vice--presidente", que tal?

Paige sentiu uma pontada de tensão. Ser responsável por si mesma era uma coisa, mas ser responsável por suas amigas era algo completamente diferente. Jake, ela sabia, empregava centenas de pessoas em várias cidades mundo afora.

Como é que ele conseguia dormir à noite?

Como é que Matt conseguia dormir à noite?

Paige lançou um olhar para o irmão, que o retribuiu com um sorriso leve de cumplicidade.

— Pronta para me pedir ajuda? Se perguntar, talvez descubra que eu sei algumas coisas. E Jake lida com empresas novas o tempo todo. Ele dá consultoria e investe. Ambos temos contatos. Podemos falar com algumas empresas… encontrar parceiros para vocês começarem.

Paige não queria pedir ajuda a Jake.

Mesmo aquela breve conversa a deixara sem chão. Pedir ajuda significaria aproximar-se e passar mais tempo com ele. Paige não queria isso de jeito nenhum.

— Você já me ajudou o suficiente. Agora quero fazer tudo por conta própria. Sei que consigo, Matt. Você já tem me socorrido desde que tenho quatro anos. Chegou a hora de eu fazer algo sozinha.

— Você faz muitas coisas sozinhas. — Matt soltou um suspiro.

— Pelo menos deixe eu ajudar com as questões jurídicas. O estatuto da empresa, impostos, seguro… como Jake disse, tem muita coisa em que pensar.

Fazia sentido.

— Está bem. Obrigada.

Matt se levantou.

— Vou ligar para meus advogados amanhã de manhã. Você precisa de um plano de negócios…

— Eu sei. Pode deixar comigo. Vou elaborar nosso plano de negócios hoje à noite e amanhã.

— Pode conversar comigo quando precisar. E também precisamos falar sobre fundos.

— Matt, você está me sufocando.

Seu irmão lançou a ela um olhar demorado.

— Estou oferecendo consultoria de negócios e cobertura financeira. Antes de você recusar, deveria conferir o que suas sócias acham.

— Eu quero sua ajuda e seus conselhos — disse Eva imediatamente —, principalmente se for de graça. Posso cozinhar para você como pagamento. Na verdade, faço qualquer coisa menos tomar conta de sua gata psicótica.

— Eu tomo conta da gata — murmurou Frankie. — Ela desconfia de seres humanos e eu entendo isso. Se você ajudar a gente, tomo conta do jardim da cobertura o verão todo.

— Você já faz isso por mim. E faz um ótimo trabalho. Eu te contrataria sem pestanejar.

Paige olhou para o topo da lista que estava digitando em seu celular.

— Você já está espezinhando a minha equipe antes de sermos oficialmente uma empresa.

— Mais um motivo para você aproveitar a minha consultoria. É menos provável que eu roube a sua equipe.

— Está bem! Você venceu. Pode ser nosso consultor. Mas nada de ficar em cima de mim. Quero fazer as coisas por minha conta. Se nosso negócio for um sucesso, quero que seja por minha causa.

— Mas se falirmos, podemos colocar a culpa nele. — Duas covinhas se formaram nas bochechas de Eva. — Eu ficaria feliz se desse certo e eu ficasse no bem bom, mas perder meu emprego duas vezes na mesma semana iria abalar minha confiança terrivelmente.

Paige ouviu o tom de incerteza na voz de Eva e um ímpeto de determinação atravessou seu corpo. Ela ia fazer tudo certo. Não importava o custo, ela ia fazer de tudo.

— Ainda precisamos de um nome para a empresa. E precisamos descrever os serviços que vamos prestar.

— Pelo que parece, iremos fazer de tudo um pouco — disse Eva. — Você manda... seu desejo é uma ordem. — Ela disse isso com um floreio dramático e Paige abaixou o celular.

— É isso.

— É isso o quê?

— É brilhante. *Seu desejo é uma ordem.* Esse vai ser o nosso slogan. Ou nossa máxima, ou sei lá como se chama.

— Um monte de gente vai ligar querendo transar — disse Jake rindo, enquanto pegava mais uma cerveja.

O cintilar das velas lançou uma luz brilhante através dos traços esbeltos do rosto dele. Ver Jake despertava partes de Paige que ela preferia que continuassem adormecidas.

Era quase um alívio que ele voltasse a ser irritante.

— Você tem algo útil com que contribuir?

— A menos que você queira um monte de homem ligando com pedidos indecentes, minha observação foi útil.

— Nem todo mundo pensa em sexo o tempo todo. Precisamos de um nome para a empresa que case bem com o slogan. Gênias

Associadas? Garotas Geniais? — Ela fez uma careta e balançou a cabeça. — Não.

— Gênio Esperto. — Frankie estava podando uma rosa.

Matt se remexeu.

— Gênio da Cidade.

— Gênio Urbano. — Foi Jake quem falou. Sua voz soou grave e sensual na escuridão. — E quando vocês três quiserem esfregar uma lâmpada, é só virem.

Paige se virou para ele com uma palavra de rejeição na ponta da língua, mas então parou.

Gênio Urbano.

Era perfeito.

— Eu amei.

— Eu também amei. — Frankie balançou a cabeça, concordando, e Eva fez o mesmo.

— Paige Walker, CEO da Gênio Urbano. Você está no banco do motorista, na estrada do sucesso. Fico feliz de ser sua passageira. — Eva ergueu a taça e franziu a testa. — Minha taça está meio cheia.

Frankie sorriu.

— Eu diria que está meio vazia. E isso revela muito da diferença entre nós.

— Cada uma de nós traz o que tem de diferente à nossa empresa e não tem nenhum passageiro aqui. — Paige alcançou a garrafa de champanhe e encheu a taça de Eva. — Você também está ao volante.

—— Ei, posso até trocar um pneu, mas não vou dirigir. — Frankie limpou a terra da calça legging. — Esse é o seu trabalho.

A fé que as amigas tinham nela era tão assustadora quanto reconfortante.

— Três mulheres ao volante — brincou Jake lançando um olhar a Matt. — É melhor pegarmos o metrô.

Paige sabia que ele a estava provocando, mas dessa vez não se importou.

Ansiedade e empolgação a dominavam. Ela estava abrindo a própria empresa. Naquele exato momento. E com suas melhores amigas.

O que poderia ser melhor?

— Gênio Urbano. Entramos no mercado. — Ela ergueu a taça. — Eva, pode ir resgatar a sua camisa da sorte. Nós vamos precisar dela.

Capítulo 4

Não existe almoço de graça, a não ser que sua melhor amiga seja cozinheira.

— Frankie

—— Vamos acordando. — Paige colocou um café ao lado da cama de Eva, mas a amiga não se mexeu. — Vou sair para correr e, quando voltar, preciso de você acordada e pronta.

Um som saiu de debaixo das cobertas.

— Pronta para quê?

— Para trabalhar. Hoje é nosso primeiro dia como Gênio Urbano e nós vamos fazê-lo render.

A cabeça de Paige latejava. Passara metade da noite fazendo listas e anotações. E tentando não duvidar de sua decisão.

O que foi que ela fez?

Será que elas estariam melhor procurando por um emprego?

— Que horas são?

— Seis e meia.

O volume dentro as cobertas se mexeu e Eva emergiu de cabelos desgrenhados e olhos sonolentos.

— Sério? A jornada de trabalho na Gênio Urbano começa a essa hora? Eu me demito.

O sol brilhou através das janelas, iluminando o pé-direito alto e o piso de madeira do apartamento. As roupas de Eva estavam jogadas no chão, formando um arco-íris de cores e tecidos misturados. Um par de rasteirinhas aparecia por debaixo da cama e havia três vidrinhos de esmalte brilhante no criado-mudo, ao lado de um livro sobre como arrasar no visual com pouco dinheiro.

Apesar da ansiedade, Paige sorriu. Eva sempre arrasava no visual.

Quando chegou em Nova York, ela era a única pessoa que morava com Matt. Eva dividiu apartamento com a avó até precisar vendê-lo para pagar pelos cuidados médicos dela. Eva ficou sem ter onde morar e Paige perguntou ao irmão se as duas poderiam dividir um apartamento. Ele não hesitou. Três meses depois, Frankie se juntou ao grupo.

Eram três moças vindas de uma cidade pequena vivendo em uma cidade grande. Logo se tornaram próximas como se tivessem crescido juntas.

Viver com as amigas provou ser supreendentemente fácil, considerando a diferença de como cada uma organizava as horas de seu dia.

Eva era preguiçosa só de manhã.

— Levante-se — Paige cutucou a amiga. — Quero que você prepare um menu personalizado para a Baxter & Baxter. Vou ligar para eles mais tarde.

— Baxter & Baxter, a agência de publicidade? A Estrela Eventos foi atrás desse contrato.

— E o perdeu por não ser inovadora o bastante. Nossa agência é jovem e dinâmica. Nós precisamos ser tão dinâmicas quanto. E originais também.

— Não me sinto muito dinâmica. — Eva cobriu a cabeça com o travesseiro. — E não consigo ser original às seis e meia da manhã. Saia daqui.

— Até as sete e meia, você precisa estar de banho tomado e pronta com os menus na cozinha. — Paige fez um rabo de cavalo e olhou para o próprio reflexo no espelho de Eva.

A rápida visão serviu de garantia de que todo o pânico que sentia estava escondido dentro dela em segurança.

Seu cabelo era macio e liso. Nem mesmo a umidade de Nova York era capaz de deixá-lo ondulado.

Eva soltou um grunhido.

— Você é uma tirana. Não ia custar nada se deixasse de correr ao menos um dia. Você já está em ótima forma.

— Não vou ficar em ótima forma por muito tempo se parar de correr. O exercício alivia meu estresse. — E ficar em forma era importante para ela. O corpo de Paige a deixara na mão uma vez e não tinha sido sua culpa. Ela fazia de tudo para que ele não a decepcionasse de novo. — Você pode fazer o café da manhã? Podemos comer enquanto trabalhamos.

— Vou denunciar você para o setor de recursos humanos. — Eva bocejou, emergindo de debaixo do travesseiro. — A gente tem um setor de recursos humanos, né?

— O setor sou eu e a sua reclamação foi devidamente registrada. Quer que eu traga algo da rua? Posso passar na Petit Pain. Um pão de nozes? Uma broa? Uma rosquinha? — A Petit Pain era uma das padarias de bairro preferidas delas. O dono tinha virado padeiro após a morte da esposa. Ele descobriu uma nova paixão e o negócio cresceu, apoiado pelos moradores do bairro.

Eva se sentou e esfregou os olhos.

— Não temos dinheiro para isso. Vou preparar alguma coisa com o que sobrou na geladeira. A Frankie precisa comer algo sem aditivos. Ela quase não comeu ontem. Tudo começou com aquela mensagem da mãe dela.

— Sim, bem, saber que os pais transam é estranho para qualquer pessoa, mas saber que sua mãe está dormindo com caras da sua idade e ainda por cima sai espalhando por aí é muito mais do que estranho. Não tem palavra que descreva isso. Frankie não está triste sem motivo. — Paige ficou observando Eva tirar uma mecha de cabelo radiante do rosto. — Como é que você consegue ser tão bonita, mesmo tendo acabado de sair de debaixo de um travesseiro?

— Meu cabelo está parecendo um ninho de passarinho.

— Mas um ninho bonitinho. Você não quer nada, então?

— Frutas vermelhas, talvez?

— Frutas vermelhas não servem para consolar ninguém.

— Para mim, servem. De qualquer jeito, a gente não precisa de consolo, a gente precisa de saúde. Se formos trabalhar até não dar mais e nos submeter a uma quantidade absurda de estresse, vamos precisar estar bem nutridas.

— Frutas vermelhas. — Paige anotou mentalmente. — E mais café.

— Café faz mal para você.

— Café é minha fonte de vida. *De jeito nenhum* você vai voltar a dormir. — Paige arrancou a coberta da amiga. — Levante-se. Temos mais o que fazer, lugares para visitar, pessoas para agradar e dinheiro para ganhar. Se é para termos sucesso nisso, e nós vamos ter, precisamos começar a nos dedicar ao trabalho. Jornada integral, sem meio período.

Eva grunhiu.

— É impressionante, você está falando igual à Cynthia. — Mas Eva deslizou as pernas para fora da cama. — Sobre o que você e o Jake ficaram conversando ontem à noite, na varanda? Pareciam bem à vontade um com o outro.

— Ele estava pedindo desculpas por ser um idiota. — Já conhecendo a capacidade de Eva de achar que qualquer situação era romântica, Paige caminhou rapidamente para a porta. — Não se atreva a voltar a dormir. Vejo você em uma hora. — Aliviada em escapar da inquisição da amiga, Paige desceu as escadas correndo e bateu na porta do apartamento do térreo.

Frankie, pelo menos, não fez a mesma pergunta. Ela não achava nada romântico, nem mesmo se um casal estivesse travando uma batalha com a língua bem na sua frente.

Ela ainda vestia o pijama quando abriu a porta. Estava com um pequeno pé de manjericão nas mãos e era evidente, a julgar pelas enormes olheiras sob seus olhos, que tampouco havia dormido naquela noite.

Paige ficou se perguntando se a mãe dela havia telefonado ou mandado mais mensagens.

— Estou saindo para correr. Quer vir comigo?

— Vestida desse jeito? Acho que não.

— Nós vivemos no Brooklyn. Ser diferente é aceitável.

— Eu sou a responsável na família, lembra? Além disso, preciso terminar de montar um negócio.

Paige olhou por sobre os ombros de Frankie e viu um modelo de LEGO montado pela metade.

— É o Empire State?

— Sim. O Matt me deu de Natal. Eu estava esperando um momento estressante para montar.

— Acho que ontem foi estressante o bastante. — Paige olhou com mais cuidado, maravilhada com a destreza de Frankie. — O que te deixou mais estressada, perder o emprego ou a sua mãe?

— Os dois. — Frankie esfregou a testa com os dedos. — Olha… você não precisa se preocupar. Estou dando um jeito e… não importa. Montar esse LEGO já é o suficiente pra mim. Eu te encontro quando você voltar. Preciso cuidar do meu *Ocimum basilicum*.

— O seu o quê? Ah… o seu "pé de manjericão". Você poderia chamá-lo assim, simplesmente. Mas pensando bem, seria um desperdício de todo aquele treinamento sofisticado que você recebeu. — Paige passou a mão pelo rabo de cavalo. — Está bem, vou deixar você e seu *Ocimum basilicum* em paz e te encontro para a reunião de café da manhã no escritório da Gênio Urbano às sete e meia?

Frankie piscou.

— Nós temos um escritório?

— A sua cozinha será nosso escritório até conseguirmos bancar algo um pouco mais formal. A nossa é um pouco maior, mas a porta da sua dá para o jardim e é tão lindo no verão. A sua cozinha não é que nem a da Eva, ocupada por experimentos culinários. Não precisa preparar nada. A Eva está encarregada do café da manhã.

— Desde que ela não espere que eu beba suco de couve com espinafre, tudo bem. Não é todo dia que concordo com Jake, mas nessa questão nós temos a mesma opinião.

Desejando que o nome de Jake não tivesse surgido na conversa, Paige saiu correndo escada abaixo.

Era sua época favorita no ano, quando a primavera batia às portas do verão e as cerejeiras e as magnólias desabrochavam todas de uma vez. Elas enchiam o ar de perfume e cor, como se a cidade estivesse comemorando sua libertação das profundas camadas de neve que enterraram seus charmes pelos longos meses de inverno.

No ápice do verão e no inverno, Paige fazia aulas de spinning em uma academia, mas, naquele momento, não havia forma melhor de aproveitar o clima e o bairro do que com uma corrida.

Adorava as ruas largas e a simetria dos prédios históricos de arenito sombreados pelas cerejeiras. Era o lugar mais luxuoso e descontraído do Brooklyn. Certas pessoas viviam ali porque não tinham dinheiro suficiente para Manhattan. Já ela, gostava dos aromas, das energias e do ritmo do bairro. Mesmo ainda sendo cedo, as ruas já estavam cheias de vida e atividade. Enquanto corria para o parque, sentindo o calor do sol tocar seu pescoço, respirando os aromas da primavera e das padarias, Paige observou as pessoas seguindo em frente com suas vidas.

O pânico do dia anterior havia passado junto com os sentimentos perturbadores desencadeados pela presença de Jake.

Hoje ia ser um dia de planejamento. Ela já tinha desenvolvido várias ideias e a luz de seu quarto ficara acesa quase a noite toda, enquanto as anotava.

Como Jake, ela amava tecnologia. As inovações satisfaziam sua necessidade de organização, possibilitavam que ela acompanhasse seus projetos de perto e maximizasse sua eficiência. Talvez não entendesse o funcionamento como Jake, mas isso não a impedia de tirar proveito dos frutos da criatividade alheia.

Paige tentou convencer a si mesma de que o motivo para não ter conseguido dormir na noite anterior foi seu nervosismo, sua empolgação e ter usado equipamentos eletrônicos até de madrugada. Todo mundo sabe que encarar a luz dos monitores à noite faz mal, não é mesmo?

Sua noite insone não tinha nada a ver com Jake Romano.

Exceto...

Ela entrou correndo no parque e pegou ritmo.

Ser evasiva com o romantismo de Eva era uma coisa, mas qual era o sentido em mentir para si mesma? Era melhor admitir de uma vez que estava em apuros. Assim, pelo menos, conseguiria se manter em alerta. E ainda que Paige não quisesse ser paparicada, a atenção dele a fazia se sentir bem. Jake tinha aumentado sua confiança quando estava prestes a entrar em colapso. Ele a motivou quando ela quis se esconder e não correr riscos.

Paige estava acostumada com Jake dizendo as piores coisas possíveis. Tinha dias em que estava convencida de que ele escolhia as palavras com a intenção deliberada de irritá-la, mas na noite anterior ele disse a coisa certa. Fez com que se sentisse capaz. Ele lhe deu segurança quando mais precisou. Ele a fez se sentir... a fez se sentir...

Droga.

Paige parou de correr e se inclinou para a frente para recuperar o fôlego, frustrada com o fato de Jake ainda conseguir fazê-la se sentir daquele jeito.

Ela tinha 17 anos quando o viu pela primeira vez. Como sua condição de saúde demandava cuidados especializados que iam além das capacidades do hospital de sua cidade, Paige teve que fazer a cirurgia em um hospital em Nova York, o que possibilitava que Matt a visitasse.

Na primeira vez que seu irmão levou o amigo Jake com ele, Paige pensou estar sofrendo de alucinação.

Por sorte não estava ligada a um monitor cardíaco na hora ou com certeza todos os médicos do prédio iam correr para seu quarto para ajudar na emergência.

Daquele momento em diante, tudo mudou. Foi como se alguém apertasse um botão e mudasse sua vida de um filme em preto em branco para outro em cores.

Todos comentavam quão forte ela era e quão bem lidava com o tédio de ficar no hospital.

O que não sabiam era que ela passava quase o tempo todo pensando em Jake.

De olhos fechados ou abertos, ele sempre estava em sua mente.

Paige vivia para suas visitas, mesmo que raramente ficassem juntos. Quando os compromissos de seu pai como advogado em Portland, Maine, o impediam de ficar com ela, era a mãe que estava presente. E se não fosse nenhum dos dois, Matt estaria de guarda. A preocupação acumulada de todos se canalizava e era transmitida a ela.

Mas com Jake era diferente.

Ele a entretinha com histórias escandalosas e, nas noites em que Matt tinha que estudar para alguma prova, era Jake quem ficava no hospital até mais tarde para lhe fazer companhia.

Paige se apaixonou. Foi o seu primeiro amor.

Todo mundo dizia que era fácil superar o primeiro amor e estavam certos.

Para ela, a humilhação provou ser uma cura mágica.

Infelizmente, a atração sexual que sentia não provou ser tão facilmente destrutível.

Na maioria dos dias era fácil ignorar essa atração, pois Jake era tão irritante quanto atraente. Mas na noite anterior...

A noite anterior tinha sido uma anormalidade. Uma resposta ao fato de ela ter perdido o emprego.

Tentando tirá-lo da cabeça, Paige pegou um atalho por entre as árvores, que a levou de volta à rua.

O sol das primeiras horas da manhã era o melhor de todos, pensou ela. Brilhante e animador. Depois do longo e amargo frio invernal, era uma alegria poder sair.

Paige cruzou com conhecidos, trocou sorrisos e algumas palavras.

Nova York era uma cidade de bairros, e aquele em que viviam era como um vilarejo. Ruas largas e arborizadas corriam paralelas aos prédios históricos de arenito, casas enfileiradas, cafés animados, mercadinhos de família repletos de produtos frescos, flores e lojas de artesanato. Existiam famílias que viviam naquela região há várias gerações.

Durante as noites, a atmosfera era preenchida pelo som de crianças brincando, grilos cantando, o som doce de alguém treinando saxofone sob o acompanhamento de buzinas ou sirenes ocasionais.

Ela adorava poder fazer aula de spinning, comprar uma fatia de cheesecake, cortar o cabelo ou participar de uma sessão de ioga no parque, tudo isso a uma curta caminhada de casa. Paige podia comprar de tudo: de frango frito a vitaminas orgânicas.

A duas quadras do prédio delas, havia uma livraria independente, uma galeria de arte e a Petit Pain, a padaria que ampliou e virou uma cafeteria também. E, é claro, havia o Romano's, o restaurante italiano do bairro, cuja dona era a mãe de Jake. No verão, suas mesas se espalhavam pela rua e uma treliça com trepadeiras protegia os clientes da claridade do sol da tarde.

Frankie achava que eles tinham a melhor pizza de Nova York e, como em uma ou outra ocasião ela já havia experimentado todas as pizzas da cidade, ninguém discutia sobre isso.

Como ainda era cedo, as mesas estavam vazias, mas o cheiro de alho e orégano pairava no ar.

A porta da cozinha estava aberta e Paige colocou a cabeça para dentro. Como era esperado, Maria Romano já estava preparando massa.

— *Buongiorno.* — Essa era uma das poucas palavras em italiano que Paige confessava saber. As outras eram um segredo, parte de uma época em que ainda alimentava a ilusão de que algo pudesse acontecer entre ela e Jake.

— Paige!

Ela ficou envergonhada no mesmo instante com aquela demonstração de afeto regada a farinha.

— Estou te incomodando?

— Nunca. Como você está?

Paige respirou fundo. Tinha caído de amores por Maria Romano na mesma hora em que Jake e Matt a apresentaram. Foi em sua primeira semana de faculdade, quando estar em Nova York parecia com a vida em um outro planeta.

— Eu não consegui minha promoção. E perdi o emprego.

Maria a soltou do abraço.

— O Jake me contou. Ele ligou ontem à noite. Fiquei preocupada. Sente-se. Já comeu?

— Vou tomar café da manhã com Frankie e Eva. Nós temos assuntos para tratar. Mas um café cairia bem. — Não a surpreendia que Jake tivesse ligado. Ele era bastante protetor com Maria, que o pegou quando tinha 6 anos e depois o adotou. Foi Jake quem comprou o restaurante e quem deu casa e emprego para a mãe, o irmão e vários primos.

Cinco minutos depois, Paige estava sentada com um *espresso* perfeito em sua frente, contando para a mãe de Jake uma versão resumida de tudo o que tinha acontecido na reunião com Cynthia no dia anterior.

Ela não sabia muito bem quando havia começado a ter Maria como sua confidente. Foi acontecendo gradualmente quando se mudou para morar com Matt no primeiro ano da faculdade.

Ocupado demais para cozinhar, o irmão a levava ao Romano's para garantir que ela comesse algo decente de vez em quando. As sextas no Romano's se tornaram tão rotineiras quanto as maratonas de filme de sábado. Essas noites, passadas com seus amigos cercada pelos sons e aromas do restaurante, eram, com frequência, a melhor coisa na semana de Paige. Ela adorava o ambiente familiar e aconchegante, as risadas, o caos controlado. Maria era carinhosa sem sufocar. De algum modo, Paige achava que era mais fácil conversar com ela do que com a própria mãe, pelo simples fato de não sentir a pressão de alguém tentando protegê-la.

— Então, você está começando o próprio negócio. — Maria se sentou do outro lado da mesa. — E está com medo e fica se perguntando se fez a coisa certa.

O estômago de Paige se retorceu. Ela ficou feliz de ter recusado a comida.

— Estou empolgada.

Maria pegou um pouco de café.

— Você não precisa fingir para mim que está tudo bem.

Paige parou de tentar mostrar coragem.

— É amedrontador. Não preguei os olhos ontem à noite. Fico pensando em tudo o que pode dar de errado. Por favor, diga que estou sendo idiota.

— Por que eu diria isso? Você está sendo honesta. É normal ficar com medo. Isso não significa que tomou a decisão errada.

— Você tem certeza? Estou com medo de estar sendo egoísta, de estar fazendo isso para mim mesma. Passei minha infância inteira vendo outras pessoas terem controle sobre o que acontecia comigo e agora quero sentir que eu mesma tenho algum tipo de controle. Ainda que isso signifique fracassar. O problema é que, se fracassar, arrasto minhas amigas junto comigo.

— Por que você fracassaria?

— Jake pode te dizer quantos negócios vão à falência por aí.

Maria deu um gole no café.

— Então foi meu menino quem botou medo em você, não é?

Menino?

Paige deixou de lado a imagem de Jake com ombros fortes e músculos rígidos.

— Ele mostrou os fatos. E eles são um pouco assustadores.

— Não deixe isso tirar sua coragem. Se há alguém que pode ajudar você e lhe oferecer conselhos, esse alguém é Jake. Eu tenho este restaurante por causa dele. Foi ele quem o comprou. Depois, me ensinou como tomar conta de tudo e passou algum tempo com o Carlo mostrando como administrar as finanças. — Maria abaixou a xícara. — Converse com o Jake. Você são amigos há bastante tempo. Sabe que ele ajudaria, se estivesse com problemas.

Paige sabia que estaria bem desesperada para ir atrás da ajuda de Jake, mas não podia explicar a Maria por quê.

— Eu não tenho nenhum problema no momento. Estou preocupada com o que pode acontecer se a empresa não der certo. A Eva precisa muito de dinheiro e a Frankie também. — Era isso o que mais incomodava Paige. — E se eu decepcionar as duas? O problema não sou só eu. Estou pedindo que elas também assumam o risco.

— Você está pedindo que deem uma chance. A vida consiste em dar chances.

— Mas a decisão é minha. É o meu sonho. Eu as trouxe comigo. — Foi por ficar pensando no que aconteceria se nada desse certo que Paige tinha passado a maior parte da noite anterior em claro. — Frankie é brilhante com flores e jardinagem, e Eva é uma cozinheira incrível, mas, no final das contas, sou eu que estarei à frente do negócio. A responsabilidade é toda minha. E se eu não conseguir? E se eu estiver sendo egoísta?

Maria encheu a xícara vazia.

— Na noite antes de abrir o restaurante, eu não dormi nem um minuto. Ficava pensando: "E se ninguém aparecer para comer?" Foi Jake quem me disse que meu trabalho não consistia em me preocupar com as pessoas aparecerem, mas em me concentrar no que faço de melhor: preparar uma comida ótima em um ambiente agradável. E ele tinha razão. Você sabe que é boa no que faz, Paige. Então faça isso direito e as pessoas vão procurá-la.

— Parece muito arriscado.

— Há sempre um risco na vida. — Maria andou até o outro lado da mesa e tomou a mão de Paige nas suas. — Quando meus avós vieram da Sicília em 1915, eles não possuíam nada. Tiveram que reembolsar o custo das passagens e viveram vários anos na miséria, mas escolheram vir mesmo assim, pois acreditavam que teriam uma vida melhor aqui.

— Agora me sinto culpada por ficar choramingando.

— Você não está choramingando. Está preocupada. Isso é natural, mas a vida não fica esperando. — Maria apertou a mão de Paige. — Sempre acontecem mudanças. Algumas pessoas tentam evitá-las, mas não têm como. Meus avôs quiseram isso mesmo sabendo que não seria fácil. Eles batalharam anos e anos. Nunca sonharam que um dia eu fosse ter meu próprio restaurante. Nós não tínhamos nada e agora… — ela olhou em volta — … temos muito. Tudo por conta do meu Jake e suas ambições. Você sabe quantas pessoas não riram da cara dele quando meu filho bateu em suas portas? Tantas… Mas ele continuou e agora são essas pessoas que vão bater à porta dele. Por isso, nunca venha me dizer que um sonho não pode se tornar realidade.

— Mas Jake é brilhante com computadores. Tem um talento de verdade. E o que é que eu sei fazer? Eu organizo coisas para as pessoas. — Paige terminou o café, questionando-se sobre a decisão que havia tomado. — Milhões de pessoas podem fazer o que faço, mas quase nenhuma consegue fazer o que Jake faz. É por isso que o procuram.

— Muitas pessoas sabem cozinhar, mas, ainda assim, meu restaurante fica cheio todas as noites. Você se subestima. Tem jeito com pessoas, um olhar aguçado para os detalhes e boas habilidades organizacionais. Além disso, tem paixão e determinação. Você se dedica ao trabalho.

Isso era o bastante? Seria suficiente?

— Perder o emprego abalou minha confiança, e isso é exatamente o que vou precisar para convencer as pessoas a contratarem os serviços da Gênio Urbano. — Paige baixou os olhos para a própria xícara. — Como agir com confiança quando você não a sente?

— Você finge. O tempo todo, Paige. — A voz de Maria soou tranquila. Com vergonha, Paige se virou.

— Às vezes finjo. Raramente com você. — Paige era honesta com Maria em todos os assuntos, menos um. Ela não fazia ideia do que Paige sentira por seu filho.

— Continue assim e, um dia, você vai acordar e perceber que não está mais fingindo. Vai ver que é de verdade.

— Tomara que você esteja certa. — Paige olhou o celular e se levantou. — Preciso ir. Vou me reunir com Frankie e Eva às sete e meia. E preciso passar no mercado para comprar frutas vermelhas. Obrigada pelo café e por me acalmar.

— Venham qualquer dia de manhã e tomem o café aqui. Vocês vão comer granita e brioche. Não tenho como ajudar nos negócios, mas, como uma boa siciliana, posso preparar uma boa comida para vocês. E lembre: mesmo que uma estrada seja cansativa e esburacada, não significa que você tenha que parar de caminhar.

— Você deveria bordar isso em uma almofada. — Paige deu um beijo em Maria e seguiu pela rua, parando para pegar as frutas vermelhas em uma quitanda e um pacote de café fresco em sua cafeteria predileta.

Eva já estava na cozinha de Frankie. Seu cabelo fora amarrado em um coque de mechas aleatórias, penteado de um jeito que pareceria bagunçado em qualquer pessoa, mas que em Eva estava perfeito. Ela mordia o lábio inferior enquanto polvilhava canela sobre aveia.

— Você trouxe as frutinhas? — Eva acrescentou xarope de bordo em uma espiral dourada. — Deixe na mesa. E se for tomar banho, não demore muito, pois já está quase pronto. Frankie está se vestindo. Ela recebeu outra mensagem. — Eva baixou o tom de voz, mas Paige não teve tempo de perguntar mais nada, pois a porta se abriu e Jake apareceu. Seus ombros ocupavam quase todo o espaço entre os batentes.

Paige não esperava vê-lo de novo tão cedo.

Jake morava em um loft reformado na moderna Tribeca. Eva brincava dizendo que a vista de lá era tão boa que, em um dia de tempo bom, era possível ver até a Flórida.

Jake bocejou e Paige viu, por entre os grossos cílios, o cansaço nos olhos azuis acinzentados. Havia uma barba rala no maxilar e era óbvio que, o que quer que ele tenha feito na noite anterior, ficou evidente que não dormiu muito.

Jake carregava um capacete preto de moto sob o braço. O aperto do transporte público não era para ele. Quando tinha que ir de Manhattan ao Brooklyn, ia de moto.

Só de olhar para ele, ninguém adivinharia que era proprietário de uma multinacional de sucesso. Naquele momento, Jake poderia aparecer em qualquer parte do Brooklyn sem causar estranhamento.

— Feliz primeiro dia de trabalho. — Apesar de ter dormido pouco, para sua sorte, ele parecia elegante, másculo e bonito até demais.

Quanto a Paige, seu cabelo e sua pele estavam suados, e ela não usava um pingo sequer de maquiagem.

Que ótimo!

Por que Jake não apareceu dez minutos mais tarde, depois que ela tivesse tomado banho e, talvez, depois que tivesse colocado um batom?

Não que fosse fazer muita diferença. Não importava quantos banhos tomasse, nem quantos batons passasse, Jake não se interessava por ela.

E por que se interessaria? Havia uma lista de espera de mulheres querendo um encontro com Jake Romano.

Para ele, Paige ainda era a mesma adolescente magricela e pálida que envergonhava a ambos. Ela quis aproveitar a ocasião, mas escolheu o momento errado. De vez em quando, se perguntava o que teria acontecido se tivesse tentado alguma coisa alguns anos depois.

Será que ele a teria visto como uma adulta, como alguém com idade suficiente para agir como gente grande?

— O que você está fazendo aqui? — Paige precisou reunir forças para não alisar o cabelo.

— Eu tinha umas coisas para conversar com o meu tio. Pensei em passar para desejar boa sorte a vocês.

Sem o jeito reticente de Paige, Eva ficou na ponta dos pés e deu um beijo na bochecha dele.

— Você é o melhor, Jake, mesmo tão mal barbeado. Já tomou café da manhã? Porque se não tiver comido nada, posso preparar algo.

Paige rangeu os dentes. Tê-lo por perto a deixava nervosa.

— Já tomei. O meu tipo de café da manhã. — Jake deu uma piscadinha a Eva, que retribuiu com um sorriso.

— Nem me fala. Aposto que foi uma loira pelada.

— Nem continue, senão ela já vai reservar o salão do Plaza para o casamento em junho — disse Paige. — Jake quis dizer que bebeu só alguns *espressos*. É esse o tipo de café da manhã dele.

— Alguém disse "loira pelada"? — Matt entrou logo atrás de Jake. Ele estava com uma gravata jogada no pescoço e carregava uma pilha de papéis nas mãos. — Não atenda o telefone hoje de manhã, Paige. Mamãe já ligou várias vezes. Ela e o papai ficaram sabendo sobre a Estrela Eventos.

— Como? Pensei que eles estivessem em Veneza. — Os pais deles, depois de tantos anos sem quase nunca deixar a cidade, finalmente embarcaram em uma viagem pela Europa. Matt e Paige recebiam notícias regularmente.

— Estão. Você conhece o papai. Ele não vive sem checar as notícias do mercado.

— Então eles ligaram para saber como eu estava? — Paige sentiu um aperto no coração. — O que você disse?

— Eu disse que você já encontrou outro emprego e que está tudo bem. — Matt colocou os papéis sobre a mesa. — Não deixem nada cair nesses papéis, são importantes.

— Você disse que eu arranjei outro emprego?

— Sim. E eles me perguntaram o nome da empresa, para pesquisar sobre ela.

Paige se encolheu.

— E você disse a verdade?

— Ei, por acaso pareço um idiota? — Matt se inclinou e roubou algumas das frutinhas que Eva colocou sobre a mesa. — Eu lido com eles há tanto tempo quanto você. Há mais tempo, na verdade, ainda que as coisas só tenham ficado complicadas depois de você aparecer com o seu coração esquisito e seus lábios azuis. Só querendo atenção…

— Você acha que eu mesma abri um buraco no meu coração?

— Depois de ver a bagunça que fez com sua comida quando tinha dois anos, eu não descartaria essa possibilidade. Pode ser que você estivesse atrás de um nugget de frango e errou de alvo. — Matt sempre a fazia rir.

— E aí você disse a eles que sua vida é ocupada demais para ficar monitorando a minha?

— Não. Assim eles voltariam correndo para casa e viriam atrás de mim por não tomar conta de você direito. — Matt comeu as frutas. — Eu disse que você está empolgada com o novo emprego, o que é verdade, aliviada por estar longe da sociopata da Cynthia, o que também é verdade. Então falei sobre os melhores momentos da minha vida e pedi a mamãe que me contasse dos quadros que ela tinha visto nos museus.

Paige sabia que a mãe poderia passar horas falando de quadros.

— Obrigada. Vou contar tudo a eles, mas é melhor fazer isso quando as coisas estiverem de pé e funcionando. Não quero que a mamãe fique preocupada.

— Concordo. E você também não quer que ela pegue o primeiro voo da Itália para vir ver se a filhinha querida está bem.

— Detesto dizer isso, mas você é o melhor irmão que uma garota poderia ter. Super-irmão.

— Eu sei. E isso já é motivo o bastante para você me dar comida.

— Eu te dou comida — disse Eva. — Senta aí, Super-irmão. Você é sempre bem-vindo à minha mesa, desde que prometa nunca aparecer de cueca.

— De jeito nenhum, prometo. Mas não posso me sentar. Preciso de um café da manhã a jato.

— A jato?

— Sim, a jato, vou comer em pé mesmo. E quero algo com bacon, de preferência. — Matt amarrou a gravata, alinhou as pontas e Jake observou tudo com um olhar incrédulo.

— Pra que você precisa de uma gravata?

— Quando estou de gravata, determinados clientes pensam que eu sei sobre o que estou falando. Paige, marquei uma reunião com meu advogado às 16h. Lá no centro, no escritório dele. Vocês três precisam ir. Não cheguem atrasadas, pois um horário com aquele cara faz o tempo do Jake parecer barato. Depois, vamos no contador. — Uma notificação apitou no celular dele. Matt baixou os olhos e leu a mensagem.

Paige também pegou seu celular.

— Eu mesma podia ter marcado essas reuniões.

— Eu precisava falar com o meu advogado. Foi uma economia de tempo e esforço. — Matt conferiu os e-mails. — Ele vai dar uma explicação geral sobre o negócio. Vocês precisam entender tudo direitinho.

— Então vamos ter que ir até Manhattan?

Jake olhou para Paige.

— Eu posso te dar uma carona de moto, se quiser.

— Claro! — exclamou Paige, sem hesitar. — Eu sempre quis subir na sua moto.

— Não — disse Matt, erguendo os olhos. — Você não vai levar a minha irmã naquele trambolho.

Paige abriu a boca, mas Jake falou antes, em tom leve.

— Aquele "trambolho" é uma obra-prima de altíssima qualidade. O motor dela...

— O motor dela é o motivo exato porque minha irmã não vai subir na moto.

Jake ergueu uma das sobrancelhas.

— Eu trouxe um capacete extra. Já dei carona várias vezes para outras mulheres. Todas sobreviveram.

— Elas não são a minha irmã. A gente vai ver filme no sábado à noite?

Exasperada, Paige lançou um olhar ao irmão.

— Matt...

— É claro que vamos ver um filme no sábado — interrompeu Eva, aliviando um pouco o clima de tensão. — Será que a gente poderia assistir a algo romântico só para variar?

— Eu tinha pensado em algo de terror — Matt estava digitando a resposta a um dos e-mails. — *O silêncio dos inocentes* ou algum outro filme baseado num livro do Stephen King...

— De jeito nenhum! — Eva recuou. — Eu *odeio* filme de terror. A não ser que você queira acordar comigo tremendo na sua cama morrendo de medo de dormir sozinha, é melhor escolher outra coisa. Nada de *serial killers*. Nada de criancinhas mortas. Podemos assistir a *Sintonia de amor*?

— Não, a não ser que a sintonia deles seja com algum *serial killer* à solta. — O celular de Matt tocou. — Preciso atender — disse respondendo ao telefone, deixando Paige aliviada.

— Qual o problema dele? — Ela se virou para Jake. — Eu aceito sua oferta de carona.

Jake esboçou um sorriso breve.

— De jeito nenhum. Se vocês querem brigar, bom para vocês. Mas não me coloquem no meio.

Fazendo uma nota mental para falar com Matt sobre isso mais tarde, Paige abriu seu laptop.

— A parte de eventos do nosso negócio é bem inovadora, mas, antes de mais nada, listei tudo o que uma empresa de serviços de concierge deve fazer. — Enquanto Matt estava ocupado com a ligação, ela mostrou a lista a Eva. — Eu me esqueci de alguma coisa?

Jake olhou por cima do ombro de Paige.

— Não vejo "sexo" em nenhum lugar na lista.

— Não tem graça. Fiz uma lista de empresas cujos executivos têm muito dinheiro e pouco tempo.

Eva serviu o café em canecas.

— Mas por que eles usariam *os nossos* serviços?

— Porque nós vamos tornar seus funcionários mais produtivos e suas vidas tão mais fáceis que vão se perguntar como conseguiram sobreviver sem a gente. Dei uma pesquisada na internet ontem à noite… Vocês sabem quantas horas de trabalho são desperdiçadas por conta de funcionários que têm que resolver problemas pessoais durante o expediente?

— Não na minha empresa. — Jake aceitou a caneca de Eva.

— Aposto que sim. Você não sabe de nada porque é o chefe. Na hora que entra na sala, os funcionários fecham as abas no computador.

— Você está insinuando que não estou atento ao que acontece na minha própria empresa?

— Estou dizendo que a maioria das pessoas está trabalhando demais e que o equilíbrio entre o pessoal e o trabalho está tão desigual que elas são obrigadas a resolver assuntos pessoais durante o expediente. Nós podemos ajudar com isso.

— Equilíbrio entre vida e trabalho? Que porcaria é essa? — disse Matt assim que desligou o celular. Então, ajeitou a gravata e conferiu como estava no reflexo da porta brilhante do micro--ondas. — Preciso ir. Vejo vocês mais tarde. — Ele parou assim que Frankie entrou pela porta. Ela estava de calça cáqui, camiseta limpa e seu cabelo caía em ondas sobre os ombros.

Paige viu os olhos do irmão fixarem-se nos cabelos de Frankie. Em seguida, ele percorreu o rosto dela com os olhos, captando a expressão tensa.

— Está tudo bem? — perguntou Matt baixinho. Frankie respondeu algo que Paige não conseguiu ouvir, mas viu o irmão assentir com a cabeça e se afastar sem levar o assunto adiante.

Paige sabia que seu irmão não era o maior fã da mãe de Frankie. Nas poucas ocasiões em que ela tinha ido ao apartamento, Matt fez questão de estar presente. Frankie talvez preferisse suportar sozinha a humilhação daqueles momentos, mas sabendo quanto tudo aquilo a afetava, seus amigos sempre tentavam estar presentes quando Gina Cole resolvia fazer uma de suas visitas "parentais" improvisadas.

Paige se comoveu por Matt insistir em ficar em casa para apoiar Frankie. Ela chegou a se perguntar se no gesto do irmão havia algo além de seu instinto protetor, mas esse pensamento não durou muito.

Matt precisava de confiança em um relacionamento.

Frankie, porém, não confiava em ninguém. Era a primeira pessoa a admitir que sua visão sobre relacionamentos era tão distorcida que dava para usá-la como saca-rolhas.

— Você tem certeza de que não quer ficar, Matt? — Eva apontou para a mesa. — Declaro aberta nossa reunião de café da manhã. Quem permanecer nesta cozinha pelos próximos dois minutos irá provar a aveia que eu fiz.

Matt e Jake trombaram um no outro, na tentativa de saírem correndo.

— Por que os homens têm tanta aversão a uma alimentação saudável? — Ofendida, Eva serviu a aveia cremosa em tigelas e acrescentou amêndoas e frutas.

— Provavelmente porque a comida não-saudável é mais gostosa. — Frankie se sentou e pegou uma colher. — Se eu comer isso daí, você vai parar de encher meu saco?

— Talvez?

Paige empurrou o laptop na direção de Frankie.

— Dá uma olhada na minha lista.

Frankie enterrou a colher na tigela e leu.

— Caramba, nós somos muito boas. E *você* é melhor ainda por organizar isso tão rápido. Tem certeza de que conseguimos fazer tudo?

— Se não conseguirmos, conheceremos quem consiga. Eu já comecei uma planilha com fornecedores, salões etc. Temos muitos contatos e muitas pessoas já mandaram mensagem, querendo trabalhar com a gente. No final, parece que a Estrela Eventos irritou mais do que umas poucas pessoas.

— Não havia uma cláusula no seu contrato impedindo-a de fazer concorrência?

— Só se eu pedisse demissão. E não fiz isso. O Matt já conferiu isso para mim. Já analisei todos os nossos concorrentes e chequei seus maiores eventos no ano passado. Coloquei esses nomes em outra lista. — Ela se inclinou na direção do computador e abriu outro arquivo.

— Você é cheia das listas. — Frankie olhou para o computador. — E essa é grande.

— Comecei com todas as empresas que fizeram negócio com a Estrela Eventos, depois listei suas concorrentes e parceiras. Até agora, tenho setenta nomes. Podem ir abrindo espaço na agenda, pois vamos ter trabalho. — Paige levantou a caneca de café. — A nós.

Frankie ergueu a caneca.

— Gênio Urbano. Seu desejo é uma ordem.

Eva levantou a dela também, respingando café na mesa.

— Que os desejos transbordem.

— Sim, que nem sua caneca — disse Frankie, e foi pegar um pano.

—⁓—

Mais tarde no mesmo dia, em seu escritório em Tribeca, Jake surgiu de uma reunião e estava se preparando para outra, quando Matt entrou em seu escritório.

— Preciso falar com você.

— Estou ocupado.

— É sobre a Paige.

Ele não queria pensar em Paige.

Havia sido cuidadoso o bastante para nunca tocá-la, mas tinha feito isso na noite anterior.

Ainda conseguia sentir o leve tremor da mão dela sob a dele e o suave aroma do perfume de verão que sempre usava. O perfume de Paige mexia com os sentidos de Jake. Ele o fazia querer despi-la, jogá-la no canteiro de flores silvestres mais próximo e fazer coisas muito maliciosas.

— Eu não vou mais sair com ela de moto, se isso te incomoda tanto, mas você deveria deixar que Paige mesma tome as próprias decisões. Você a protege demais.

Matt se acomodou na cadeira mais próxima.

— Não é sobre a moto. É sobre os negócios. O que você aconselhou que ela começasse. Que merda você tinha na cabeça?

— O que tinha na cabeça era que Paige precisava ter mais controle sobre a própria vida. Viu como ela estava… Ela estava se sentindo impotente e com medo. Só a lembrei de que podia retomar um pouco do controle, só isso.

— Você a deixou com raiva.

— Sim. Mas antes com raiva do que chorando.

— Ela não estava chorando. Nunca vi minha irmã chorar na vida, nem quando estava doente e passando por todo aquele sofrimento. Nunca.

Jake, que era treinado para ver lágrimas femininas de longe, perguntou a si mesmo como Matt não podia perceber.

— Ela estava prestes a perder o controle. E se tivesse perdido, teria ficado atormentada. Paige já estava se sentindo meio mal. Não precisava ficar pior ainda. O que ela precisava era de um estímulo para tomar uma atitude, e não há estímulo melhor do que raiva. Você deveria estar me agradecendo.

— Então você a fez ficar com raiva de propósito? — Matt passou a mão no queixo e praguejou baixinho. — Não percebi. Como é que você sabe tanto sobre mulheres?

— Tenho uma vasta experiência com meu dom extraordinário de deixar as mulheres loucas. — O celular tocou, mas Jake o silenciou.

Matt viu o número na tela.

— Brad Hetherington? Você realmente tem circulado por meios ilustres. O ar aí em cima é diferente?

— Não. O que eu preciso é de uma corda para descer dessa merda.

— Você não vai atender a ligação?

— Eu atenderia, mas você está aqui. E, às vezes, é bom ser um pouco difícil. Tenho algo que ele quer. Se o fizer esperar, vai pagar mais por isso.

Matt balançou a cabeça.

— Como é que você se sente tendo uma fila de gente à sua porta?

— Eu me sinto ocupado. — Jake se inclinou para trás na cadeira e ficou olhando para o homem a quem considerava um irmão.

— Então, você só veio aqui para me dar um soco por ter deixado sua irmã com raiva ou tem outra coisa?

— Tem mais uma coisa. Quero que você a ajude com o novo negócio.

Jake congelou. Um alerta percorreu cada canto do seu corpo.

— Por que eu faria isso?

— Porque foi você quem a incentivou a começá-lo. É seu dever ajudá-la a não falir.

— O que faz você pensar que Paige vai falir?

— Por ela achar que pedir ajuda é uma fraqueza. Nós dois sabemos muito bem que ter um negócio é uma ladeira íngreme de aprendizados. Quanto mais você pergunta, mais rápido aprende. Minha irmã transformou a própria independência em uma forma de arte. Nunca irá perguntar nada. Por isso, você deve se oferecer.

Nem pensar.

Jake tamborilou na mesa. Apontar a direção certa era uma coisa; envolver-se pessoalmente era outra.

— Paige não vai querer minha ajuda. Você ouviu o que ela disse na noite passada.

E Jake sabia que não era apenas a necessidade de ser independente que fazia com que Paige evitasse lhe fazer perguntas.

Nenhum dos dois falava sobre o assunto, mas o passado ainda fervilhava, ditando o tom de cada encontro.

Paige se resguardava com Jake por perto, o que era conveniente para ele.

— Eu não sei nada sobre como administrar uma empresa de serviços de concierge ou de gestão de eventos.

— Pois deveria. Você vai em muitos eventos.

— Para fazer contatos, ficar bêbado ou arranjar uma mulher com quem transar. Às vezes, as três coisas ao mesmo tempo. Mas eu não planejo os eventos. — Jake sentia que era como estar à beira de areia movediça, sabendo que se você desse um passo em falso, poderia ser engolido sem chance de escapar. — Você tem tanta experiência com negócios quanto eu. Você pode ajudá-la.

— Paige acha que a protejo demais e tem razão. Eu tento não sufocar tanto, mas nunca consigo. É sempre a mesma coisa. Você lembra quando Paige estava aprendendo a dirigir? — Jake se encolheu e sorriu. — Sim, aquela vez. Estou preocupado demais. — Matt se levantou e caminhou até a janela. — Bela vista — comentou, distraído.

— Geralmente, estou ocupado demais para olhá-la.

Matt não percebeu de que o amigo falava.

— Para mim, Paige ainda é a mesma garotinha com problema no coração. Ainda consigo vê-la no hospital, com os lábios azuis, lutando para respirar.

— Se você quer fazer chantagem emocional, pode parar. Não vai funcionar.

Mesmo assim, saltaram à mente de Jake imagens que tanto se empenhara em esquecer. E milhares de outras coisas que gostaria de nunca mais ter que encarar.

— Não é chantagem emocional... é a verdade. Tenho vontade de embrulhá-la em plástico bolha e arrumar tudo eu mesmo. Sempre foi assim, desde o primeiro dia.

— É por isso que seus pais deram essa responsabilidade a você. — Jake se levantou e se aproximou do amigo, perto da janela. — Confiaram em você para ficar de olho em Paige. É um baita de um fardo.

Jake sempre achou que era um peso e tanto para o amigo.

Matt franziu a testa.

— Não é um fardo.

— Talvez seja a hora de Paige viver a própria vida e cometer os próprios erros. Em vez de ficar tentando segurá-la antes que caia, você poderia deixá-la cair e então ajudá-la a se levantar.

— Não quero que ela se machuque. Não quero que fracasse.

— Você está com medo demais do fracasso. Acho que isso tem a ver com o fato de seus pais terem sido muito bem-sucedidos no que fizeram. Fracassar faz parte da vida, Matt. O sucesso não ensina nada; o fracasso ensina resiliência. Você aprende a se recompor e tentar de novo.

Matt passou a mão pelo cabelo.

— Você era tão protetor quanto eu. Porra, uma vez você passou a noite inteira no hospital, sentado ao lado da cama dela quando eu não pude ficar. Talvez tenha esquecido.

Mas Jake se lembrava de cada segundo.

— Percebi que proteger a Paige não ajuda em nada. Ela não quer ser protegida.

Mas Jake a tinha protegido, não tinha?

Ele a protegera dele mesmo.

Jake sabia que tinha a capacidade de magoá-la. Já tinha feito isso antes.

Nenhum dos dois nunca tocou no assunto, mas Jake tinha consciência da dor que sua rejeição causara. Ele sabia que isso a transformara. Aquela sinceridade que tanto o revigorara havia desaparecido. Paige sempre se resguardava dele e Jake constantemente facilitava as coisas, o tempo todo dando novas demonstrações de que a relação deles quase ultrapassava a fronteira da inimizade.

Matt deu as costas para a janela.

— Talvez Paige não queira ser protegida, mas quero que você ajude. Estou pedindo como amigo.

E a amizade entre os dois era exatamente o motivo para Jake não querer fazer aquilo.

— Por que você não pode ajudá-la?

— Além do fato de Paige ignorar automaticamente qualquer coisa que eu diga, tem a questão de que sou paisagista. Consigo projetar uma cobertura de tirar o fôlego, incrementar com uma fonte e um balanço, mas não sou especialista em marketing digital e não tenho a experiência dos principais executivos da cidade. Mas você tem. E poderia abrir portas.

— Que, em seguida, Paige bateria em minha cara.

— Você tem os ouvidos de Brad Hetherington. — Matt balançou a mão na direção do celular de Jake. — Esse cara é praticamente o dono de Wall Street. Somente o negócio dele já transformaria a Gênio Urbano em um sucesso.

Jake pensou nos boatos que corriam por aí.

— Vai por mim: Paige não precisa de Brad Hetherington na vida dela.

— Pessoalmente, não. Mas profissionalmente? Esse cara tem muita gente e dinheiro nos bolsos. Como qualquer outra empresa com a qual você trabalha. Paige nem precisa saber que você está ajudando. Faça algumas ligações. Metade de Manhattan deve favores a você.

— Sempre sou transparente com meus negócios. — Mas não havia sido transparente em sua relação com Paige, não é mesmo?

Ela pensava que Jake não sentia nada por ela.

Paige pensava que não passava da irmã mais nova do melhor amigo dele.

— Eu te ofereço o seguinte acordo — disse Jake, sabendo que essa era a única forma de fazer Matt sair de seu escritório —: se ela vier pedir ajuda, vou ajudá-la.

Matt praguejou baixinho.

— Você sabe que minha irmã não virá pedir ajuda.

Jake ofereceu o que, esperava, era um dar de ombros simpático.

Ele contava com o pedido de Paige.

Capítulo 5

O céu é o limite. Se ele estiver longe demais, coloque saltos mais altos.
— Paige

Com Eva e Frankie, Paige desabou em uma cadeira em seu canto favorito no Romano's, tentando formular um plano C, já que os planos A e B tinham dado errado. Fazia duas semanas e ainda não tinham conseguido nada.

O cheiro reconfortante de alho e ervas vinha flutuando da cozinha e, através de uma janela aberta, Paige pôde ver seu irmão falando com um cliente pelo celular.

Era noite de sexta-feira e aquele jantar havia sido sugestão e convite de Matt, mas seu celular não parara de tocar desde que se sentara.

O telefone dela, por sua vez, estava depressivamente silencioso.

Ninguém atendeu suas ligações ou retornou as mensagens que ela deixara. Não era isso que tinha imaginado quando sonhou em abrir seu próprio negócio.

Paige havia prometido a si mesma que, um dia, seria bem-sucedida o bastante para pagar um milhão de jantares para o irmão. O celular dela iria tocar tanto que teria que contratar alguém para atender. Tinha esperanças de que esse dia não estivesse tão distante.

— Vocês passaram a semana inteira numa correria. — Maria trouxe os pratos de massa com seu tradicional molho de tomate. — Precisam de comida. *Buon appetito.*

— Daqui a pouco não vamos mais ter como pagar pela comida — disse Paige sombriamente. — Vamos ficar revirando os sacos de lixo que nem vira-latas.

— A Garrinhas já foi um gato de rua. — Frankie pegou o garfo. — Hoje em dia, come que nem uma rainha.

Maria lhe deu um tapinha no ombro.

— Vocês podem vir comer aqui todos os dias. Eu adoro recebê-las no meu restaurante.

Carlo, que por acaso estava passando, balançou a cabeça em concordância.

— Com vocês três sentadas perto da janela, garotas, o nosso negócio decola.

Parecia que o negócio de todo mundo decolava ultimamente, menos o delas.

Paige olhou em volta do restaurante lotado. Não havia um lugar vazio sequer.

Normalmente, o simples fato de estar no Romano's era suficiente para aumentar seu apetite. Ela adorava o elaborado trabalho em metal das mesas e as fotos da Sicília penduradas na parede. Havia, dentre elas, o familiar cume nevado do Monte Etna, a bela cidade de Taormina com suas sinuosas ruas medievais, um barco pesqueiro sacudindo no mar azul e borbulhante.

Risadas e conversas ecoavam pelo salão.

Todos estavam se divertindo.

Quer dizer, todo mundo menos as integrantes da equipe da Gênio Urbano.

Paige era a encarregada da motivação da empresa e, até aquele momento, estava fracassando.

— Estamos só no começo. — Ela estava fazendo um esforço sobre-humano para permanecer otimista. — Há muito mais negócios lá fora.

Frankie lançou um olhar para ela.

— Você fez 104 ligações e os únicos negócios que fechamos foram para pegar a roupa de alguém na lavanderia e preparar o bolo para a festa de aniversário de 90 anos de uma mulher.

— Ela se chamava Mitzy e era um amor de pessoa. — Eva enrolou o macarrão no garfo. Aparentemente, seu apetite não havia sido afetado pelas pressões do novo empreendimento. — Sabiam que ela pilotou um avião militar na guerra?

— Não. — Paige franziu a testa, distraída. — Como eu poderia saber disso? E como você sabe disso?

— Sei porque conversei com ela quando fui entregar o bolo e tivemos uma conexão. Mitzy me mostrou umas fotos incríveis, um dos netos apareceu e ela me convidou para ficar e tomar uma xícara de chá.

Frankie pausou o garfo a meio caminho da boca.

— Você ficou para tomar chá?

— É claro. Teria sido falta de educação recusar e, de qualquer forma, ela era interessante e o neto era um gato, parecia um banqueiro engomadinho. Mitzy está preocupada por ele ser solteiro, mas está ainda mais preocupada com o irmão dele, que é um escritor conhecido. Perdeu a mulher em um acidente há alguns anos e desde então não sai mais de casa. — Os olhos de Eva se encheram de lágrimas. — Não é terrível? Eu fico imaginando-o sozinho em seu apartamento enorme e vazio. Dinheiro não importa, não é mesmo? Amor é o que vale. No fim das contas, é a única coisa que importa.

— A menos que você não tenha um emprego. — Paige lhe passou um guardanapo. — Aí, então, dinheiro se torna algo bem importante. Mas eu concordo, é terrível mesmo. Não deve ser fácil superar a perda de alguém assim.

— Ele ainda não superou. Mitzy está preocupada que o neto nunca consiga se recuperar e já tentou de tudo para que ele volte a viver. Coitado. Tenho vontade de dar um abraço nele.

— Você nem o conhece — disse Frankie —, então, tecnicamente, isso seria considerado assédio sexual a um estranho. É uma história muito triste, concordo, mas não entendo como vocês conseguem chorar por quem nem conhecem.

— E eu não entendo como você pode ter um coração tão duro. — Eva piscou e as lágrimas se dissiparam. — Além disso, depois de algumas horas juntas, Mitzy não parecia mais uma estranha.

Frankie deixou o garfo cair.

— Algumas horas? A entrega desse bolo não devia ter durado mais de quarenta minutos. Quanto tempo você ficou lá?

— Eu não verfiquei. — O olhar de Eva ficou vago. — Deve ter sido algo em torno de quatro horas entre tomar o chá e levar o cachorro dela para passear.

— Quatro horas? — Paige pestanejou. — Você podia ter cobrado por esse tempo, Ev.

— Não seria certo, depois de ela ter me oferecido um chá tão delicioso. Isso não me atrasou para nenhum outro trabalho. Nós não temos outro trabalho. E ela era interessante. — Eva fez uma pausa. — Ela me lembrava minha avó.

Ouvindo a oscilação no tom de voz da amiga, Paige lhe ofereceu a mão para apertar.

— Está tudo bem, Ev. A gente não tinha mais nenhum trabalho para fazer.

— Não é o tempo que você passou lá que me incomoda — disse Frankie —, é o fato de serem estranhos. Eles podiam ser uns psicopatas e tentar te esfaquear. Você não tem a mínima noção de autopreservação e cuidado? — Frankie balançou a cabeça e Eva olhou para ela pacientemente.

— Na minha própria experiência, a maioria das pessoas é bem legal.

— Então sua experiência é limitada. — Frankie apanhou o garfo e cortou a massa. — Espero que sua fé na humanidade nunca seja abalada.

— Eu também, pois isso seria horrível, de verdade. — Eva tomou um gole da bebida. — A propósito, o neto da Mitzy, o que conheci hoje, não o que nunca sai de casa, é CEO de um banco privado em Wall Street. Entreguei nosso cartão a ele.

Paige olhou fixamente para a amiga.

— Sério?

Frankie esticou o braço para pegar mais pão de alho.

— Ela conta isso só depois de narrar a história da vida inteira da Mitzy. — Frankie comeu uma garfada e olhou para Eva. — Você não achou que essa informação pudesse nos interessar um pouco mais?

— Tudo o que diz respeito a seres humanos me interessa. Eu não sei se contei, mas a vizinha da minha avó era…

— Ev — disse Paige a interrompendo —, você estava contando sobre o neto da Mitzy. O rico que é dono de um banco. Você deu a ele nosso cartão e…?

— E nada. Ele o pegou e guardou na carteira.

— Ele disse que iria ligar? Você tem como ligar para ele? Dar continuidade ao contato?

— Não. Eu não pedi o telefone e não sei o nome da empresa. Não me olhem desse jeito. — As bochechas de Eva estavam coradas. — Eu detesto ficar pedindo trabalho. Não sou vendedora. E se aceitarem por pressão? Ou pior, e se disserem não? Seria tão constrangedor.

— Eu passei por 104 constrangimentos nas últimas duas semanas — retrucou Paige, exausta. — Já estou craque nisso. Você descobriu algo sobre ele?

— O rapaz é alérgico a morangos e foi a primeira pessoa da família a fazer faculdade. Ele é muito bem-sucedido. Mitzy tem muito orgulho. E nos desejou sorte.

— Sorte. — Paige teve um rompante de desespero. Será que era a única pessoa preocupada com o negócio recém-aberto delas?

Essas coisas talvez demandassem tempo mesmo; mas elas não tinham tempo a perder.

— Eu não fazia ideia de que seria tão difícil. A internet está repleta de histórias de sucesso, de pessoas que começaram seus negócios enquanto estavam na faculdade, que fizeram vaquinha no início e venderam suas empresas por bilhões de dólares. Eu não consigo nem convencer as pessoas a pegarem o telefone e me ligarem.

— Eu já te disse, você deveria falar com o Jake. — Maria colocou mais pão de alho no meio da mesa. — Peça que apresente algumas pessoas a você. Ele conhece todo mundo que vale a pena em Manhattan. Paige, coma algo. Você vai sumir, menina.

Maria se afastou para servir um cliente e Paige olhou fixamente para o próprio prato.

Ela não iria atrás de Jake.

Nunca mais iria se mostrar vulnerável perto dele.

— Ainda tenho umas pessoas para tentar ligar e vou fazer uma nova lista amanhã. Vou expandir nossa rede de contatos.

— Maria tem razão. Jake poderia colocar você em contato com alguém importante. — Frankie olhou-a com estranheza. — Por que não pedir? Você não tem medo de ligar para nenhum estranho na sua lista. Então por que não falar com o Jake, que conhece há um tempão?

— Porque… — Paige buscou uma desculpa em que pudessem acreditar. — Porque é a nossa empresa.

— E daí? As pessoas recomendam contatos o tempo todo. É assim que os negócios funcionam. Qual é a diferença?

— Isso tem algo a ver com o que aconteceu entre vocês dois quando eram adolescentes? — Os olhos de Eva se estreitaram. — Pois, se for, essa coisa toda de "ele me viu nua" está atrapalhando.

— Não é nada disso!

— Se é assim, então você devia esquecer. Jake já viu muitas outras mulheres nuas na vida.

— Você está tentando fazer com que ela se sinta melhor? — perguntou Frankie, olhando exasperada para Eva. — Paige não quer ouvir isso, Ev.

— Por que não? Ela não está apaixonada por ele ou coisa do tipo. — Eva fez uma pausa e olhou para Paige. — Ou está?

— Não — retrucou Paige. — Com certeza, não.

— Ótimo. Foi apenas um incidente constrangedor no seu passado, nada mais. Você devia esquecer isso.

— Ela está tentando — murmurou Frankie, e Paige respirou profundamente.

— Não tem nada a ver com isso. Ele já deve até ter se esquecido do que aconteceu.

Mas Paige sabia que não.

Jake era cauteloso perto dela. Cuidadoso. Como se a visse como uma ameaça em potencial.

Como alguém que o atormentava.

O resultado disso é que Paige também ficava cautelosa. Ela não tocara em Jake desde a juventude.

Mas, na outra noite, foi ele quem a tocou. Por um momento, pensou que…

Paige baixou os olhos para as próprias mãos, ainda capaz de sentir a força quente dos dedos masculinos se aproximando dos dela.

Depois, balançou a cabeça, impaciente. Aqueles pensamentos eram o motivo exato de se manter distante.

Ele a reconfortara. Foi só isso.

— Eu não vou pedir ajuda a Jake. Ainda tem um monte de ligações que posso fazer. Algo vai aparecer.

Infelizmente, esse "algo" era o próprio Jake.

A porta do restaurante abriu e Paige virou-se automaticamente para olhar, como se estivesse programada a sentir a presença de Jake tão logo entrasse em um lugar. Ele estava vestindo uma camisa desabotoada e jeans naquela noite, mas todos se viraram e o admiravam como se estivesse vestindo um terno.

Da mesma forma que a cabeça dela se virou. Paige percebeu que seu coração começou a bater mais forte e que seu humor estava leve antes que seus olhos se cruzassem.

Podia ver, no leve estreitar dos olhos, que Jake não esperava encontrá-la por lá e, por um instante, sentiu como se tivesse 18 anos outra vez, oferecendo-lhe tudo e percebendo o choque em seu rosto.

Em seus sonhos, Paige o via ser arrebatado por desejo, mas, na realidade, ele havia sido apenas bondoso, do tipo que só a fez se sentir humilhada, além de rejeitada.

Bondade era a resposta mais cruel de todas a um amor louco de adolescente. Era uma emoção delicada, suave. Um contraste direto com os sentimentos extremos e descontrolados dela.

Todo o foco de Jake se voltou a Paige e ela sentiu o próprio coração bater um pouco acelerado. Teve a sensação de que estava flutuando. Mais e mais alto. Era a primeira vez que o via desde a noite no terraço, quando conversaram sozinhos. Jake tinha tocado a mão dela. Ele...

Jake abriu um pouco mais a porta e uma mulher entrou no restaurante logo atrás dele.

Tinha cabelo loiro comprido que chegava até a cintura e era tão magra que, se batesse um vento mais forte, sairia voando.

A sensação de que estava flutuando passou na hora. O humor de Paige despencou como um paraquedista que perde o vento.

Ela sentiu um desconforto repentino. O mesmo que sempre tinha quando via Jake com outra mulher.

— Eu estava curtindo minha salada e, do nada, me senti terrivelmente gorda. — Eva afastou o prato. — O que aconteceu com a Trudi? Eu gostava dela. Pelo menos ela tinha um corpo.

— A Trudi já foi há alguns meses. — Trudi. Tracey. Tina. Era como se todas fossem a mesma mulher. O que importava era que Jake Romano era de outra.

Outra que eram todas as mulheres em Manhattan, ou ao menos parecia.

Paige detestava aquilo. Detestava ainda dar atenção àquilo. Mais do que tudo, odiava ainda se importar.

Precisava cuidar da própria vida.

Precisava arranjar um namorado.

Maria voltou à mesa delas, dessa vez para servir a salada da casa.

— Aquela mulher com o Jake parece estar precisando de uma boa refeição. — Resmungando a própria desaprovação, Maria serviu os pratos. — Todo mês ele aparece aqui com uma mulher diferente. Jake precisa mudar esse jeito de ser, senão nunca vai encontrar a mulher certa.

Paige pegou o garfo.

Ela sabia muito bem por que Jake não queria se envolver em um relacionamento e isso não tinha nada a ver com a mulher certa.

Tinha a ver com a mãe dele. Com a mãe biológica.

Jake comentou sobre o assunto na vez em que passou a noite ao lado do leito dela no hospital. Algo naquela atmosfera de esterilidade sombria o fez desabafar.

Foi uma conversa que ela nunca mais esqueceu.

Perdendo o apetite, Paige abaixou o garfo e ficou observando-o atravessar o restaurante com a acompanhante em direção a elas. Jake levantou a mão em saudação ao tio, que se dirigia à cozinha, e parou para beijar Maria. Ele disse à mãe, em italiano, algo que Paige não foi capaz de entender e que suavizou a expressão de Maria.

Frankie lançou um olhar de simpatia.

— É difícil se irritar com um cara tão protetor com a própria mãe. Aqui... — Encheu a taça de Paige. — Beba um pouco mais de vinho.

Paige deu um gole. Frankie estava certa. Com outras pessoas, Jake era impaciente e direto a ponto de ser meio grosso. Com a mãe, era infinitamente paciente.

A moça estava pairando à toa. Jake se virou e acenou para ela.

— É nossa noite de sorte. Eles vão se juntar a nós. — Frankie encheu a própria taça. — Ah, bem, olhe pelo lado bom.

— Tem algum lado bom?

— Sim. Essa moça não deve comer há décadas. Não tem nenhuma chance de devorar nossa comida.

Jake parou perto da mesa delas, segurando a mão da garota.

— Reunião da empresa? Como estão as coisas?

Paige permaneceu com os olhos enterrados no prato.

Será que ele estava de mãos dadas para mandar algum tipo de recado?

Frankie pegou a taça.

— Bem, já que você está perguntando...

— Estão indo muito bem — respondeu Paige, interrompendo rapidamente. Não queria que Jake ficasse sabendo da verdade. Não queria que ficasse com pena. Ela já tinha tido sua cota de piedade. — Estamos lutando para lidar com o volume de trabalho.

— Sim, nós vamos expandir e contratar novos funcionários em breve. — Sempre fiel, Eva embarcou de corpo e alma na mentira. — Estamos pensando em abrir filiais em Los Angeles e São Francisco.

Os olhos de Jake brilharam.

— E vocês vão para lá em um voo da Tapete Mágico Linhas Aéreas?

Ele sabe, pensou Paige tristemente. Sabe que é mentira.

Aquele homem era mais afiado nos negócios do que faca de cozinha. Nada passava batido.

— Talvez. — Eva sorriu sem nenhuma vergonha. — Você não vai nos apresentar a sua nova amiga?

A loira ajeitou o cabelo.

— Meu nome é Bambi.

Bambi?

— É um prazer conhecê-la, uh… Bambi. — Eva gesticulou para a mesa. — Vocês não querem se sentar?

Paige sentiu o estômago revirar.

Encontrar Jake por acaso era uma coisa, mas vê-lo dar risada com outra mulher a noite inteira era outra absolutamente diferente.

Por favor, não se sentem com a gente.

— Eu não posso — disse Bambi, lançando um olhar de desculpas. — Tipo, tenho uma sessão de fotos amanhã e vou ficar inchada só de respirar o cheiro do pão de alho. Preciso tomar muito cuidado com o que como. Tenho tanta inveja de vocês que não precisam se preocupar com o tamanho.

Paige teve que usar toda a sua força interior para não olhar para baixo e conferir que não havia se transformado em uma baleia.

— Você tem razão — interrompeu Eva. — Nós temos sorte mesmo, pois pão de alho é a melhor coisa que já comi na vida. Tem certeza de que não quer provar? — Ela levou o prato para perto do nariz de Bambi e deu um sorriso maldoso. — É delicioso mesmo, de lamber os dedos. Nham-nham. O pão de alho do Romano's é uma lenda na região, que nem a pizza.

— Eu sou vegana e, tipo, só como alimentos crus. — Bambi deu um passo para trás, como se tivesse medo de que só de pronunciar a palavra "pizza" fosse capaz de engordar. — Eu não como carboidratos há séculos e se desse uma única mordida em uma pizza, eu a comeria inteira como se, tipo, estivesse morrendo de fome. Bom, foi um prazer conhecê-las, garotas. Jake? Você está pronto?

— Sim. — Ele ainda estava olhando para Paige. — Fico feliz que tudo esteja caminhando bem, mas se precisarem de qualquer coisa, me liguem.

— Obrigada. — *Só por cima do seu cadáver: seu cadáver comedor de pizza e ávido por sexo.*

Com um último olhar a Paige, Jake seguiu Bambi até a porta.

Frankie se encostou na cadeira e examinou com curiosidade a bunda da outra mulher.

— "Pronto" para o quê? O que acham? Ela não deve ter energia para muita coisa. E alguém precisa falar para ela que "tipo" não é uma conjunção.

Eva também se recostou na cadeira.

— Já vi palitos de dente maiores do que ela. Você é muito mais bonita, Paige.

— Nós não estamos competindo.

A não ser pelo fato de parecer que sim.

Por que Paige se comparava com todas as mulheres com quem Jake saía? Por que fazia isso?

Frankie terminou a salada.

— Vegana que só come alimentos crus. Onde nisso tem espaço para uma pizza?

— Não tem. — Eva estremeceu. — Sou a favor de uma alimentação saudável, mas não de evitar todas as comidas. É um fato médico comprovado que, sempre que você deixa de comer alguma coisa, você a deseja ainda mais

Paige afastou a salada. Era por isso que nunca tinha conseguido se curar da atração que sentia por Jake?

Negando-o, só o desejava mais.

Se ao menos pudesse ter bebido dessa fonte, quem sabe não teria se curado há muito tempo?

— Não consigo imaginar Jake aproveitando uma noitada com uma vegana que só come orgânicos. — Triste, Paige pegou uma folha da salada com o garfo. — Jake é o equivalente ao tiranossauro rex no século XXI. Ele não consegue passar uma semana sem ao menos comer um bife enorme e suculento. Tem vezes em que fico pensando por que Maria não lhe serve logo um boi vivo.

Frankie se voltou para a própria comida.

— Nem em um milhão de anos eu entenderia os homens. O que Jake viu nela?

— Se aquela mulher ficasse de perfil, ele não veria nada mesmo. — Eva deslizou o pão de alho na direção da amiga. — Anime-se. Ela vai ser dispensada na semana que vem e ele já vai estar com outra nos braços. Ela é descartável.

— Faz nove meses que não tenho um encontro. Eu sou um completo fracasso — murmurou Paige. — Um fracasso grande e gordo.

— Mas você tem um ótimo gosto para amizades — disse Eva animada. — Agora cale a boca e coma algo, senão vamos lhe enfiar a comida goela abaixo e, aí sim, você não vai parecer nada bonita.

Bem nessa hora, o celular de Paige, que tinha passado as duas semanas anteriores em um silêncio deprimente, tocou. As três olharam na hora e, depois, uma para a outra.

— É agora. Pode ser agora. — Paige saltou da cadeira e atendeu a ligação. Ela passou por Matt, que estava voltando para o restaurante com Jake. Aparentemente, ele havia dispensado a loira palito.

— Gênio Urbano, como podemos ajudar?

Cinco minutos depois, Paige voltou saltitando para o restaurante. O humor melhorou razoavelmente.

— Estamos no caminho certo!

Era por isso que as pessoas abriam seus próprios negócios, pensou ela. Pois quando dava certo, você sabia que estava no caminho certo.

O burburinho e a empolgação foram incríveis.

Nem o fato de Jake ter se juntado a elas na mesa era capaz de estragar a noite.

Matt tinha finalmente desligado o celular e estava devorando um prato com massa transbordando, assim como Jake.

— No caminho para onde?

— Para o centro de Manhattan. Um grupo de advogados quer que a gente organize a despedida de solteiro de um deles, que está em uma viagem de negócios na Europa. Vai ser nosso primeiro evento. Tomara que nos traga outros. — Paige sabia da importância do boca a boca. E, por ela, tudo bem: não era a mesma coisa que pedir por favores.

Matt salpicou pimenta sobre a comida.

— É alguma firma com a qual você já trabalhou antes?

— Não, o que é ótimo! Eu mando e-mails para algumas pessoas que não respondem às minhas ligações... Essa chamada deve ter vindo daí. — Paige ficou imaginando o que teria acontecido com Bambi, mas perguntar a Jake mostraria o quanto se importava, e ela não tinha nenhuma intenção de fazer isso.

— Então você nem conferiu para ver se é um negócio de verdade?

Paige, que esperava ver o irmão feliz por ela, sentiu uma pontada de frustração.

— Você quer que eu cheque os antecedentes criminais de todas as pessoas para quem vou trabalhar?

— Não. — Matt enfiou o garfo na comida. — Mas quero que você tome cuidado.

— Consigo tomar conta de mim mesma. Vou mandar sugestões de lugar por e-mail e, assim que chegarmos a um acordo, vamos organizar o bufê e todo o resto. Entramos no mercado. — Ficou esperando que o irmão dissesse algo encorajador, mas Matt continuou comendo em silêncio. Paige olhou para ele, exasperada. — Temos que começar com alguém. Jake? O que você acha? — Ele, pelo menos, não iria protegê-la.

Jake pegou a taça de vinho.

— Dessa vez, eu concordo com seu irmão.

— Vocês dois são ridiculamente cuidadosos. Se prestarmos um bom serviço, com sorte vão nos recomendar para outros clientes. — E, naquele momento, ela estava disposta a fazer qualquer negócio para não pedir ajuda a Jake. — Vocês se sentem fortes e machões em ter que consertar tudo para mim, é isso? É por causa do ego de vocês?

Jake riu.

— Querida, meu ego é à prova de balas. Você não conseguiria abatê-lo nem com uma bazuca.

— Se eu tivesse uma neste exato momento, até arriscaria. E já disse para você não me chamar de "querida".

— Vou tentar me lembrar disso, querida.

— Vocês dois, basta. — Matt estava se esforçando para não dar risada. — Jake está sendo atencioso com você, Paige, como qualquer bom amigo seria, é só isso.

— Eu não quero que seja atencioso comigo. Não preciso dele.

— Que tal um acordo? Vocês vão precisar de uma ajuda. Jake e eu poderíamos nos disfarçar de mordomos.

— De gravata-borboleta e sem roupa — brincou Jake. — Uma pena que não é uma despedida de solteira.

A irritação de Paige aumentou.

— Vocês querem ficar atrás da gente que nem guarda-costas? Não, muito obrigada!

O irmão dela abaixou o garfo e alcançou a cerveja.

— Pelo menos me prometa que você não vai lá sozinha. Vocês vão sempre juntas, as três.

— É um trabalho. — Paige se perguntou sobre o que tinha que fazer para Matt deixar de ser tão superprotetor. — Tudo vai dar certo e, então, vou poder dizer que te avisei. Aí, você e Jake poderão vir rastejando de quatro até meus pés e pedir desculpas por terem feito tempestade em um copo d'água.

Jake encarou-a.

— Vamos torcer para que tudo aconteça desse jeito.

Capítulo 6

Quando você cometer um erro, não tenha medo de comer da torta da humildade: ela não contém calorias.

— Eva

JAKE OLHOU PARA A TELA.

Havia algum tempo que encarava a tela.

Poderia fechar o laptop. Ele poderia…

Praguejando baixinho, seus dedos deslizavam pelo teclado enquanto procurava pela informação que queria.

Para alguém com suas habilidades, era fácil de encontrar.

Jake leu as notícias atrás de alguma coisa e viu que ela tinha um novo trabalho. Havia recebido uma promoção. Tudo estava do mesmo jeito.

Ela ainda vivia em uma mansão de estilo neo-Tudor no interior do estado de Nova York. Ainda estava alegremente casada, tinha dois filhos e um cachorro.

Levava uma boa vida.

Praguejando baixinho, fechou a página.

Que merda estava fazendo?

Para essa pergunta Jake tinha a resposta. Maria havia lançado a ele seu olhar de "é hora de você se arranjar". Sempre que a mãe fazia isso, Jake sentia necessidade de lembrar a si mesmo por que não conseguia.

A porta da sala se abriu e, com a testa franzida, lançou um olhar irritado por ser incomodado.

— O que foi?

Dani olhou-o inquisitivamente, mas não disse nada.

— Tem alguém aqui que quer ver você.

— Não tenho nenhuma reunião marcada para hoje.

— Ela se chama Paige. — Dani se apoiou contra a porta. — É estranho, chefe. Ela ficou dez minutos de pé, lá fora, decidindo se entrava ou não. Foi embora e voltou duas vezes. A gente ficou apostando se ela ia reunir coragem ou não. Talvez seja alguém te perseguindo. Quer que eu a mande embora?

Dani achava, é claro, que se tratava de uma das ex-namoradas dele que tinha aparecido para arranjar problema.

— Não precisa.

— Você sabe por que ela veio aqui?

Não, mas podia arriscar um palpite.

Jake não sabia o que o incomodava mais: se era o fato de Paige finalmente ter ido atrás de ajuda ou como isso claramente a incomodava.

Ele se levantou e fechou o laptop. Sentia-se grato pelo que tinha visto na internet. Cada informação naquela tela era um lembrete para que fosse cauteloso em seus relacionamentos.

— Mande ela entrar.

Não precisou nem pensar por que Paige tinha ido embora duas vezes. Ela detestava ter que pedir ajuda. Ainda mais ajuda dele.

O que não entendia era o que finalmente havia levado Paige até sua porta.

Jake pensava que as coisas estavam indo bem para a Gênio Urbano. Ele e Matt tinham se encontrado para tomar uma cerveja poucos dias antes e o amigo não mencionou nada.

Enquanto esperava, andou até a janela e olhou para a cidade, para os penhascos de concreto que se estendiam da Canal Street à Lower Manhattan. O que uma vez antes fora uma terra arrasada de galpões industriais havia sido transformada em um dos endereços mais caros do país, um bairro fervilhante de fluxos criativos e talento para finanças. Foi por isso que escolheu viver e trabalhar naquela região. Isso e o fato de ali se localizar o coração do distrito financeiro.

— Jake? — A voz dela veio da porta. Forte. Feminina. Era como ser acariciado por uma luva de pelica.

Ele se preparou. Tudo o que precisava fazer era tratá-la como a irmã mais nova de seu melhor amigo. *A irmã mais nova.* Repetia isso mentalmente como um mantra.

Exceto por saber muito bem que Paige não era tão mais nova e que não tinha nada de "irmãzinha". Estivera bem a seu lado, próximo e íntimo, enquanto ela crescia.

Não fazia muito tempo, Paige estava com uma camiseta de personagens de desenhos, em um quarto de hospital repleto de balões em formato de cereja e ursos de pelúcia gigantescos; agora, lá estava ela fazendo experimentos com maquiagem. Saiu com as coisas de crianças; voltou com uma lingerie bem provocante.

A noite em que Paige revelara não apenas sua lingerie da Victoria's Secret, mas também grande parte do que sentia, ficara gravada na mente de Jake e, de alguma forma, apesar de ela ter se oferecido de bandeja, ele conseguiu fazer a coisa certa.

E Jake agiu de forma a garantir que nenhum dos dois tivesse que passar por aquilo de novo.

Ele se virou e quase engoliu a própria língua. Paige vestia um terno preto de alfaiataria que se ajustava à sua cintura fina e roçava os quadris. Estava de sapatos de salto e seu cabelo — de um tom escuro de chocolate — caía liso e brilhante sobre sua camisa de um branco impecável. Ela parecia uma pessoa eficiente, do mundo corporativo. E uma mulher feita.

Paige o atraía de uma forma como nenhuma outra mulher. Seu perfume de um leve aroma floral se espalhava pelo ar, mas não era só isso. Era Paige. Algo nela penetrava seu cérebro e invadia seus sentidos.

Queria tocá-la.

Queria despi-la e prová-la.

Estava encrencado. *Ele estava muito encrencado.*

— Paige?

Por debaixo da maquiagem impecável, o rosto estava pálido e ela parecia exausta, como se estivesse sem dormir direito há várias noites.

Jake quis tomá-la em seus braços e dar um jeito em tudo o que tinha dado errado, impulso que o fez recuar.

Ele não ia transar com a irmã do seu melhor amigo.

Sempre que se envolvia em sexo casual — o que acontecia com bem menos frequência do que as pessoas pensavam —, ele escolhia mulheres com nervos de aço e corações de pedra.

Certa vez, uma de suas ex-namoradas lhe disse, com sarcasmo, que sair com ele na verdade era como fazer *off-road* em uma estrada esburacada.

Paige parecia que quebraria no primeiro buraco. Se havia um coração que jamais iria machucar, era o dela, que já havia aguentado mais sofrimentos do que devia por parte da mãe natureza e de um monte de médicos. Pelo menos era isso o que Jake dizia a si mesmo.

— Como vão as coisas na Gênio Urbano? Movimentadas? — Ele viu as bochechas de Paige mudarem de um tom cor de creme para um vermelho-morango. — Como foi a despedida de solteiro? Indicaram algum contato novo de trabalho?

— Na verdade, não. — Ela mexeu nas lapelas do blazer. — Não deu certo.

— Não? — Jake desejou que Paige não estivesse usando aquele batom coral claro.

A compulsão dela por batons era motivo de brincadeira para a maioria das pessoas. Para ele, era mais um fator que testava sua força de vontade. O batom atraía sua atenção para a boca macia, o que dificultava as coisas, pois era uma das partes do corpo dela que Jake evitava olhar.

Ele beijara muitas mulheres na vida, porém nenhum daqueles beijos havia deixado uma impressão permanente.

Jake nunca tinha beijado Paige e pensava nisso o tempo todo.

— Não é nada importante. — Ela se esquivou da pergunta com um sorriso que ele já vira Paige usar milhões de vezes com seus pais e o irmão.

— O que aconteceu?

Ela o encarou.

— Aconteceu exatamente o que você disse que ia acontecer, então, se estiver a fim de dizer "eu te avisei", agora é a hora. Não preciso contar os detalhes. Vamos dizer apenas que as coisas não deram muito certo.

Jake ficou observando Paige cerrar os dedos nas palmas das mãos.

— O que aconteceu?

— Nada.

Ele a conhecia bem o bastante para saber que "nada" era, na verdade, "muita coisa".

— Eu quero ouvir sobre esse "nada".

— Você vai ter um treco e vai exagerar. Aí você vai contar para o Matt e ele também vai ter um treco e exagerar. Se eu quisesse que meu irmão ficasse sabendo, estaria sentada na frente dele, não na sua.

— Prometo não exagerar.

— Eles quiseram vários adicionais. Extras que não estavam incluídos em nossa lista. Essa é sua deixa para dizer "eu te avisei", dar risada e esquecer tudo.

Jake nunca teve tão pouca vontade de rir como naquele momento.

Sentiu a raiva despertar.

— Eles tentaram dar uma de engraçadinhos pra cima de você?

Paige lançou um olhar de alerta.

— Você prometeu que não ia exagerar.

— Eu menti. — Jake falou entredentes. — E quero detalhes.

— Eles acharam que a gente estava lá para entretê-los, mas a gente resolveu. É tudo o que você precisa saber.

O olhar de Jake ficou sombrio.

— Quero saber os nomes.

— Não seja ridículo. Você é o Batman agora, por acaso? Vai dar uma surra neles em uma noite escura? Eu já falei, nós demos conta de tudo.

— Mas e se não tivessem conseguido? — Só de pensar no que poderia ter acontecido fazia uma corrente gelada percorrer seu corpo. — Você nunca devia ter se colocado nessa posição.

— Que posição? Nós estávamos trabalhando. Tentando começar nosso próprio negócio. Você quer que eu só aceite clientes mulheres? Que fique sentada em casa o dia inteiro, caso contrário algo ruim pode acontecer? — Seu tom dava a entender que estava perto do limite e Jake respirou fundo. Ele tocou em muitos pontos sensíveis e estava se esforçando ao máximo para não fazer isso.

— Agora é você quem está exagerando, Paige. Não estou tentando te proteger. Só estou dizendo que…

— Que você quer ir até lá para dar uma lição neles. Para me defender. Isso é ser superprotetor.

Jake coçou a testa. Não era à toa que Matt sempre dava mancada. Era como andar sobre ovos com coturnos pesados.

— E isso é tão errado?

— Sim. — Os olhos dela estavam furiosos. — Não faça isso, Jake. Não olhe para mim desse jeito, como se estivesse prestes a fechar a porta por fora e nunca mais me deixar sair. Você é quem nunca faz isso.

Ele se forçou a ficar tranquilo.

— Você chamou a segurança?

— Não precisei. Nós tínhamos a Frankie. — O canto da boca de Paige oscilou em um sorriso frágil. — A arma humana.

— Frankie?

— Eles já estavam bebendo antes de chegarmos e, assim que entramos, soubemos que aquilo ia acabar mal. Nós devíamos ter ido embora logo de cara e perdido o dinheiro, mas estávamos tão desesperadas por um trabalho que concordamos em continuar, na esperança de que desse tudo certo.

Uma gota de suor escorreu pela sobrancelha dele.

— Paige... — falou entre dentes. — Pula para a parte em que Frankie vira a super-heroína.

— Eva estava fazendo o que faz sempre, falando sem pensar. Queria prestar um bom serviço ao cliente e perguntou o que faria a noite deles especial.

Jake praguejou baixinho.

— Alguém precisa conversar com ela.

— A Frankie já conversou. Enfim, é claro que um dos caras disse "eu e você na horizontal, meu bem". Ele enfiou o dedo por debaixo da saia de Eva. Um segundo depois, Frankie o tinha jogado no chão e estava com um estilete na barriga dele. — Paige começou a rir. — Não sei por que estou rindo. Eles com certeza não vão recomendar nossos serviços.

— Também não sei de quê você está rindo. — Jake segurou a quina da mesa. — Se Frankie não fosse uma faixa preta esquentadinha...

— Nós teríamos dado conta da situação de outra forma. E Frankie é perfeita. Ela é o exato oposto de Eva, que confia em todo mundo. Frankie não confia em ninguém. Eva acha que o mundo é um mar de rosas. Frankie vê o mal em toda parte. O melhor é que ela é tão pequena que ninguém imagina que é desse jeito. Frankie não dá pistas de que pode te deixar inconsciente só com um chute, então pega todo mundo desprevenido.

Jake voltou a respirar.

— De hoje em diante, você trabalha com empresas, não com pessoas físicas. Use canais formais.

— Não há exatamente uma fila de empresas batendo à nossa porta. Você não tem ideia de quantas ligações eu fiz. — A risada passou e agora Paige parecia cansada e decepcionada, como se toda aquela alegria tivesse sido sugada. — É por isso que estou aqui, rastejando por sua ajuda. Aproveite cada segundo.

Jake nunca aproveitou menos um momento.

— Não é fraqueza pedir ajuda, Paige. É uma prática perfeitamente normal no mundo dos negócios.

— Diga da forma que preferir. A verdade é que não dei conta sozinha.

— Isso é besteira. — Jake se levantou e deu a volta na mesa. — Sei que você detesta ser acolhida e protegida, mas...

— Sim, detesto mesmo. E tampouco faço isso. Você enche o saco — disse Paige, lançando um olhar a ele —, mas mesmo quando enche o meu saco e implica comigo, parte de mim gosta do fato de você não se reprimir.

Paige não fazia ideia do que ele estava reprimindo.

— A habilidade necessária para construir um negócio é reconhecer o que falta e empregar pessoas que possam cobrir essa lacuna. E isso requer uma autoavaliação franca e honesta.

— Eu não tenho condições de empregar mais ninguém agora. Não temos nenhum contrato.

— O que você quer de mim? Por que veio aqui?

— Vim porque Frankie ameaçou me bater se eu não conversasse com você — disse Paige —, e ela é muito boa de briga para ignorar a ameaça. Mas, principalmente, vim porque me sinto responsável. Eva e Frankie estão nessa por mim. Elas poderiam ter ido em busca de um emprego, mas as convenci de que era uma boa ideia abrir um negócio. E agora não temos nenhum cliente, não estamos fazendo dinheiro e não consigo dormir. É horrível. Não sei como você consegue.

Jake resistiu ao impulso de abraçá-la.

— Você precisa parar de pensar nisso e se concentrar em construir a sua empresa. Se uma porta se fechar, abra a próxima.

Paige balançou a cabeça.

— Essa é a teoria, mas muitas portas estão se fechando.

— O Matt não sabe de nada do que aconteceu?

— Não. Não tenho como contar agora. A gente ia brigar por causa disso e não vou desistir do meu sonho por causa de um monte de advogados tarados. — Paige coçou a testa. — O que posso fazer, Jake? Me diga o que fazer. Preciso de ajuda.

— Além dos advogados — e ele tinha seus próprios planos em relação a isso —, para quem mais você ligou? Na última vez que te vi, no restaurante, você disse que as coisas estavam indo bem.

— Eu menti. As coisas não estão nada bem. Liguei para Deus e o mundo. Para todos com quem trabalhamos na Estrela Eventos, para todos com quem queríamos trabalhar e para todos com quem nem cogitávamos trabalhar. Andei para cima e para baixo e, além dos advogados, o único trabalho que consegui fechar até agora foi entregar a roupa de alguém que estava na lavanderia e fazer um bolo de aniversário para uma senhora de 90 anos, que, aliás, virou a melhor amiga de Eva. O que é lindo, mas não gera mais negócios. Eu não fazia ideia de que ia ser tão difícil.

— No começo é sempre difícil. — Jake deu o conselho que daria a qualquer pessoa que estivesse começando uma empresa pequena. — Você vai enfrentar rejeições infinitas. Acontece com todo mundo. Faz parte do processo.

— Há uma diferença entre "é difícil" e "não está rolando". No momento, não está rolando e estou gastando horas do meu dia nisso.

— Você tem que olhar além dos altos e baixos.

— Ainda estou esperando pelos altos. Não precisa ser uma montanha; um montinho já seria o bastante. — O sorriso sem graça de Paige mexeu com Jake e ele resistiu ao desejo de se aproximar e reconfortá-la.

— Os altos virão.

— E se não vierem? Em que ponto devo desistir e procurar outro emprego? Não tenho tempo para fazer as duas coisas. Se tenho qualquer esperança dessa empresa vingar, tenho que dar tudo de mim. E se fosse um problema só meu, eu iria até as últimas consequências. Mas não é só meu. — Paige se abaixou para coçar o tornozelo e um brilho prateado refletiu quando algo deslizou para fora do colarinho da camisa. — Estou preocupada com Frankie e Eva. Sou responsável por elas e não estava preparada para o que estou sentindo. Passo a noite deitada, insone, em pânico com isso tudo.

Jake olhou para o colar. Ele tinha ficado escondido, invisível, por debaixo da camisa dela.

Um milhão de lembranças passaram pela cabeça dele em um milésimo de segundo.

Paige percebeu para onde Jake estava olhando e enfiou o pingente de volta para dentro da camisa.

— Não sabia que você ainda tinha isso. — A voz dele soou áspera e Paige enrubesceu, constrangida.

— Você me deu na véspera da minha cirurgia. Para me dar coragem. Lembra?

Jake se lembrava. Os copos cheios até a boca de café ruim, os médicos de rosto cansado, sem tempo para parar e conversar, ocupados demais em salvar vidas. Ele se lembrava do eco dos corredores e dos parentes preocupados. E de Paige. De seu rosto pálido e valente, com todos os sentimentos guardados no peito. Exceto por aquela única vez em que baixou a guarda e abriu o coração.

Aquela vez em que a magoou.

— Pensei que você tinha perdido o colar há anos.

— Não. Eu o mantenho guardado. Ele me lembra de continuar forte quando a vida não estiver fácil. E, neste exato momento, a vida está definitivamente difícil. Estou com medo do futuro, não por minha causa, porque tenho meus pais e o Matt, mesmo que deteste pedir ajuda a eles, mas sim por Eva e Frankie. As minhas amigas depositaram confiança em mim. Não posso decepcioná-las.

O colar não estava mais visível, mas não fazia diferença, pois agora Jake sabia que Paige o estava usando.

Era estranhamente íntimo ver algo que dera a ela em contato tão próximo com sua pele macia.

Jake sentiu um nó na garganta. Tirou os olhos do colarinho da camisa de Paige e se obrigou a se concentrar no que ela estava dizendo.

— Você não as forçou a nada. A decisão foi de Eva e Frankie.

— Mas elas não teriam aceitado se não as tivesse induzido. Foi por minha causa e... — Paige esfregou a testa. — Você tem seu próprio negócio há séculos. Como você não fica estressado a cada minuto do dia?

— Eu não emprego gente que conheço desde os 10 anos de idade.

— Desde os 6 anos — corrigiu, distraída. — Eva caiu na sala de aula e Frankie a ajudou a se levantar, o que tem sido mais ou menos o padrão desde então. Mas não é uma relação unilateral. A Eva amansa Frankie. Ela a faz rir e relaxar. Somos um bom time, mas, de algum modo, isso deixa as coisas mais difíceis, em vez de mais fáceis.

— Consigo entender como trabalhar com suas amigas mais próximas pode tornar tudo ainda mais emotivo, mas você tem que ignorar esse lado. Não deixe suas emoções influenciarem seus julgamentos.

— Como? Como eu faço isso? Como posso deixar os sentimentos fora do caminho?

— Você precisa reprimi-los.

— Eva e Frankie ficaram ao meu lado nos piores momentos. Não quero decepcioná-las. Estou com medo de estragar tudo.

E esse, Jake sabia, era o único motivo para que ela fosse até lá. Suas amigas.

Nada mais a teria levado à porta dele.

— Pare de ficar pensando nisso. Vai e faz. Respira fundo e se joga.

— Vou cair.

— Você vai voar, Paige. Não fique pensando em sua empresa: pense em seu trabalho. Pare de focar em tudo o que pode dar errado e se concentre no que precisa ser feito. Faça o que deve. Aquilo que sabe fazer melhor. Quando tiver terminado alguns trabalhos, outros virão.

— Mas como consigo os primeiros trabalhos? Se você tiver algum conselho, eu o aceito com todo o prazer. — Ela engoliu com dificuldade. — Estou começando a pensar que precisamos de um milagre.

— O boca a boca é a melhor forma de recomendação.

Ela balançou a cabeça.

— Precisamos de um evento grande para impressionar as pessoas, mas ninguém vai nos recomendar antes de termos sido contratadas e ninguém vai nos contratar antes de sermos recomendadas. Eu ando pensando se... — Paige mordeu o lábio. — Se Chase Adams não tem falado para as pessoas não nos contratarem.

— Ele não tem, não.

— Como você sabe?

— Chase Adams está fora da cidade e incomunicável há algumas semanas. Explicaram no escritório que Chase está de férias. — Jake franziu a testa. — O que, pensando agora, é muito estranho.

— Por que é tão estranho?

— Conheço Chase há dez anos. Ele nunca tirou férias. Pelo menos não o tipo de férias em que nem atende o celular.

— Ótimo. Então Matilda foi demitida, nós fomos dispensadas e Chase está de férias! Espero que esteja aproveitando bastante. — A raiva de Paige quase se tornou maior do que sua tristeza e Jake tomou uma decisão.

— Quando aparecer de novo, vou cuidar dele. Nesse meio-tempo, estou pensando em fazer um evento da minha empresa. — Ele não tinha pensado em nada, mas não ia magoar ninguém se fizesse. — Uma vitrine do nosso trabalho. Vamos convidar alguns clientes e pessoas que eu gostaria que fossem nossos clientes, mas que ainda não são.

— Parece uma boa ideia. Espero que dê certo.

— Vai sim, pois é a Gênio Urbano que vai produzir. Ações valem mais que palavras. Vocês vão fazer um bom trabalho e, ao fim da noite, terão mais pedidos do que vai caber na mesa daquela cozinha.

— Você quer que a *gente* faça o evento? — Um brilho cintilou nos olhos de Paige. — Isso é... é um favor enorme.

— Não é um favor — disse Jake suavemente. — Quando faço um evento, quero a melhor empresa, e sei que ela é a Gênio Urbano, mesmo que as pessoas nem saibam disso ainda. Converse com sua equipe e volte com uma proposta detalhada. Me impressione. Quero o seu melhor, suas ideias mais criativas. — Porque era isso o que garantiria a ela mais negócios no futuro.

Paige ficou comovida.

— Quantos convidados serão?

— Quero que seja um evento exclusivo. — Jake estreitou os olhos, pensando em como seria melhor para Paige. — Só para profissionais de escalões mais altos. — Ela precisava trocar contatos com gente que tomasse decisões e aprovasse orçamentos. — Poucos e seletos. Cem pessoas, no máximo. Alguma sugestão de lugar?

As incertezas de Paige sumiram e ela se tornou absolutamente eficiente.

— Uma cobertura. Cheia de luzes. Sob as estrelas de Manhattan, algo mágico. Você tem ideia de quais seriam as datas?

— Quero que seja no mês que vem. — Era um desafio quase impossível em uma data tão apertada. Jake esperou que Paige dissesse que não seria possível fazer, que um evento desse tipo levaria meses de planejamento, mas ela não fez isso. Na verdade, podia jurar que vislumbrou um sorriso no rosto dela.

— No centro?

— Você decide.

— Tem o Loft & Garden, do Rockefeller Center. Eles têm um jardim inglês lindo com um espelho d'água. — Paige estava pensando alto, olhando para o vazio.

— Eles não têm uma lista de fornecedores especiais?

— Sim. Vou ter que falar com eles. Com um prazo tão apertado, nossas opções vão ser limitadas.

— Acha que vocês dão conta?

— Conseguimos, sim. Mas talvez tenhamos que ser criativas. E convincentes. — Com a energia renovada, Paige tirou um tablet de dentro da bolsa e Jake ficou olhando ela abrir uma lista, sentindo uma curiosidade que despertava o que havia de melhor nele.

— Que aplicativo você está usando?

— Nenhum. Eu não consegui encontrar um que fizesse o que eu precisava, então adaptei uma planilha comum.

— Isso não é muito eficiente.

— Para mim, funciona.

— Vou criar algo melhor para você. Algo sob medida para as suas necessidades.

Ela ergueu os olhos e sorriu.

— Deixa eu organizar o seu evento antes. Quando ele for um sucesso, talvez possa pagar por seus serviços. — Paige digitava rapidamente. — Vou fazer algumas ligações para ver o que tem disponível e te dou um retorno. Vou enviar uma lista com os melhores lugares e você escolhe. Vai querer fazer algum tipo de apresentação corporativa?

— Não. Isso é formal demais.

— Quem sabe uma versão informal? Um telão passando um curta com os destaques? Ou talvez alguns totens com tablets e laptops nos quais as pessoas possam testar algumas de suas criações e fazer perguntas.

— Gosto dessa ideia.

— Você vai precisar de uma empresa de iluminação profissional.

Jake ficava fascinado em vê-la daquele jeito. Animada. Confiante. Sexy. Infelizmente, não ajudou nada sua tentativa de imaginá-la como a irmã mais nova de Matt.

— O lugar não poderia simplesmente acender as luzes?

— Não se trata de iluminar o espaço. A iluminação faz mais do que garantir que as pessoas não tropecem: faz do evento algo memorável. Imagino que você queira algo inesquecível.

O que Jake mais queria era Paige, nua, em um quarto escuro.

Que se dane a iluminação.

Ele sabia que isso, sim, seria inesquecível.

— Você é uma especialista.

— A Frankie vai tomar conta dessa parte. Ela já trabalhou várias vezes com empresas de iluminação para destacar seus arranjos florais. — Paige olhou para baixo. — Sobre o bufê: algum pedido especial?

— Deixo por sua conta. Ou melhor, da Eva.

— Você não quer dar algumas ideias iniciais?

— Diferente de você, não faço questão de controlar tudo — disse Jake. — Eu delego funções e, dessa vez, estou delegando a você. Controlar tudo nos mínimos detalhes não é comigo. — Muito menos nesse caso. Queria ter o mínimo possível de contato com Paige.

Pelo bem dos dois.

— Qual é a sua verba?

— Diga quanto você vai precisar gastar para garantir que as pessoas falem dessa festa por meses.

Os olhos de Paige se arregalaram.

— Sério mesmo?

— Sim. — Isso daria a Paige a chance de organizar um evento em que iria se sobressair e que garantiria negócios futuros. — Volte para conversar comigo quando tiver um lugar e uma data, e peço à minha equipe que prepare uma lista de convidados.

— Eu sei que você não quer me dar nenhuma instrução, mas tem algo que você odeie? A não ser gravatas. Eu sei que você odeia gravatas. — O olhar dela se prolongou no colarinho aberto da camisa dele e, depois, subiu até seus olhos. — O que mais você odeia?

— Eu detesto Nova York quando a neve derrete, cerveja quente, pessoas mentirosas, ficar espremido no metrô com um milhão de pessoas...

— Quis dizer quanto à comida ou à decoração. — Paige sorriu. — E faz anos que você não se espreme no metrô.

— Tento eliminar as coisas que odeio da minha vida. — Jake esticou as pernas. — Você me conhece, Paige, e confio que vai fazer as escolhas certas. Estou colocando o evento inteiro em suas mãos.

— Obrigada. Vamos garantir que você não se arrependa.

— Eu sei que não vou me arrepender. — Jake ficou observando enquanto Paige guardava o tablet de volta na bolsa. — Você ainda está trabalhando na mesa da cozinha da Frankie? Como é que está funcionando?

— Está tudo bem. Em grande parte porque não temos trabalho.

— Mas agora vocês têm. E vão estar bem ocupadas. Nós temos um escritório vago ao lado da sala da minha equipe de projetos de celular. Se vocês quiserem, é de vocês.

— Sério mesmo?

Jake não a culpava por ficar surpresa. Também estava. Ficou se perguntando se tinha cheirado alguma coisa, ou se tinha uma lesão em seu cérebro. Convidar Paige para trabalhar nos escritórios dele? Bem debaixo de seu nariz?

— Se você trabalhar aqui do lado, vai ser mais fácil de me manter informado sobre o andamento do nosso evento. É uma solução temporária até arranjar outro lugar ou nós precisarmos do espaço.

— O que dava a Jake uma saída. Ele talvez precisasse aumentar a empresa só para ter uma desculpa para voltar atrás em sua decisão.

— Volte quando tiver um plano.

— Nós vamos organizar tudo. — Paige levantou e se dirigiu até a porta de vidro que separava o escritório dele do restante da equipe. — Obrigada. — Tocou-o delicadamente no braço. — É muito gentil da sua parte e sou muito grata.

— Não agradeça a mim.

As ações podiam até ser bondosas, mas os pensamentos de Jake eram bem maldosos.

Capítulo 7

Quando for dar um passo à frente, não se esqueça de usar palmilhas de silicone.

— Paige

PAIGE ESTAVA CONCENTRADA EM SEU laptop, fazendo os últimos ajustes em sua apresentação.

Queria que tudo ficasse perfeito. Não haveria uma única pergunta que não seria capaz de responder.

— Essa vista é realmente espetacular — disse Eva, boquiaberta, olhando pela janela. Frankie grunhiu, com a cabeça enterrada na caixa que estava desempacotando.

— Temos três semanas para organizar esse evento. Você não tem tempo para ficar olhando a paisagem.

— Essa vista revigora as energias. É empolgante, Frankie. Há de tudo acontecendo pela cidade, há pessoas se apaixonando.

— As pessoas não estão se apaixonando, Eva. Aqui é Nova York. As pessoas estão empurrando uns aos outros para fora do caminho, enquanto correm atrás do próximo pedacinho da vida delas.

— Você está errada. Tem mágica acontecendo nesta cidade. Ela é repleta de esperanças e possibilidades. — Eva inclinou a cabeça contra o vidro da janela. Sua expressão era sonhadora. — Eu acho que vou adorar trabalhar em um escritório chique com o mundo aos meus pés. Agora entendo por que Jake trabalha tantas horas. Por que ia querer sair do escritório?

Paige não ergueu os olhos.

Jake tinha dado uma chance a elas. Era trabalho dela garantir que não arruinassem tudo.

Havia três dias que Paige estava trabalhando sem parar e a maior parte da noite passada até conseguir organizar o planejamento. Às quatro da madrugada, pegou no sono com o laptop aberto na cama, até as seis e meia, quando foi acordada por uma Eva sonolenta que trazia uma caneca de café bem forte e um bolinho de amora que tinha assado mais cedo.

Sabendo a luta que era para Eva acordar cedo, Paige ficou comovida.

E agora faltavam poucos minutos para a reunião.

Frankie olhou para a amiga.

— Realmente não acredito que você conseguiu, Paige. Quando você disse que o Jake queria que o evento fosse realizado em um mês, não dava para saber qual dos dois era mais louco: ele por fazer a sugestão ou você por tê-la acatado.

— Eu queria provar que somos capazes.

— Bem, você provou. Ele vai ficar impressionado.

— Quis dizer que queria provar para mim mesma. Eu precisava provar a mim mesma. — Se dessem conta disso, poderiam dar conta de qualquer coisa. — E temos um longo caminho a seguir. Esse é só o começo.

— Mas é um bom começo. Espero que Jake reconheça seus superpoderes como negociante.

— Nosso trabalho é fazer tudo isso parecer fácil e tranquilo, não desafiador. O seu desejo é uma ordem, lembra?

— Tenho a sensação de que esse evento vai ser "o seu desejo é nosso ataque dos nervos" — comentou Eva. — Você tem certeza de que se trata só de orgulho profissional? Você tem certeza de que não há nada mais pessoal em jogo?

— Não. — Paige respirou fundo. — O que mais poderia estar em jogo?

— Eu sei lá. Quando vocês estão juntos, soltam mais fagulhas do que os fogos de artifício no ano-novo. Numa noite escura, aposto que dá para ver vocês dois de Nova Jersey.

— É verdade que às vezes parece que estamos o tempo todo em pé de guerra. — E Paige detestava isso. Sentia falta da relação tranquila e íntima que os dois tinham tido na adolescência.

— Pé de guerra? — Eva olhou para Paige, estática. — Eu chamaria isso de "química", mas nunca fui muito boa em ciências. — Ela se levantou. — Nós vamos impressioná-lo. Depois de hoje, a Gênio Urbano vai ter dado oficialmente seu primeiro passo rumo ao sucesso.

Química?

É claro que não havia química nenhuma. Jake sentia prazer em alfinetá-la, cutucando até ela apunhalá-lo de volta.

— Oi. — Dani estava de pé à porta. — Jake está terminando uma ligação e pediu que vocês estejam no escritório dele em quinze minutos.

Paige sentiu um frio na barriga, mas seu sorriso permaneceu inabalado.

— Obrigada.

Dani fez uma pausa.

— Já trabalharam outras vezes com Jake? Porque algumas coisas podem facilitar a reunião.

Paige pareceu preocupada.

— Tipo o quê?

— Sejam breves. Jake detesta perder tempo. Ele não gosta de conversa fiada nem de que mintam. Se perguntar algo e vocês não souberem a resposta, digam que não sabem. Não fiquem enrolando. Não me perguntem como, mas o detector de mentiras dele é infalível e, se mentirem uma vez, Jake nunca mais vai acreditar em vocês.

Frankie se levantou.

— Mais alguma coisa?

— Sim. Não tentem impressioná-lo. Ele odeia isso. Jake se impressiona com um trabalho bem-feito, não com gente tentando aparecer. Ele vê além disso.

— Conheço Jake há anos — murmurou Eva — e do nada fiquei com os joelhos bambos e com dor de barriga.

— Sim, ele tem esse efeito sobre as pessoas. O que me leva a meu último conselho. — Dani deu um sorriso amarelo. — Não se apaixonem por ele.

Foi o suficiente para Paige.

— Obrigada, Dani. Estaremos prontas em quinze minutos. — Quando ela saiu da sala, Eva começou a roer as unhas.

— É o Jake mesmo, né? — Ela esticou a saia rosa-choque e passou um pouco de gloss nos lábios. — Quero dizer, a gente bebeu cerveja na cobertura e comeu a massa da Maria com ele um milhão de vezes.

— Não fique pensando nisso. — Era mais fácil falar do que fazer. Para distrair a amiga, Paige folheou suas anotações. — Trate-o como se fosse um cliente qualquer. É a coisa mais profissional a se fazer.

Exceto pelo caráter pessoal que estava ali, fervilhando debaixo da superfície.

Na reunião anterior, Paige tinha sentido uma correnteza tão forte fluir por dentro dela que queria pedir uma boia salva-vidas.

E teria sido muito mais fácil de manter o profissionalismo, caso Jake não tivesse visto o colar.

Ela devia ter parado de usá-lo anos atrás, em vez de mantê-lo em um lugar tão perto do coração.

Paige detestava o fato de não conseguir deixá-lo no fundo da gaveta com as outras joias que raramente usava.

E agora Jake sabia. O fato de usar o cordão não era mais um segredo.

Paige não se sentiria mais desconfortável do que estava nem se alguém colocasse uma foto dela nua em um telão no meio da Times Square.

Exatos quinze minutos depois, Paige olhou para Eva e Frankie.

— Prontas? — Ela se sentiu ridiculamente nervosa quando Jake acenou por trás da parede de vidro de seu escritório.

Ele estava falando ao telefone, com os pés sobre a mesa.

— Bem, você não me paga para concordar com você ou dizer o que quer ouvir. — Ele lançou um olhar para elas e gesticulou para a área de reuniões no meio da sala. — Você me paga para dizer a verdade, e foi o que eu fiz. O próximo passo depende de você. — Ele encerrou a ligação e tirou os pés de cima da mesa.

Paige hesitou um pouco, sem saber se sentava ou se ficava de pé. As pernas estavam bambas. Estar em um espaço pequeno e fechado com Jake provocava esse efeito nela. O mundo se abalou como se tivesse sido atingido por uma força externa mais poderosa que os dois.

E aquele era um Jake diferente. Sua força estava retraída em uma agitação impaciente, o cabelo estava bagunçado e havia uma barba por fazer no maxilar. Dani dissera algo sobre o código de vestimenta ser informal, mas parecia que Jake não tinha dormido.

Paige sabia que, com frequência, ele virava a noite trabalhando.

Desde que abriu a Gênio Urbano, também passava.

Jake circulou pelo escritório como uma pantera em seu território, tão seguro e confiante de si que Paige sentiu seu nervosismo aumentar.

Onde foi que encontrou coragem para dizer que o amava?

Talvez ele desse mais abertura naquela época.

Jake olhou para Eva.

— Vocês já se instalaram?

— Ficamos à vontade — disse Eva em tom alegre. — Obrigada por nos deixar usar seu lindo escritório. Espero que não queira que a gente saia de lá.

O olhar dele se abrandou.

— Meu plano é cobrar um aluguel. Vocês têm tudo do que precisam?

— Captar alguns clientes antes seria uma boa. — Frankie colocou uma pasta sobre a mesa. — Mas estamos tentando resolver isso. Acho que temos que agradecer pela oportunidade.

— Não faça isso. — Jake finalmente olhou para Paige. — Dani vai ficar conosco. Assim, se eu não estiver no escritório e vocês tiverem alguma pergunta, ela poderá intermediar.

Sentando-se na cadeira mais próxima, Paige abriu seu laptop.

— Eu preparei uma apresentação com o nosso plano para o evento.

Dani entrou no escritório e se sentou ao lado de Jake.

— Perdão, chefe. — Ela estava sem fôlego e trazia um sorriso no rosto. — Fui atacada pelo Brad, de novo. Esse cara não desiste. Você vai falar com ele a qualquer hora?

— Talvez. — Jake acenou para Paige com a cabeça. — Continue. Mostre o que preparou.

— Nós listamos três lugares possíveis para o evento. São nossas recomendações. — Paige apertou uma tecla e uma imagem apareceu. — Tem uma vista incrível do edifício Chrysler. E pode acomodar confortavelmente o número de pessoas que você especificou. Cinquenta por cento do espaço é coberto, então, se o clima não ajudar muito, não estraga o evento. Dentro ou fora, é um lugar mágico. Já organizei eventos lá e sei que a equipe deles é criativa, confiável e eficiente.

Dani se inclinou e soltou um leve assovio.

— Uau. Que chique. Como faço para conseguir um convite?

— Você faz parte da equipe. Vai ser convidada. — Jake analisou a foto. — Não foi o Matt que projetou esse terraço?

— Foi um dos primeiros projetos dele. É um dos salões para eventos mais disputados em Manhattan. Só está disponível porque houve um cancelamento.

— E porque Paige é uma negociadora de matar — acrescentou Eva. — Mas ela não vai se gabar disso.

Jake se recostou na cadeira.

— Qual é o seu conceito para o evento?

Paige ficou um pouco mais tranquila. Essa parte era fácil.

— Seu negócio é comunicar, é encontrar formas inovadoras de apresentar informação para que a experiência do usuário final seja boa. Isso vai ser refletido em nosso projeto. — Ela mostrou mais imagens. — Você quer que as pessoas se misturem mais facilmente. A acústica do lugar é boa. E, como eu disse, cinquenta por cento do espaço é coberto, o que significa que poderemos usar a tecnologia que você quiser sem corrermos o risco de danificá-la com qualquer imprevisto meteorológico.

Dani assentiu.

— Que legal. Água e discos rígidos não combinam muito.

— Nós trabalhamos com gerenciamento presencial e logística. Eva é encarregada do planejamento das comidas e bebidas. — Paige olhou para Eva, que começou a falar sobre seus planos.

— Para esse projeto, estou trabalhando com uma empresa chamada Comidas Deliciosas. Eles têm sede no SoHo e tentaram marcar uma reunião com a Estrela Eventos, mas a Cynthia não quis trabalhar com uma empresa que não conhecia. Para ela, marcar reuniões era uma formalidade. Uma tarefa pró-forma para, depois, entregar o contrato a algum de seus amigos. Mas acho que são perfeitos para seu evento.

Jake fez algumas perguntas e Paige sentiu orgulho quando viu Eva dar conta de cada uma das indagações sem titubear.

Ele também pareceu impressionado.

— Então a parte da comida já está resolvida. Vou deixar os detalhes para você, Eva. O que mais?

Paige voltou a falar.

— Frankie vai cuidar da decoração e do paisagismo. Como o evento é em uma cobertura, a iluminação é importante. Falei sobre isso em nossa primeira reunião.

Frankie ajeitou os óculos sobre o nariz.

— Trabalhamos com uma empresa especializada em eventos a céu aberto. Também tenho uma equipe de floristas e paisagistas. Eles são freelancers, mas trabalhamos juntos muitas outras vezes e o serviço deles é o melhor. O terraço já é elegante e bem iluminado. Nós vamos apenas dar alguns toques para garantir que os convidados só falem sobre essa festa nos próximos seis meses.

Paige sabia que apresentações eram a coisa que Frankie menos gostava de fazer, mas ela se saiu bem, destacando todos os pontos- -chave que achou que seria importante Jake saber.

E agora era a vez dela.

— Precisamos de equipamentos audiovisuais e de transporte. Também é necessário saber se algum dos seus convidados vai precisar de acomodação.

— Não vão precisar. Eu já vou oferecer comida e champanhe em uma das coberturas mais exclusivas de Manhattan — respondeu Jake. — Se não forem capazes de chegarem até ali sozinhos, o problema é deles. Algo mais?

— Você quer oferecer brindes?

— Sim. Mas a Dani pode cuidar disso.

Ela estava acostumada a lidar com clientes que implicavam com detalhes mínimos e conseguia fazê-los mudar de ideia.

— Não há nada que você queira mudar? Nenhum pedido especial?

— Não. Quando contrato pessoas para fazer um trabalho, quero que elas cuidem de tudo. Em todo caso, preciso visitar o local, pois isso vai me ajudar a decidir a melhor forma de expor os dispositivos tecnológicos. — Ele olhou para o celular. — Tenho algumas reuniões hoje e um projeto em que preciso trabalhar. Amanhã às nove é bom para você?

— Nove da noite?

— É um evento à noite. Preciso ver a cobertura no escuro.

Paige enrubesceu e se sentiu boba.

— É claro. Só preciso conferir com os administradores para ver se não vai estar fechado para nenhuma festa particular.

— Vai sim. E sei disso porque sou um dos convidados. Não estava nos meus planos ir, pois é uma festa *black-tie* e cheia de formalidades, mas talvez possamos dar um pulo.

— Nós? Você vai levar a Dani?

— Não. — Jake se levantou. — Vou levar você.

— Eu? — Paige sentiu o sangue pulsar em suas orelhas. — Por quê?

— Porque você está organizando o evento — disse Jake gentilmente. — Se houver algum problema, quero conversar com a pessoa responsável. Que, no caso, é você.

— Mas não fui convidada.

— No convite diz que posso levar um acompanhante, que será você. — Ele se virou para Dani. — Ligue, confirme minha presença e arranje um carro para buscar Paige em casa e levá-la até o local. Tenho uma reunião em Boston amanhã, então vou encontrá-la direto lá, Paige. — O celular de Jake tocou e ele atendeu enquanto saía do escritório, e Dani o seguiu de perto, logo atrás.

Paige esperou até que a porta se fechasse e soltou um longo suspiro.

— Isso foi assustador. — Não se lembrava de ter ficado nervosa em uma reunião desse tipo antes. Mas talvez porque nenhuma reunião tenha lhe parecido tão importante quanto aquela, não somente porque se tratava do primeiro negócio de verdade da Gênio Urbano, mas porque era Jake. Paige queria impressioná-lo e estava confiante de que conseguira. — Excelente trabalho, equipe.

Eva estava sorrindo.

— Ele amou suas ideias. Agora temos que torcer para que Jake adore o lugar. Sortuda, um encontro romântico em uma festa chique no terraço com o solteirão mais sedutor de Nova York. Jake de smoking e Manhattan iluminada. Só Deus sabe o que pode acontecer.

Frankie enfiou os papéis na bolsa.

— Você é tão romântica. O que precisamos fazer pra te curar?

— Ser romântica não é uma doença e, mesmo que fosse, eu não ia querer ser curada.

— Não é um encontro. — Paige fechou o laptop. — E sei o que vai acontecer. Nós vamos visitar o local, ele vai fazer alguns comentários, sarcásticos provavelmente, vou anotá-los e depois vamos embora.

Era isso.

Haveria tanta gente no lugar que nem constrangedor ia ser.

— Cinderela também achou que só ia para um baile e olha o que aconteceu.

— Ela perdeu o sapato, foi isso o que aconteceu, o tipo de coisa que acontece quando você é burra e não leva uma rasteirinha quando sai à noite. — Frankie também se levantou. — É sempre bom levar um par para usar na volta, em caso de emergência.

— Eu sempre levo. Além de palmilhas de silicone e adesivos para bolhas. — Paige atravessou a porta pensando em todo o trabalho que ainda tinham para fazer. — Você tem tudo de que precisa, Frankie?

— Sim. Tenho uma reunião mais tarde com a empresa de iluminação e preciso ligar para a Brotos e Flores. Estou trabalhando na paleta de cores e devo dar uma passada no mercado de flores amanhã. Madrugada, aí vamos nós. Ainda assim, pelo menos não vou ficar na farra até tarde, como você.

— Não vou ficar na farra, vou a trabalho. Provavelmente devo ficar lá por uma hora ou menos e, então, vou voltar para casa e dormir.

— Ou talvez vai estar pelada, na cama de Jake. — Eva ergueu as sobrancelhas sugestivamente e Frankie revirou os olhos.

— Ele é um cliente. Não se deve transar com clientes. É regra da empresa.

— Somos donas da empresa. Somos nós que criamos as regras. Se quisermos comer os cupcakes de café da manhã, nós podemos. Se quisermos beber champanhe em uma reunião de negócios, podemos também.

— Nesse caso, ficaríamos gordas e falidas. — Frankie abriu a porta. — A Paige é quem define as regras da empresa. E o código de vestimenta, mesmo que seja flexível, não permite ficar com a calcinha em volta dos tornozelos.

Capítulo 8

Confiança é que nem maquiagem: muda sua aparência e ninguém precisa saber o que há por baixo.

— Paige

JAKE VESTIU O SMOKING NO banco de trás do carro, vindo do aeroporto, sem interromper a conversa ao celular.

— Você precisa checar como está o fluxo da informação e pensar no usuário final. — Abotoou a camisa e jogou a gravata ao redor do pescoço, deixando para dar o nó apenas no último minuto. Odiava tanto usar gravatas que tinha apenas duas. Essa era uma da Tom Ford, que ganhou de presente de uma garota com quem saía e quis deixá-lo mais elegante.

As estradas estavam engarrafadas. Na hora em que o motorista encostou do lado de fora do prédio, Jake já estava atrasado.

Ele entrou na recepção, passou pela segurança e viu Paige andando em frente aos elevadores com seus saltos finos e pontiagudos sobre o chão de mármore polido. Trajando um vestido preto simples, ela parecia ter classe, elegância e eficiência. Pronta para trabalhar.

Até ele olhar com mais cuidado para os sapatos. Eram do mesmo tom vermelho do batom dela e os saltos eram altos como um arranha-céu de Manhattan.

Merda.

Ela estava sexy.

Um dos seguranças claramente estava pensando a mesma coisa e Jake entrou na frente dele, bloqueando sua visão e acabando com sua alegria. Também considerou arruinar outras coisas para aquele cara. Como sua habilidade de andar em linha reta ou de manter todos os dentes na boca até ficar velho.

— Paige?

Ela se virou.

— Você chegou!

A calorosa espontaneidade da saudação tirou o equilíbrio de Jake. Era raro vê-la de guarda baixa e, sem a habitual postura defensiva, ela também acabava com o jeito defensivo dele. Por um instante, Jake não conseguia mais se lembrar do que o impedia de fazer o que queria. O carro ainda estava lá fora. Poderia jogá-la no banco de trás, tirar toda a roupa, deixá-la com aqueles sapatos vermelhos e provar cada centímetro dela.

Por que não?

Paige então lançou aquele sorriso aberto, lindo e amigável que era só dela.

E Jake se lembrou por que não.

Transar com Paige nunca seria algo simples.

Não importava quão sensual, intenso ou satisfatório seria o momento, ele terminaria, como terminam todas as transas. Jake aprendera desde cedo que o amor era passageiro e imprevisível. Era algo que poderia ser tirado de você tão facilmente quanto poderia ser concedido. Seu jeito favorito de lidar com isso era manter-se emocionalmente desapegado. O que era um dos motivos para Paige estar além de seus limites.

Ela era um risco que ele não estava pronto para assumir.

Além disso, havia a promessa que fizera ao Matt…

— Estou atrasado. O trânsito estava péssimo. — Ele abrandou o tom. — Desculpe.

— Pelo trânsito? Acho que nem você seria capaz de controlar isso. E não tem problema. — O sorriso de Paige diminuiu um pouco. — Você é o cliente. Tem permissão para chegar atrasado. Está pronto?

Cliente. Isso mesmo, era cliente dela.

Jake ficou mais tranquilo.

Tudo o que precisava fazer era colocá-la decididamente na caixinha de "Negócios" em sua cabeça. E esquecer aqueles sapatos vermelhos sensuais.

— Jake?

— Hum? — Percebeu que ela havia perguntado algo. — O quê?

— Perguntei se você está pronto.

— Pronto para quê? — Pronto para achar um canto escuro naquele prédio, tirar a roupa dela e transar até os dois desaprenderem a andar em linha reta.

É isso aí. Estava pronto para isso havia muito tempo.

— Imagino que temos que subir para chegar na festa. — Paige falou devagarzinho, como se ele fosse um turista com dificuldades de entender a língua. — Você parece um pouco distraído.

Distraído era uma forma de dizer. Mas "com tesão", talvez, fosse mais exato.

— Festa. Sim. Vamos lá. — Jake passou à frente, mantendo-a fora do campo de visão. Ele teria feito um favor aos dois se tivesse ido pelas escadas, mas não subiria cinquenta andares de smoking. Por isso, escolheu pegar o elevador.

Quando as portas se abriram, Paige entrou antes, proporcionando uma visão perfeita de suas costas.

Jake admirou as linhas retas de sua coluna e das escápulas.

Queria desamarrar as tiras finas sobre os ombros dela e embarcar em uma exploração pelo corpo escondido por baixo daquele vestido.

Queria levá-la ao fundo do elevador, fechar as portas e tirar o máximo de proveito possível daqueles cinquenta andares.

Foi só quando seus olhares se cruzaram que ele percebeu que as paredes do elevador eram espelhadas.

Uma emoção brilhou rapidamente nos olhos de Paige. Havia confusão e vestígios de algo mais que ela tentava esconder. Jake fingiu não ter percebido nada.

Paige permaneceu em silêncio. Seu peito subia e descia em movimentos instáveis, como se respirar fosse um esforço consciente.

— Jake? — A voz guardava uma pergunta que ele não tinha intenção de responder.

Jake entrou no elevador e as portas se fecharam.

Dentro, o calor sufocava. O espaço era menor do que havia imaginado. Ou talvez fosse Paige que fazia o espaço parecer tão pequeno. Jake logo descobriu que estar sozinho em um elevador com uma mulher que desejava e não podia ter era uma tortura.

Ergueu uma das mãos para soltar o botão do colarinho e descobriu que já estava desabotoado.

Não havia mais nada que pudesse fazer para se acalmar.

Devia estar puxando conversa, mas sua língua se contorceu em um nó.

— Gostei do seu vestido. — Era o elogio menos criativo que podia fazer a uma mulher, mas era o melhor que conseguia naquele momento. — Linguine.

— Como?

— As tiras. Elas são mais largas do que um espaguete. São da largura de um linguine.

Paige pareceu surpresa.

— Como você cresceu entre massas, não vou discutir. Não vai terminar de se vestir?

Por um instante, ele ficou pensando se Paige não estava imaginando-o nu também, mas então percebeu que se referia à gravata.

Ia dar o nó, mas Paige se antecipou.

— Eu posso arrumar para você. Sou boa nisso. O meu pai me ensinou. — Paige se aproximou. Quando foi pegar a gravata, seus dedos se emaranharam aos dele e os olhos se fixaram no que fazia, conforme se concentrava.

Mesmo usando aqueles saltos pontiagudos, Jake ainda era uma cabeça mais alto. Quando ele olhou para baixo, teve a visão perfeita dos grossos cílios de Paige, da suave curvatura de seus lábios e da inclinação de seus ombros nus. Ela segurou a respiração enquanto se concentrava e, desorientada pelo desejo, fechou os olhos.

Ela estava vestindo-o, não despindo. A situação não devia parecer tão íntima.

Um aroma de campos no verão e flores silvestres subiu novamente às narinas de Jake e, dessa vez, não houve escapatória. Sua mente abraçou o aroma e se deixou conduzir por ele, o que lhe proporcionou imagens perturbadoramente vívidas. Imaginou-a no chuveiro, a água fluindo sobre seu corpo perfeito, deslizando por todas as partes que não tinha permissão de tocar. Visualizou gotas de água e bolhas de sabão escorrendo por aquela pele sedosa.

Tentando expulsar essas imagens da cabeça, Jake abriu os olhos e fixou o olhar nos botões iluminados do painel do elevador, desejando que subisse mais rápido, tentando ignorar o toque suave dos dedos de Paige em sua garganta. Nunca havia considerado a ideia de transar com uma mulher em um elevador. Ele era o tipo de homem que pensava que se algo era digno de ser feito, então deveria ser feito direito e fazer sexo em um cubículo em movimento seria como comer *fast food* enquanto corria para o trabalho.

Por que tinha sugerido visitar o local do evento?

Poderia tê-lo visto perfeitamente por fotos.

Ele poderia...

— Pronto... — Paige deu um passo para trás, libertando Jake de seus pensamentos eróticos. — Assim está bem melhor.

Não para ele.

Jake encostou os ombros contra a parede espelhada do elevador, criando o máximo de espaço possível entre os dois. Se houvesse uma saída de emergência, a teria usado.

— Como foi o seu dia?

— Corrido. — Ela conferiu no espelho como estava o batom. — Frankie conversou com um de seus projetistas e teve a ideia de um arranjo de flores em código binário. É algo muito original e legal.

— Código binário. — Jake olhou para os botões luminosos... Trinta, quarenta, 45... *vai logo!* — Parece bem criativo. — Não estava nem aí se as flores dançariam ou cantariam, só queria sair daquela droga de elevador.

As portas se abriram, libertando-o de seu tormento, e ele fez um esforço enorme para deixá-la sair primeiro.

Quando Paige deu as costas para ele, Jake passou a mão na testa e ajeitou o paletó.

Os seguranças abriram caminho e eles foram saudados pelo dono da festa.

Alysson Peters era a CEO de uma nova empresa de tecnologia de muito sucesso. Jake foi um dos primeiros e mais generosos de seus investidores e foi isso que lhe rendeu uma saudação tão entusiástica.

— Pensei que você não viria! — Alysson lhe deu um abraço. — Que ótimo.

— Eu não teria perdido sua festa. — Jake beijou as bochechas dela, ignorando Paige, que havia erguido as sobrancelhas. — Onde é o bar, Aly?

— Não tinha dúvida de que essa seria a primeira pergunta. Você é um malandro, Jake Romano. É por isso que eu te amo, é claro. — De bom humor, ela deu um tapinha de leve no braço dele. — Todo mundo vai querer ser apresentado a você, mas como está no topo, vai poder ignorar quem não te interessar. Aliás, vejo que trouxe companhia. — Alysson sorriu para Paige. — Não vai me apresentar?

— Paige Walker. — Paige deu um passo à frente e apertou a mão de Alysson.

— Paige é CEO de uma nova empresa, a Gênio Urbano, que presta serviços de eventos e concierge. — Jake tocou no assunto casualmente, enquanto os olhos percorriam o local. — Se algum dia você quiser um evento fabuloso com execução impecável, ligue para ela. Se tiver tempo na agenda para atender sua ligação, vai ser seu dia de sorte. Ela é a melhor.

— É verdade? Nesse caso... — Alysson esticou a outra mão. — Você tem um cartão?

Paige entregou um cartão, Alysson leu o que dizia e o guardou na bolsa.

— Entrarei em contato. Divirtam-se! — Alysson se afastou para conversar com outros convidados.

— Obrigada por me apresentar a ela — Paige parecia sem fôlego —, mas talvez fosse melhor se você não tivesse dito que estou ocupada demais para encaixá-la na minha agenda. Agora ela não vai ligar.

— Ela vai ligar. Primeira regra da natureza humana: as pessoas sempre querem o que não podem ter. Se você é procurada, todo mundo vai te querer. — Jake pegou duas taças de champanhe da bandeja de um garçom que estava de passagem e entregou uma delas a Paige.

Ela a aceitou apenas porque não tinha outra opção.

— Estou aqui a trabalho.

— Nesta noite, você está trabalhando para mim e estou mandando você beber champanhe.

Com um sorriso frágil, Paige ergueu a taça.

— A que vamos brindar?

À capacidade do álcool de anestesiar os sentidos.

— Ao seu futuro emocionante. Em breve, vai estar ocupada demais para beber.

— Que assim seja. Quer que eu lhe mostre o espaço e dê minha opinião sobre o evento?

— Quero.

Jake a guiou para o meio do salão. Como estava preocupado, quanto mais público fosse o lugar em que ficassem, melhor. A porta de vidro que separava o terraço da cobertura e a pista de dança estavam abertas e os convidados se espalhavam pelo jardim, bebendo sob a vista de tirar o fôlego de uma Manhattan cintilante. A cidade deslumbrava e encantava, seduzia os olhos e enfeitiçava a mente.

— Você precisa ver a vista daqui. — Ela o conduziu a uma parte do terraço em que não havia convidados, deixando-o sem escolha a não ser segui-la.

— Vivi em Nova York minha vida inteira. Conheço bem essa vista.

— Mas é diferente a cada vez que você olha. Este lugar é tão Nova York. Vibrante, empolgante. A vista é espetacular... — Paige levantou o rosto para o céu e fechou os olhos.

— Pensei que a Eva é que fosse a sonhadora, não você.

— Todo mundo é capaz de sonhar. — Paige abriu os olhos e sorriu para ele. — Você não é?

Os sonhos de Jake, naquele momento, eram todos proibidos para menores.

Ele olhou para trás.

O meio do terraço estava dominado por uma elaborada fonte cujo borbulhar das águas abafava o barulho dos carros na rua.

Jake se perguntou se era o primeiro a cogitar a ideia de tirar a roupa e mergulhar naquela água tentadoramente fresca.

— O lugar é ótimo. — Manteve os olhos distantes de Paige e fitou a multidão. — Você sabe por que tantas mulheres vestem preto em um evento como esse?

— Porque preto é clássico. Atemporal.

— Não. — Jake ergueu a taça e tomou um gole. — Elas vestem preto porque é seguro. Sabem que não vão se destacar. Têm medo demais de assumir o risco.

— Talvez. Mas, Jake... — havia um toque de humor na voz dela. — Eu estou de preto.

Ele sabia que cor Paige estava vestindo. Se alguém lhe desse um lápis, seria capaz de desenhar cada mínimo detalhe do vestido. *E ela também.*

— É diferente. Você está aqui a trabalho. Não deve ofuscar os convidados. — Jake se apoiou na grade, olhando através da cidade.

Paige também admirou para a vista.

— Meu sonho era estar aqui, em Nova York, viver essa vida, admirar essa paisagem, ser parte disso tudo. — Lembranças enevoaram seus olhos. — Quando ainda morava na minha cidade, eu era viciada em assistir a qualquer série que se passasse em Nova York. Ficava imaginando como seria estar no topo do Empire State, como seria atravessar o lago do Central Park de barco ou caminhar de um lado ao outro da Ponte do Brooklyn. Há dias que ainda não acredito que estou aqui para valer. Saio pela porta, passo pelas árvores de magnólia, pelos vendedores ambulantes, vejo o horizonte de Manhattan cheio de prédios e penso: *Uau, eu vivo aqui. Sou* uma menina de uma cidadezinha do interior vivendo nesta cidade incrível e me sinto a pessoa mais sortuda do mundo. — Paige parou de falar e deu uma risada envergonhada. — Isso tudo deve soar meio louco, mas tem tantas vezes que penso que isso podia nunca ter acontecido. Que poderia ser apenas um sonho.

Houve vezes em que nenhum deles pensou que aquilo poderia mesmo acontecer.

Paige esteve à beira da morte pelo menos duas vezes quando eram adolescentes, em decorrência das complicações das cirurgias no coração.

Jake não quis tocar no assunto. Um passado em comum permitia intimidade. Não queria atar os fios soltos que ligavam os dois, não queria fazer nada que pudesse aproximá-los.

Ele tentou esquecer o passado, assim como tentou esquecer que Paige estava de pé, bem ao seu lado, com um vestido preto minúsculo. Bastava um pequeno movimento para enterrar seu rosto no cabelo dela e, de onde estava, alcançar a boca em segundos.

— Você não tem saudades de casa? — Jake manteve os olhos voltados para a frente e as mãos na grade. — Da Ilha Puffin?

— Não. Não que não goste de lá, eu gosto, mas é pequeno demais. Não só o lugar, mas o ritmo. Lá, tudo era devagar. Esse é o motivo de muitos gostarem da ilha, mas não eu. Quando era adolescente, tinha a sensação de que a vida estava acontecendo em outro lugar, no outro lado do mar. Eu tinha a sensação de estar do lado de fora de uma grande festa, olhando para dentro, mas excluída. Sempre tive a sensação de que faltava alguma coisa. Isso deve soar meio besta.

— Não para mim. — Jake entendia bem aquela sensação.

Era o mesmo sentimento, mas em outro mar.

— Mas você nasceu no Brooklyn. Você é de Nova York de verdade.

— Sim. — Durante toda a sua infância, quando se sentia sem raízes e inseguro como um cachorro abandonado que ninguém queria adotar, a cidade era a única constante em sua vida. O lugar onde dormia mudava constantemente, as pessoas que cuidavam dele também, mas Nova York permanecia a mesma.

Era seu lar.

Paige olhou para o edifício Chrysler com sua famosa cobertura de aço e vidro iluminada contra o céu azul-escuro como uma joia no chapéu de um mago.

— Fale outra cidade em que você possa ver algo tão lindo como isso. É um conto de fadas.

Jake não discordava.

— William Van Alen, o arquiteto do Chrysler, projetou, em segredo, um pináculo na coluna de ventilação e o construiu em noventa minutos. Ele o projetou mais alto do que o do número 40 da Wall Street, que estava sendo erguido ao mesmo tempo. Você já imaginou estar construindo o prédio mais alto do mundo e então olhar para cima e vê-lo? — Como alguém que era bastante competitivo por natureza, Jake estimava a motivação por trás de uma ação. — Eles devem ter ficado loucos da vida. Esse elemento extra fez o Chrysler ser o prédio mais alto até o Empire State finalmente ser construído.

Paige sorriu.

— Ele é mágico. É meu prédio favorito em Nova York.

Jake sabia que tinha gente que ia à cidade só para dizer que estivera ali. Gente que ficava algum tempo e depois ia embora porque precisava de espaço, de um jardim, de um apartamento onde não precisasse usar o forno como armário ou descer dez andares para lavar roupa. Um lugar sem buzinas, sem sirenes, sem saídas de vapor na calçada; um lugar com ar mais limpo e ritmo mais tranquilo... havia milhões de razões para ir embora.

Jake via apenas motivos para ficar e Paige também.

Ele ergueu a taça num brinde.

— A você, garota da cidade grande.

— A você, garoto da cidade grande. — Ela tocou a taça contra a dele. — Você acha que Nova York é um homem ou uma mulher?

Essa pergunta fez Jake rir.

— É uma mulher. Suas oscilações de humor e seu jeito de brincar com as emoções das pessoas... Tem que ser uma mulher, você não acha? — provocou ele.

— Eu não sei. — Paige inclinou a cabeça com uma expressão pensativa. — Poderia ser um homem. Um bilionário evasivo, chamativo com toda a sua riqueza, misterioso sobre seu lado sombrio. Você pensa que o conhece, mas ele tem a capacidade de sempre o impressionar.

— Com certeza é uma mulher. Com tantas facetas. Um armário cheio de roupas diferentes para vestir.

A multidão de convidados tinha aumentado. A música emanava da pista de dança e pairava pela noite.

Em frente estava o Empire State e, logo abaixo, as luzes cintilantes da Broadway. As luzes ofuscavam e dançavam. A cidade vivia permanentemente acordada.

Paige tocou o braço masculino.

— Você quer dançar?

Jake virou a cabeça e fitou os olhos dela.

Havia algo que queria fazer com Paige, mas não era dançar.

Dançar queria dizer segurá-la, segurá-la queria dizer manter contato corporal, mas ele não iria tão longe.

— Eu não danço.

O sorriso dela se desfez.

— Certo. É claro que não. — Paige terminou de beber e baixou a taça. — É tão bonito aqui que, por um instante, esqueci que tinha vindo a trabalho. Então vamos trabalhar, vamos examinar o local com cuidado. Enquanto andamos, vou dizer minhas ideias e então você pode fazer o que quer que tenha planejado para o resto da noite. — Paige se afastou, elegante, solene, uma mulher plena.

Mas não a mulher dele.

Jamais a mulher dele.

Jake olhou-a, percorrendo o caminho dos seus tornozelos até os quadris, onde permaneceu.

Ele daria uma volta no local, emitiria os sons certos e então voltaria para casa, para dançar com uma garrafa de uísque.

—◊—

Em quê ela estava *pensando*?

Pediu para dançar com Jake como se fosse um *encontro*.

O que havia de errado com ela? Onde sua cabeça tinha ido parar?

Por um instante, sob as luzes cintilantes e o céu estrelado de Manhattan, Paige se esqueceu de manter a distância. Parou de pensar em Jake como um cliente e começou a pensar nele como homem.

Emitiu um som impaciente. Quem em sã consciência seria capaz de esquecer que Jake Romano era um homem? Ele era testosterona vestida num smoking. Desde o segundo em que pisou na recepção do prédio, Paige tinha reparado em cada parte sedutora do seu corpo. Ele não se misturava como tantas outras pessoas na festa: ele as possuía. Falar com ele, travar uma conversa que, por um instante, não parecia um combate desarmado, tinha feito Paige confundir o aspecto profissional com o pessoal.

E tornou a situação constrangedora para ele e vergonhosa para ela.

De novo.

Tudo o que podia fazer era circular pelo resto do evento o mais rápido possível.

Tentando fingir que nada tinha acontecido, adotou a expressão mais profissional que pôde e mostrou a ele o restante do local, apresentando-o ao gerente do lugar e resumindo o plano da Gênio Urbano para o evento.

Jake ouviu tudo atentamente, fez algumas perguntas e deu algumas sugestões, todas muito boas.

Na hora que os dois pararam de falar, havia uma multidão pairando por perto na esperança de conquistar um pouco da atenção dele.

Era sempre a mesma coisa. Alguns, Paige sabia por experiência própria, teriam ideias sobre projetos tecnológicos que queriam discutir. Outros estariam simplesmente atrás de conselhos para os negócios ou teriam esperanças de conseguir algum investimento. Algumas mulheres também alimentavam esperanças de conseguir algo menos profissional e Paige não queria estar por perto para ver se Jake ia dar o que elas desejavam.

— Você está requisitado no momento, por isso vou embora e te vejo no escritório amanhã. — Paige deu o que esperava ter sido um sorriso profissional e se dirigiu aos elevadores.

Os pés diziam que a escolha de sapatos havia sido uma droga e ela queria calçar logo suas rasteirinhas. Tem sapatos que nem palmilhas de silicone conseguem resolver.

Ela os escolhera pelo tamanho do salto. Intimidada demais pela presença de Jake, pensou que uns centímetros a mais talvez lhe dessem confiança.

Tudo o que conseguiu foram bolhas.

Seus pés, pelo menos, estavam aliviados por ele ter se recusado a dançar.

No momento em que cruzou a porta, Paige teve vontade de tomar um longo banho. Com uma taça de vinho e um bom livro, talvez. Ou, quem sabe, com uma música bem pesada. Algo que preenchesse sua mente e a distraísse dos pensamentos sobre Jake.

Paige levantou o dedo para apertar o botão, mas uma forte mão masculina ultrapassou a sua e o pressionou antes.

Estava tão perdida em seus pensamentos que não percebera Jake se aproximar, mas reconheceria aquela mão em qualquer lugar do mundo.

— O que você está fazendo?

— Também vou embora. — Ele não a tocou, mas sua voz era capaz de causar arrepios em sua pele.

Era totalmente injusto que se sentisse daquela forma por um homem que não tinha interesse por ela.

— Tinha uma multidão de pessoas querendo sua atenção.

— Eu vim com você.

Quem dera.

— Não tivemos um encontro, Jake. — Paige ficou feliz com o tom casual de sua voz. — Foram negócios. E, de qualquer forma, desde quando a presença de uma mulher impediu você de ir atrás de outra?

— Eu nunca traí uma mulher. — A voz dele soou baixa e perturbadoramente próxima do ouvido de Paige. — Além disso, sempre me certifico de que uma mulher chegue em casa em segurança.

O coração bobo dela, o mesmo coração que nunca se comportara como os manuais diziam que deveria, bateu em falso.

— Agora você leva as mulheres para a casa? Cuidado, isso me soa quase como comprometimento.

— Eu as levo para a casa delas, não para a minha. — Havia um tom malicioso na voz. — E são bons modos, não comprometimento.

Paige quis que o elevador fosse mais rápido.

— Alguma vez você deu seu endereço para uma mulher?

— Nunca, ainda que, de vez em quando, elas apareçam no meu escritório.

— Como você praticamente vive lá, devem achar que é o melhor lugar para te encontrar.

— Minha equipe fica de guarda-costas. — O elevador finalmente chegou e Jake segurou a porta enquanto ela passava na frente. — Meu motorista está esperando lá embaixo. Ele vai te levar pra casa.

Os pés de Paige estavam gritando para que aceitasse imediatamente. Um impulso involuntário a fez balançar a cabeça.

— Eu posso ir de trem.

Jake entrou no elevador.

— Sim, mas você não vai. — Ele se encostou na parede espelhada e desfez o nó da gravata com poucos movimentos. — Sei que você gosta de ser independente. Entendo o motivo e é uma qualidade muito admirável, mas de vez em quando faria bem se você dissesse "sim" a algo antes de discutir.

Houve um breve ruído quando as portas de fecharam, trancando os dois dentro do elevador.

— Eu digo "sim" o tempo todo.

Um brilho cético atravessou os olhos dele.

— Dê um exemplo de algo a que você diria "sim".

Naquele exato momento, Paige diria "sim" a sexo. Já que Jake queria saber, ela diria "sim" a praticamente qualquer coisa. Prometera a si mesma que aproveitaria cada momento da sua vida e, naquele momento, queria se aproveitar dele. Mas Paige já tinha feito papel de boba uma vez e de jeito nenhum ia passar por aquilo de novo.

— Eu diria "sim" às comidas de Eva, a um drinque em nossa varanda, a uma noite de maratona de filmes, mesmo o Matt nunca deixando a gente ver uma comédia romântica. Eu diria "sim" a uma corrida no Jardim Botânico e a um bagel bem fresco comprado numa carrocinha na rua. Quer que continue?

Jake era estonteantemente bonito, tão deslumbrante que só de olhá-lo o cérebro de Paige entrava em curto-circuito. Mesmo daquele jeito, com a roupa desarrumada, ele era mais bonito do que qualquer outro homem que havia se vestido para impressionar naquela cobertura.

A gravata-borboleta estava jogada em volta do pescoço com uma despreocupação casual. A camisa estava desabotoada no pescoço, revelando um pouco dos pelos escuros em seu peitoral. O maxilar, tão limpo após fazer a barba de manhã, agora estava levemente sombreado.

Não era para Jake ser tão bonito. Paige não se lembrava de alguma vez ter visto um homem tão sedutor.

Ele a observava com aquele olhar tão perturbadoramente íntimo que fazia Paige pensar se era capaz de ler sua mente. Ela era especialista em esconder os sentimentos. Tinha aprendido a proteger os outros tanto quanto eles a haviam protegido, mas, por algum motivo, era mais difícil com Jake.

Ele via além. Prestava atenção.

Paige ia fazer um comentário irreverente quando o elevador deu um solavanco. Perdendo o equilíbrio de cima de seus saltos desconfortáveis, foi arremessada para cima de Jake, chocando-se contra o peitoral firme. Por um instante, tudo o que ela conseguiu sentir foi o volume consistente dos bíceps debaixo de seus dedos e o calor da respiração de Jake em seu rosto. Um desejo se inflamou dentro dela em um calor lânguido que imediatamente se alastrou em chama ardente.

A boca dele estava logo ali, *logo ali...* se Paige apenas virasse a cabeça...

As mãos de Jake deslizaram em torno da cintura dela para segurá-la e ele franziu a testa, olhando para o painel do elevador.

— Você apertou algum botão?

— Não. — Paige cerrou os dentes com força. Fazia anos desde a última vez que estiveram tão próximos e, ainda assim, a sensação era natural, como se os corpos estivessem grudados há uma década.

— Não toquei em nada. Ele parou sozinho.

— Deve ter sido minha personalidade elétrica.

Paige se afastou, irritada com o poder de sua atração. Por que não podia se sentir daquele jeito por um homem que se interessasse por ela? Não era justo.

— Então você talvez queira usar sua personalidade elétrica para tirar a gente daqui. Aperte o botão. — Quando o desejo passou, Paige sentiu um pouco de medo. Não gostava de espaços apertados. Nunca gostou.

Ficaria tudo bem, disse a si mesma. Devia ser algo simples.

O botão do térreo já estava iluminado, mas Jake o pressionou novamente.

Ele fez um barulho de clique.

Nada aconteceu.

Paige sentiu as palmas das mãos começarem a ficar suadas. E um aperto no peito. Elevadores eram bons para transportar pessoas desde que se movessem, mas ficar presa em um lugar pequeno e sem ar? Sempre odiou aquilo. Para ela, fazer um exame de ressonância magnética era como ser enterrada viva.

— Talvez os donos do salão tenham nos prendido aqui até pagarmos por nosso evento. — Paige tentou descontrair o clima, mas ele ficou ainda mais pesado, como se as paredes estivessem prestes a esmagá-la.

— Talvez. — O olhar de Jake percorreu o painel. Então colocou as mãos no bolso e Paige viu um reflexo metálico surgir dele.

— Isso é uma chave de fenda? Você anda com uma chave de fenda por aí? Por quê?

— Não é a primeira vez que tenho que sair de um lugar apertado. Segure para mim. — Ele tirou o paletó, jogou-o para Paige e arregaçou as mangas.

— Qual foi o último "lugar apertado" em que você esteve? Ela era casada?

Jake sorriu enquanto trabalhava.

— Nunca me envolvo com mulheres casadas. São complicadas demais. Estique a mão…

— Por quê?

— Paige… — a voz soou impaciente. — Essa é uma daquelas situações em que você diz "sim" e faz. Não fique perguntando mil coisas e não discuta comigo.

Paige esticou a mão e torceu para que Jake não reparasse que ela estava tremendo.

Jake colocou alguns parafusos na mão dela.

— Agora posso dar uma olhada melhor.

— Olhar o quê? O que você vai fazer? — O que quer que fosse, Paige estava torcendo para que funcionasse. — Você vai abrir o painel e reprogramá-lo? Vai entrar no sistema do FBI e pedir que venham nos resgatar? — Queria mesmo que eles viessem. Paige queria que qualquer pessoa aparecesse. As paredes pareciam cada vez menores. Com os parafusos apertados dentro do punho, envolveu o próprio corpo com os braços e tentou acalmar a respiração.

Seus batimentos cardíacos aumentaram e sentiu um pânico atravessar o corpo.

Gotas de suor escorriam por sua testa. Era só impressão sua ou a cabine do elevador estava mesmo diminuindo?

Jake se endireitou.

— Você pode... — Ele parou de falar quando viu o rosto de Paige. — O que foi?

— Nada. — Ela trincou os dentes para que não tremessem. — Só tire a gente daqui.

— É o que estou tentando fazer. — Jake deslizou a chave de fenda para dentro do bolso. — Por que você sempre finge que está tudo bem quando não está? Por que não admite que está com medo?

— Não estou com medo. Mas preferiria não passar a noite inteira dentro de um elevador.

— Ele não vai despencar, se é isso o que está te preocupando, então não precisa entrar em pânico.

— Não estou preocupada e, definitivamente, não estou em pânico. — Duas mentiras em nove palavras: provavelmente batera um recorde. Paige se concentrou na própria respiração da mesma forma que fizera tantas vezes quando era criança.

Finja que você está bem. Finja que você está bem.

O pânico aumentou.

— Faça algo, Jake.

Ele se virou para o painel de controle e Paige não conseguiu mais ver o que ele estava fazendo, mas conseguia ouvi-lo praguejar baixinho enquanto batia a mão contra o metal.

— Estou fazendo o melhor que posso, mas, infelizmente, nesta situação bizarra, meu melhor não é suficiente. — Ele apertou o botão de segurança e, pouco depois, uma voz ecoou pela cabine perguntando qual era o problema.

— Estamos presos no elevador e um resgate rápido ia ser bem-vindo. — Jake informou o nome do prédio, o endereço e olhou rapidamente para Paige.

Ainda concentrada na própria respiração, ela lançou-lhe um olhar de descrença. *Um resgate rápido?* Pronunciou essas palavras, ele deu de ombros, olhando para o teto do elevador.

— Pensei que soaria melhor do que "tirem logo a gente daqui".

— Ele se aproximou do interfone. — Qual é o seu nome?

— Channing.

— E onde você está, Channing?

— Em Houston, no Texas, senhor.

O queixo de Paige caiu.

— Houston? Como uma pessoa a quatro horas de avião de distância pode operar nosso elevador?

Jake levantou a mão para pedir que ficasse em silêncio.

— E como está o clima por aí, Channing? Imagino que você deva estar sufocado em meio ao calor e à umidade.

— Estou sim, senhor.

— Pois é, nós também estamos. E estou na companhia de uma senhora que está começando a achar a experiência toda um tanto desagradável. Por isso, preciso que faça o que tiver que fazer quando há uma emergência e nos tire daqui o mais rápido possível. E com isso quero dizer nos próximos minutos.

— Vou notificar a equipe de manutenção e o corpo de bombeiros. Fique onde está, senhor. — Houve uma pausa. — E senhora.

Como se eles tivessem muitas opções.

Paige se encostou contra a parede. O peito doía e seu coração batia acelerado.

— Passe os parafusos… — Jake esticou a mão e ela o olhou vagamente, tentando se concentrar para não entrar em pânico.

Estava tudo bem. Ficaria tudo bem. Logo apareceria alguém para tirá-los dali.

Jake se aproximou e abriu as mãos firmemente cerradas de Paige.

Ele baixou o olhar, viu as covas e os montículos feitos pelos parafusos e ergueu os olhos para o rosto dela.

— Paige?

— Estou bem. — Ela pronunciou essas palavras como um mantra. — Muito bem. Não se preocupe comigo.

Jake colocou os parafusos no bolso e a puxou para seus braços.

— Você não gosta de espaços fechados — murmurou. — Como é que pude me esquecer disso? Está tudo bem, querida. Estou aqui. Logo vou te tirar daqui, prometo.

As palavras e a confiança no tom de voz de Jake deviam ser suficientes para aplacar o pânico crescente de Paige, mas não foram.

— Como? — Ela desistiu de fingir que tudo estava bem. — Aquele cara está em Houston. E nós estamos aqui.

A respiração saía em arroubos. Seu peito estava apertado e pesado.

— A equipe de manutenção está aqui na cidade. — Jake acariciou o cabelo dela. — Fique tranquila, meu bem.

— É sério que você acabou de me chamar de "meu bem"? — Paige pressionou a palma da mão contra o peito, tentando aliviar o aperto. — Eu normalmente daria um soco em você por isso.

— Eu normalmente não chamaria você de "meu bem". — Ele a trouxe mais para perto, ajeitando-a contra seu corpo quente e forte. — Não sou seu irmão, nem seus pais. Você não tem que fingir que está feliz para mim. Posso lidar com a verdade.

Paige estava confortavelmente agarrada a ele. Os músculos rijos das coxas dele apoiando seus membros vacilantes.

— Meu coração… — Ela detestava a si mesma por ser tão fraca. — Eu estou… Ele está…

— Não é seu coração, Paige. — Jake levantou a mão e acariciou delicadamente o rosto dela com um dos dedos. — Não é seu coração, minha querida.

Ela tentou respirar.

— Mas… — Paige inalava seu calor e sua força, então fechou os olhos. — Ele está… Eu estou…

— Está tudo bem com seu coração. — A voz dele soou segura e forte. — Paige, olhe para mim...

Ela não conseguia.

Com a respiração curta e acelerada, encarou o peitoral de Jake e sentiu os dedos masculinos deslizarem pelo queixo dela, erguendo-lhe o rosto. O toque era ao mesmo tempo reconfortante e malicioso.

— Você está em pânico porque tem fobia de espaços fechados. Eu devia ter me lembrado disso. Preciso que respire lentamente. Isso... — Com uma das mãos, Jake continuou a acariciar o rosto dela e, com a outra, segurou-a mais perto de si, tão perto que os corpos se fundiram. Paige era capaz de sentir o calor da pele dele através do fino tecido de sua camisa e o calor da mão acalmando sua coluna. Devia estar se sentindo sã e salva, mas nada, nem mesmo estar nos braços de Jake, era capaz de fazer seu pânico desaparecer. Sem qualquer controle, o pânico cobria seu corpo como uma maré e se infiltrava por sua pele.

Os pulmões se comprimiram. Em seu peito, havia a sensação de algo que se quebrava e, com os dedos pálidos, ela agarrou a camisa de Jake.

Paige queria lhe dizer que não estava conseguindo respirar, mas não encontrava ar para falar.

Por entre o turbilhão nebuloso do pânico, ouviu Jake praguejar baixinho e, então, sentiu a mão dele percorrer suas costas.

Estava prestes a agarrá-lo e pedir que não a abandonasse, quando percebeu que Jake não ia fazer isso. Ele a puxou mais para perto. Com um movimento lento e deliberado, deslizou a mão pelo cabelo dela e acariciou o seu rosto com o polegar.

— Olhe para mim, Paige. Olhe para mim, querida... — A voz de Jake soou firme, seus olhos ficaram sombrios e acinzentados quando captou o olhar mortificado dela. Seu rosto era, ao mesmo tempo, familiar e estranho com aqueles traços masculinos tomados por uma determinação que Paige não conhecia. Ou, quem sabe, foi o pânico que distorceu sua visão, bem como seus outros sentidos.

Ela estava prendendo a respiração. Com a boca a um suspiro de distância, Jake abaixou a cabeça e aproximou sua boca em um lento, firme e deliberado beijo.

Paige teve um choque inicial, mas ele a segurou firme, travando seu corpo.

O que ele estava fazendo?

Ela não tinha ar para beijar.

Ela não...

O desejo se inflamou, engolfando o medo, e Paige gemeu contra os lábios dele, tragando o seu ar e saboreando sua essência, conforme ele a beijava devagar e profundamente.

Segurando a cabeça dela com firmeza, Jake explorou a boca com um beijo longo e sem pressa, que transformou seus tremores de medo em excitação. A boca de Paige se abriu em uma rendição consentida.

Ela se perguntava com frequência como seria beijar Jake, e agora sabia. Era como beber champanhe muito rápido, como andar de montanha-russa com os olhos fechados, como pular de um trampolim alto em águas profundas. Tonta, Paige oscilou, mas ele a manteve de pé, apoiando-a com suas mãos fortes. E bem quando ela pensou que tinha sentido tudo o que podia, o beijo mudou de lento e curioso para bruto e agressivo; de uma sedução delicada para algo primitivo e selvagem.

Paige nunca havia experimentado nada parecido com a intimidade erótica de ser beijada por Jake. Era algo selvagem. Alucinante. E isso despertou algo que ficara dormente por toda a sua vida.

A excitação rompeu em uma explosão, dando-lhe um choque intenso. Era como descobrir de repente uma parte absolutamente nova de si mesma. Uma parte mais viva do que qualquer outra.

O paletó escorregou dos dedos dela para o chão.

Paige ficou na ponta dos pés para se aproximar de Jake e, ao fazer isso, sentiu o efeito que exercia sobre ele, a grossura rígida da ereção sobre o tecido de seu vestido.

Rompantes de uma volúpia deliciosa brotaram por todo o corpo dela, anunciando e prometendo muito mais a ponto de a excitação ser quase insuportável. Paige se segurou firme, esperando por algo, quando as mãos de Jake percorreram o fino e frágil tecido de seu vestido, encontrando caminhos, deslizando o polegar áspero sobre seu mamilo intumescido, até que sua visão ficasse turva. Sua lógica ditava que deveria haver um limite para a excitação que sentia, mas, se houvesse, ainda tinha que o atingir.

Jake a pressionou até que ficasse comprimida entre o espelho do elevador e o duro e inflexível poder do corpo dele. Murmurou algo ao ouvido de Paige, uma sugestão deliciosamente explícita do que queria fazer e como, exatamente, queria fazer. Ela levou a mão aos ombros de Jake, enterrando os dedos no volume vigoroso de seus músculos. Paige demorou um momento experimentando a sensação daquela musculatura, até ele voltar a beijá-la de novo. E ela não queria perder um único segundo desse momento. Então, sentiu Jake levantar o vestido até a cintura, bem como o quente deslizar da palma da mão masculina sobre sua coxa nua.

Tão perto, tão perto…

A língua dele estava em sua boca, seu beijo era tão bom, tão profundo e tão insanamente habilidoso, que Paige sentiu pena de todas as outras mulheres do mundo que nunca o beijariam. Sentiu aquele beijo fazer todo o seu corpo brilhar, conectando-se ao seu íntimo. Consumida por desejo, o beijou de volta, com os dedos firmes nos fios sedosos do cabelo dele, amedrontada com o pensamento de que Jake mudasse de ideia, de que parasse. Ela havia sonhado com isso tantas vezes e se frustrado por não ser totalmente capaz de imaginar como seria. Havia uma qualidade esquiva em Jake, uma rijeza, um toque de experiência sexual que fazia Paige saber que, com ele, seria diferente de seus outros poucos encontros. E era diferente. Ela o respirava e ele a respirava. A boca devorava a de Paige como se fosse a última coisa que Jake iria provar antes de morrer. Esse beijo ganhou um toque de desespero, colorido pela história pessoal dos dois, tornado íntimo pelo conhecimento que um tinha do outro. Era a conexão mais intensa, mais surpreendentemente pessoal que Paige tivera na vida. Tantas vezes tinha imaginado a boca dele na sua, as mãos dele em seu corpo, mas nem seus devaneios mais eróticos puderam chegar perto da realidade.

Não queria que aquilo acabasse nunca.

E não havia sinais de que acabaria. Ele a beijava como se não pudesse mais parar. Com a palma da mão, Jake segurava o seio de Paige. Em seguida, a mão deslizou para baixo, margeou a curvatura da coxa dela e levantou sua perna de forma que Paige não teve outra opção a não ser envolvê-la nele. O sapato vermelho caiu no chão e fez um leve barulho. Jake continuou a beijá-la, mas agora sua mão deslizava mais baixo, entre as pernas abertas, por entre o caminho que ele mesmo abriu. Paige sentiu o roçar da mão contra sua coxa nua, o toque dos dedos contra sua carne trêmula e sensível.

O corpo dela estava prestes a ter um espasmo.

À distância, ouviram um ruído metálico estridente, e então um som de vozes veio de algum lugar acima. Com um grunhido brusco, Jake a afastou de si e arrumou a roupa dela com um movimento ágil.

O mero fato de ele poder se movimentar provava que estava mais equilibrado do que Paige.

Ela ficou imóvel, desorientada, tentando recuperar o equilíbrio e, de novo, ouviu vozes, agora mais perto.

— Vocês estão bem?

Não, não estava bem.

A não ser...

Paige franziu a testa quando percebeu que não estava mais sentindo pânico.

— Sim, estamos bem. — A voz de Jake soou tão bruta quanto seus beijos, poucos segundos antes. O olhar estava fixo no dela e sua mão, a mesma que quase a enlouquecera, acariciava seu cabelo com delicadeza. — Como está aí em cima? Alguma chance de tirar a gente daqui?

— Estamos trabalhando nisso.

Um segundo antes, Paige estava desesperada para sair dali, mas, agora, poderia morrer de muito bom grado confinada naquele espaço minúsculo, já que Jake estava junto. Seus lábios formigavam, sua pele doía e latejava. Tudo parecia pela metade, como se ele a tivesse pego, desmontado, mas esquecido de montá-la de volta. Ela se sentia como um dos Legos de Frankie montados pela metade.

Jake se abaixou para pegar o sapato vermelho e seu paletó. Paige olhou fixamente para a silhueta do corpo masculino, para aqueles ângulos retos perfeitos e a estrutura óssea máscula, imaginando o que Jake devia estar pensando, procurando por sinais que indicassem que não era a única a se sentir daquele jeito.

Independentemente do que acontecesse depois, ele não teria mais como fingir que não sentia nada por Paige.

Houve um ruído e um barulho de metal contra metal, e dois funcionários da manutenção apareceram.

— Vocês vieram rápido. — Jake vestiu novamente o paletó. Calmo. Sob controle. — Trouxeram uma escada? — A voz soou firme. Normal. Nada parecida com momentos antes, quando tinha revirado as entranhas de Paige até que se tornassem uma trama de desejos loucos, enquanto ele demonstrava suas intenções.

De algum jeito, ela deslizou o pé para dentro do sapato e Jake apontou para a escada.

— Consegue subir? — Houve uma pontada bruta no tom de voz, e Paige sentiu o calor da mão em sua nuca.

— Sim. — Ela subiu, ciente de que Jake estava logo abaixo, muito provavelmente com uma bela vista de debaixo da saia dela, onde sua mão esteve poucos minutos antes.

O que aconteceu depois foi um borrão. Paige se lembrava de ter rido com os homens da manutenção, de fazer alguma piada, de tranquilizar alguns dos convidados dizendo que estava tudo bem e de reunir coragem para, de alguma forma, seguir Jake para dentro de mais um elevador, dessa vez cheio de gente, rumo à recepção.

Ele conversou educadamente com alguém que queria saber sua opinião sobre um novo software de computador.

Jake não olhou para Paige.

Ela não olhou para ele.

Fora do prédio, o motorista estava à espera e Jake abriu a porta para Paige entrar no conforto do carro.

E agora?

Ele a beijaria no carro ou a levaria para casa?

O coração dela batia forte de ansiedade, mas, em vez de entrar, Jake se inclinou na janela.

— O Gavin vai deixar você em casa. Tente dormir.

Era isso? Era tudo o que ele ia dizer?

— Você não vem?

— Vou caminhando. — O tom era neutro. — A noite está gostosa. Um pouco de ar fresco vai me fazer bem.

Em outras palavras, não queria entrar no carro com ela.

Eles praticamente atearam fogo à cabine do elevador e Jake não ia nem tocar no assunto?

Era isso?

Perplexa, Paige se sentou, tentando juntar as peças daquele quebra-cabeça. Por entre as nuvens da dúvida, ouviu a porta do carro se fechar e Jake trocar algumas palavras com o motorista.

— Leve-a para casa, Gavin... Sim, até a porta, e espere até entrar. Quero saber se ela ficou bem.

Paige olhava fixamente. Ela não estava bem.

Não estava nada bem!

O que tinha acabado de acontecer?

Será que o beijo no elevador tinha sido obra de sua imaginação? Será que tinha imaginado aquela paixão avassaladora?

Paige tocou a própria boca. Seus lábios estavam dormentes e a pele sensível de seu rosto estava levemente dolorida do roçar áspero do queixo de Jake.

Não havia imaginado nada daquilo.

Ele realmente estava tentando fingir que nada acontecera?

Jake beijou muitas mulheres na vida, Paige sabia disso.

Mas não a beijara antes.

Nunca, nunca a beijara antes.

E agora, o que ia acontecer?

Capítulo 9

Se não estiver aguentando o calor, tire uma camada de roupa.

— Eva

— E aí, foi romântico? — Eva estava dançando pelo apartamento de pijama, com fones nos ouvidos e folhas de papel-alumínio no cabelo, quando Paige chegou em casa, vinte minutos depois.

— Não foi um encontro, foi uma visita ao local da festa. — Paige jogou as chaves sobre a mesa, com a cabeça ainda girando. Observou a amiga, descrente. — Você parece ter vindo de outro planeta. O que aconteceu com seu cabelo?

— Hã? — Eva estava mexendo o quadril e a cabeça ao ritmo da música, e Paige tirou um dos fones do ouvido dela.

— Até aprender a fazer leitura labial, você vai ter que tirar isso aqui para conversar.

Eva pendurou os fones no pescoço.

— Estou me dando um mimo. É uma máscara de óleo de coco. Como um milagre numa caixinha. Você devia experimentar. Deixa o cabelo que nem seda. No meu caso, uma seda amarrotada.

— Vou precisar de mais do que um milagre para resolver meus problemas. — Cansada e confusa, Paige descalçou os sapatos, foi até o banheiro, tirou o vestido e entrou no banho.

Ao sair, viu que Eva tinha feito chá e estava encolhida na cama de Paige.

— Me conte sobre os seus problemas.

Paige ligou a luminária ao lado da cama.

Como foi que aconteceu? Quem tinha começado tudo? Ela não conseguia nem se lembrar. Num instante, estava em pânico; no outro, estavam se beijando enlouquecidamente.

Paige sentiu um lampejo de horror.

Aquilo tinha sido pouco profissional.

— Esse evento... — A voz dela transmitia urgência. — Tem que ser a melhor coisa que já fizemos na vida.

— É claro. Vai ser incrível. Você nunca organizou algo que não tenha sido assim. O que foi que aconteceu? Sente-se e converse comigo. — Com o olhar emanando bondade, Eva deu um tapinha na cama. — O Jake não gostou do lugar?

— Eu... — Paige percebeu que não sabia. — Eu não perguntei.

— Mas foi por isso que vocês foram lá hoje, não foi? Para mostrar o local a ele. Deu tudo certo?

— Sim. Foi ótimo. Lindo. — Romântico. Ah, droga, tinha sido romântico. Com a cidade inteira esparramada diante deles, brilhando como diamantes na Tiffany's.

— Que bom. — Eva envolveu a caneca com os dedos. — E a pessoa que beijou você, foi no começo ou no final da festa?

— O que faz você pensar que alguém me beijou?

— Essa pele irritada por causa de barba por fazer é uma pista, e também o fato de não haver nenhum vestígio de batom em nenhum lugar do seu rosto. O único momento que vejo você sem batom é quando está dormindo. — Eva abaixou a caneca de chá. — Eu sou a primeira a confessar que sou ruim com números, mas sou fluente em linguagem corporal e do amor, e você está mostrando todos os sinais de alguém que ganhou um beijo profundo e delicioso de um homem que sabia exatamente o que estava fazendo. Me conte tudo.

O que poderia dizer?

— É tarde... A gente deveria ir dormir.

— Nós duas sabemos que você não vai pegar no sono depois desse beijo e que não vou dormir até você me contar tudo o que quero saber, então é melhor você ir satisfazendo minha curiosidade. Além disso, tenho que ficar mais dez minutos com esse negócio fedido de coco no cabelo, ou não vai fazer efeito, e não vou gastar esse dinheiro todo por nada. — Ela deu um empurrãozinho em Paige com o cotovelo e pegou a caneca de novo. — Me conta. Quem foi? Você vai sair com ele de novo? E como você fez para se livrar do Jake?

Paige poderia mentir, mas Eva a conhecia bem demais.

— Foi o Jake.

Com o chá nas mãos, Eva ficou em choque.

— Você beijou o Jake? O nosso Jake?

— Ele me beijou. Nós nos beijamos. Eu não sei. Foi... confuso. O elevador quebrou. Nós ficamos presos.

— Presos? — Entendendo tudo na hora, Eva pegou a mão de Paige. — Você odeia ficar presa em lugares confinados. Deve ter sido horrível.

— Foi mesmo. Até o Jake me beijar.

— Isso é tão romântico.

— Não foi. Eu... — Paige franziu a testa. — Eu não sei o que foi aquilo, Ev. Foi... foi...

— ... como se tivesse morrido e ele tentasse trazer de volta à vida? — Eva olhou para a amiga. — Caramba! Eu sonho com um beijo desses. Tipo, "o mundo está acabando, então vamos nos beijar até o fim". Eu não te disse que beijar o Jake deve estar na lista de desejos de qualquer mulher? Sempre consigo adivinhar se um homem beija bem e aposto que Jake é especialista.

Paige ficou pensativa.

— Eu não sei por quê.

— Bem, ele tem muita prática, é claro, mas acho que alguns homens já nascem sabendo beijar e têm um talento natural para isso. Aposto que Jake é um desses homens. Ele é do tipo que presta atenção ao que faz.

— Quis dizer que não sei por que ele me beijou.

— Ah. — Eva pestanejou. — Provavelmente porque queria. O que aconteceu depois? Preciso saber o final. Não me deixe esperando… Odeio suspense.

— Não teve final.

— Tem que ter um final. Jake fitou os seus olhos e disse: "Isso ainda não acabou, Paige?"

— Não. Ele disse: "O Gavin vai te deixar em casa. Tente dormir." Eva ficou surpresa.

— É isso? Ele ficou em silêncio no caminho até aqui? Não ficou te provocando, não tentou alcançar sua mão ou disse "Vamos conversar sobre isso amanhã" com aquela voz sexy e grave que faz você querer pular em cima dele e tirar sua roupa inteira?

— Eu vim sozinha no carro. Ele foi para casa a pé. — E era essa a parte que mais a deixara confusa.

A porta do quarto se abriu e Frankie entrou.

— Ouvi que você chegou em casa. Quis conferir se tudo está bem.

— Jake a beijou. Você perdeu os detalhes. — Eva limpou uma gota de óleo de coco que escorreu por seu rosto. — Estou confusa por ele ter voltado a pé e sozinho para casa.

— Somos duas. — Paige se virou para os travesseiros. — Não faço ideia do que foi aquilo. Fiquei esperando ele dizer alguma coisa, mas não disse nada. Nós praticamente botamos fogo no prédio e Jake nem tocou no assunto.

Frankie pareceu confusa.

— Vocês atearam fogo ao prédio?

— Com um beijo. E, é claro, ele nem tocou no assunto. Jake é um cara. — Eva se mexeu na cama e o cheiro do óleo de coco se espalhou pelo quarto. — Trabalho. Sexo. Cerveja. Esportes. Motores barulhentos. Qualquer coisa que se mova rápido. Esse é o mundo deles. Emoções são coisas obscuras, perigosas, que ficam pairando no ar como um clima ruim que eles torcem para que passe logo.

Frankie se juntou a elas na cama.

— Você está generalizando, pra não dizer que está sendo sexista.

— É a verdade. Você sempre fica zombando de mim, mas entendo de homem melhor do que você pensa. — Eva colocou a caneca sobre o criado-mudo. — Eles só se interessam se podem chutar alguma coisa em um campo, ficar bêbados, transar ou assistir a algo em uma tela gigantesca. É assim que o cérebro masculino funciona.

Paige pestanejou.

— O Matt não é assim.

— É claro que é! E é mais esperto que os outros homens, pois encontrou um trabalho que usa instrumentos poderosos. Quero dizer, ele poderia delegar as funções a outras pessoas, mas eu já o vi todo paramentado, fazendo buracos no concreto ou cerrando troncos de árvores para fazer bancos de jardim. Matt tem um cinto de ferramentas. Ele precisava fazer essas coisas? Não, mas destroçar alvenaria e sair cortando árvores é uma das partes divertidas do trabalho, então não vai delegar essa função a outra pessoa. Vamos, Paige, acorda. — Eva olhou exasperada para a amiga. — Eu sei que o Matt é seu irmão, mas ele tem uma caverna masculina completa com tela de cinema, Xbox, halteres que eu não consigo nem tirar do chão e uma geladeira cheia de cerveja. Ele organiza noites de pôquer, que são uma desculpa para homens conversarem sobre coisas que não falariam na frente de mulheres. Não tenho mais nada a declarar.

Paige tentou se adaptar à nova imagem do irmão.

— Desculpa, mas o que você está declarando?

Frankie deu uma risada.

— Não fique treinando para ser advogada, Ev. Na hora que você terminar sua fala, o júri já vai ter esquecido o começo.

— Eu estava dizendo que o que Paige fez com Jake não se encaixa muito bem em nenhuma dessas categorias. Entendo por que ele ficou confuso.

— Ele não pareceu confuso. Pareceu… — Paige refletiu sobre o que aconteceu. — Jake pareceu normal. — E ela não queria que tivesse sido assim. — Fui eu que fiquei confusa. Ainda estou. E agora? Vou encontrar com ele no escritório. Será que toco no assunto? Ou não?

— Quem começou com tudo? Quem tomou a iniciativa? Ele ou você?

— Não sei. Em uma hora, nós estávamos presos e eu fiquei em pânico, então, ele me abraçou por um instante e aconteceu.

— Então foi ele. Jake tomou a iniciativa. Uau. Queria ter visto isso. Parece até aquele filme com o Cary Grant e… tanto faz, deixa pra lá. Isso é ótimo, pois ele não vai poder dizer que foi culpa sua. O que você deve fazer? Hum… Deixa eu pensar um minuto.

Frankie emitiu um som impaciente.

— Só pergunta a ele!

— Perguntar a ele?

— Sim! Entra no escritório dele e pergunta "por que diabos você me beijou?". Isso se chama "comunicação".

Paige olhou para a amiga.

— Frankie tem razão. — Eva deslizou para fora da cama. — Preciso tirar essa coisa do meu cabelo senão, quando vocês me acordarem amanhã, vão encontrar um coqueiro na cama. Vê se dorme e tenha sonhos safados.

— Acho que você quis dizer "bons sonhos".

— Não. Esses daí são chatos. Os safados são bem melhores. E não passe a noite pensando no assunto, senão você vai acordar cansada amanhã. Você não quer dar a Jake a satisfação de saber que você passou a noite em claro por causa dele.

— Essa é mais uma lição da "Escola Eva de encontros amorosos"?

— Talvez, mas é só teoria, é claro. Não tenho uma sessão prática há muito tempo, mas estou me empenhando nisso. Na verdade, tenho um encontro amanhã.

— Sério? — Feliz pela distração, Paige tentou afastar Jake de seus pensamentos. — Com quem? Não é com aquele cara que trombou com você na rua no outro dia, não é?

— Não. — Eva corou. — É outro. Ele é policial.

— Você vai sair com um tira? Como o conheceu?

— Bem, eu consegui me trancar para fora do apartamento alguns dias atrás. Por acaso, ele estava passando por perto e me viu tentando escalar pela janela da Frankie. E parou para ajudar. Na verdade, acho que parou para me prender, mas quando percebeu que eu não fazia ideia de como arrombar e entrar no apartamento, me ajudou. Nós trocamos telefones e ele me ligou hoje.

— É bonitão?

— Não sei. Ele usa uniforme — disse Eva, simplesmente. — Todo homem fica bonitão de uniforme.

— A gente devia fazer um plano.

Na adolescência, elas sempre faziam planos quando alguma delas tinha um encontro. Como Paige estava sempre no hospital, era algo que faziam para passar o tempo enquanto Eva e Frankie a acompanhavam. Elas levavam vestidos, maquiagem e traçavam um plano para o encontro inteiro.

— Meu plano é dormir um pouco. — Frankie também se levantou. — A primeira coisa que você tem para fazer amanhã é ir perguntar ao Jake por que enfiou a língua na sua garganta.

Paige esboçou um sorriso frágil.

— Talvez use outras palavras.

— Tudo bem — disse Frankie, dando de ombros. — Mas não mude tanto as palavras de modo que ele não entenda a pergunta.

—⟋⟍—

Em seu escritório, Jake estava debruçado sobre a mesa, tentando resolver um problema de conteúdo criativo. Avaliou a questão novamente, brincou com algumas ideias na tela do computador e chegou à conclusão de que sua equipe tinha feito um ótimo trabalho. Havia alguns ajustes refinados que poderia acrescentar, mas seriam inseridos na fase de desenvolvimento.

Tudo o que precisava fazer agora era explicar para o cliente e convencê-lo a comprar o produto.

Esta era a parte que mais amava em seu trabalho: a batalha com o cliente.

Jake pegou uma garrafa de água no frigobar debaixo de sua mesa e a bebeu. Era um caso complicado. Naquele momento, a solução deles era um pouco complexa demais para o cliente, mas ia dar um jeito naquilo. Uma das habilidades de Jake era traduzir a linguagem tecnológica para algo que até uma criança de 6 anos fosse capaz de compreender. E sabia, por experiência própria, que a maioria dos CEOs tinha muito em comum com crianças pequenas. Quando lançassem aquele projeto, seus negócios aumentariam. De novo. Haveria mais pedidos e a receita aumentaria.

Essa ideia o tranquilizava. Enquanto houvesse dinheiro fluindo, ele estaria feliz.

Havia três monitores de computador sobre sua mesa, todos ligados. Seus olhos estavam no do meio quando percebeu um movimento com o canto do olho.

Paige estava de pé na porta. Os olhos azuis fixos nos dele e uma tensão eletrizante deixando o clima tenso.

Jake tinha planejado fazer um favor a ambos, evitando encontrá-la por algum tempo. Esperava que ela fizesse o mesmo. Jake percebeu que, se os dois se esforçassem, poderiam passar pelo menos uns dois dias sem ter que ver o outro. Um semana até, quem sabe.

Aparentemente não.

Caso não tivesse visto a centelha em seus olhos, teria dito a si mesmo que ela estava ali para tirar alguma dúvida de cunho profissional.

Ele sabia quando uma mulher vinha em missão, e esse era o caso de Paige.

— Ei. — Cumprimentou de modo casual, esperando que estivesse errado e que ela perguntasse algo relacionado ao trabalho. — Como você está? Nenhum efeito retardado por ter ficado presa no elevador?

— Por causa do elevador, não, nenhum.

Merda.

— Ótimo. Nesse caso... — Jake se levantou da cadeira desejando que fosse um assento ejetor. Faria um voo de improviso sobre o rio Hudson de bom grado, só para evitar aquela situação. — Estou um pouco ocupado agora, então, se você puder fechar a porta...

Paige fechou a porta, mas permaneceu dentro da sala.

Um calor subiu à nuca de Jake.

Ele estava perdido.

— Estou ocupado agora e...

— Então vou ser breve. Quero falar sobre o que aconteceu. Jake se esquivou.

— Falar sobre o que exatamente?

— Sobre o beijo. — Paige caminhou em direção à mesa e algo no balanço dos quadris fez a boca de Jake secar.

Ele podia se lembrar muito bem do gosto dela, do movimento suave de sua língua, da pulsação acelerada por debaixo de seus dedos.

— Você estava assustada. Eu tentei distraí-la.

— Que parte foi para me distrair? O momento em que você colocou a língua na minha boca ou o instante em que colocou a mão debaixo da minha saia?

As palavras o trouxeram de volta à realidade.

Se fosse outra mulher, Jake a teria levado direto para seu apartamento e transado com ela até nenhum dos dois ter mais energias para se levantar da cama.

Mas, em vez disso, lá estava Jake, tentando fazer algo mais decente, e Paige, tentando fazê-lo se sentir mal com a situação.

A injustiça o deixou irritado.

Ele recuou da mesa.

— Você estava com a respiração acelerada.

— Você me beijou para que a minha respiração se acalmasse?

O argumento pareceu ridículo até para ele.

— Você estava assustada e tentei reconfortá-la. Foi só isso. Não tente criar caso, Paige.

— "Não tente criar caso"? — Ela se aproximou mais da mesa com aquelas pernas absurdamente longas que, na noite anterior, haviam se enrolado em torno do quadril dele.

Inquieto, Jake mudou seu olhar das pernas femininas para a boca. Não ajudou muito, ela estava macia e brilhante e ele sabia exatamente que gosto tinha. A verdade é que não havia parte do corpo de Paige que não o tentasse. Jake desviou os olhos para a tela do computador.

— Sim, você sabe... Não exagerar com tudo.

— Com "tudo"?

Ele cerrou os dentes.

— Não achar que é um conto de fadas. Isso é coisa da Eva.

— E qual seria seu papel nesse conto de fadas, Jake? O Príncipe Encantado? Pois não me lembro de ter caído no sono. Ou o Lobo Mau? "É para te comer melhor"?

— Foi só um beijo, droga. — Ele se levantou, irritado e encurralado. Passou os dedos pelo cabelo e olhou-a. — O que você quer que eu diga? Eu te beijei.

— Sei que você me beijou. Eu estava lá. O que não sei é por que fez isso. E não me venha com essa de que minha respiração estava ofegante.

Por que a tinha beijado?

Porque, por alguns instantes, ele baixou a guarda.

— Você estava triste.

— Você não beija uma mulher quando ela está triste. Você a abraça. Dá um tapinha nas costas. Você diz "passou, passou".

— Eu comecei assim. — Por que diabos Paige não conseguia esquecer o que tinha acontecido?

— Mas não terminou assim.

— Não, não terminou. — A lembrança de como acabou o deixara acordado a maior parte da noite. Indo de um lado para outro, caminhou uma distância considerável em seu apartamento. E tomou duas duchas frias. — Você sempre analisa tudo?

— Não, não tudo. Mas estou analisando isso.

— Você precisa deixar pra lá.

— Acha que posso ignorar o que aconteceu?

— Sim, acho.

— Então diga que você não tem interesse em mim e não vou mais tocar no assunto. — Paige pronunciou essas palavras em meio a um silêncio denso e pulsante.

Ela o deixou encurralado como um peixe se debatendo no anzol.

— Eu não tenho. Olha, somos duas pessoas que ficaram presas em um elevador. Você estava em pânico, eu te reconfortei e aconteceram mais coisas do que o planejado. Eu tinha tomado uma taça de champanhe, você estava lá toda linda e vulnerável, com os lábios vermelhos tentadores. Mas foi só um beijo. Essas coisas acontecem. — Jake torceu para que parasse por ali, mas, é claro, não foi o que aconteceu.

— Não foi apenas um beijo. Foi... — a confiança dela ficou um pouco abalada, Paige parecia confusa. — ... mais. Foi mais, Jake. Eu senti. Foi diferente.

— Não foi, não. Eu beijo daquele jeito o tempo todo. — Ele tirou qualquer traço de emoção da voz. — Aquele foi um beijo como qualquer outro. — Jake a atingiu direto no coração.

A dor latejava em Paige e, naquele momento, ele odiou a si mesmo com todas as forças.

Por que diabos pegou aquele elevador com ela?

— Você está dizendo que me beijou porque eu estava lá. Porque calhou de eu ter uma boca e estar usando um batom vermelho? — Paige disse tudo em um só fôlego. — É só isso?

— Sim.

Ela olhou-o e escolheu um dos sorrisos prontos de sua coleção. Jake conhecia vários deles. Tinha o "estou bem". O "não está doendo" e o "não estou nem aí".

Aquele era uma combinação desses três. Matt o teria chamado de "a cara corajosa".

— Perfeito... bem, agradeço por sua sinceridade. — Paige endireitou os ombros. — Perdão por incomodá-lo. Se você tiver alguma dúvida sobre o local do evento, é só me perguntar. Se não, a Gênio Urbano vai seguir conforme o planejado.

— Não tenho dúvida. — Exceto por se perguntar por que tinha concordado em entrar naquilo. — Siga em frente com o trabalho.

Desde que trabalhasse longe dele, ambos talvez sobrevivessem a tudo.

Capítulo 10

Homem é que nem batom: você precisa experimentar alguns antes de achar o perfeito.

— Paige

— E ENTÃO, COMO VÃO os negócios? — Jake estava jogado no sofá da caverna masculina de Matt, matando zumbis no Xbox, enquanto os dois esperavam o restante dos amigos para uma noitada de bilhar. — Corridos?

— Sim. Você bebeu todas as cervejas da geladeira? Eu poderia jurar que estava cheia na semana passada.

— E estava. Mas tivemos a noite de pôquer. Você deve ter se esquecido.

— Não esqueci. Eu perdi mais do que cerveja naquela noite. — Matt soltou um grunhido e se levantou. — Se você esvazia minha geladeira, tem que a encher de novo, ainda mais quando vai embora com metade do meu dinheiro, que nem da última vez.

Era uma troca fácil. Do tipo que já tinham feito centenas de vezes.

— Você parece se lembrar de que o esvaziamento da sua geladeira foi um ato coletivo e, aliás, como fui eu quem a encheu, você não pode reclamar. Hoje estou de mãos vazias, pois vim de moto. Posso ir ao restaurante buscar algumas coisas.

— Você roubaria de sua própria mãe? Você não tem consciência.

Tendo em vista que sua consciência era a única coisa que o impedia de transar com Paige, essa acusação deixou Jake irritado.

— Você quer cerveja ou não?

— Bem, pelo visto você não está com o melhor dos humores. — Matt examinou o rosto do amigo. — Quer conversar? Ou quer ficar fazendo birra sozinho?

— Sozinho está bom para mim. — Jake exterminou mais alguns zumbis.

— Então não vai contar o que tem de errado?

— Não tem nada de errado. E desde quando você me encoraja a falar sobre os meus problemas? Esse é o papel da Eva.

Matt olhou sério para o amigo.

— Está bem, entendi. Você não quer falar sobre o assunto. E não se preocupe com a cerveja, temos o bastante para hoje à noite. Falei para a Paige que eu ia levar a van para buscar o andaime para seu evento de amanhã. Posso aproveitar e pegar umas cervejas.

— Andaime?

— Elas vão montar uma peça central. Não te contaram? — Matt franziu a testa. — Paige achou um cenógrafo. Vocês não têm reuniões para discutir essas coisas?

Não, se ele pudesse evitar.

— Tivemos uma reunião no começo. Eu disse o que queria. Elas estão elaborando um plano que se adeque a isso. Ocasionalmente, dou uma olhada nos e-mails.

— Você não definiu nem uma verba?

— Deixei em aberto.

Matt estremeceu.

— Você deixou uma verba em aberto nas mãos da Eva? Ela vai abrir uma conta na Bloomingdale's e esvaziar a loja. Pensei que fosse um homem de negócios.

— Deixei a Paige livre para administrar a verba. Quero causar impacto. Vai valer o investimento, tenho certeza. — E deixar Paige responsável por impressionar as pessoas mais importantes de Manhattan era algo que podia oferecer.

— Você está dizendo que não sabe dos detalhes?

— Pra que comprar um cachorro, se você mesmo late?

— Você está chamando minha irmã de cachorro?

— Não. — Jake se tornou ainda mais agressivo com os zumbis. — Estou dizendo que sei como delegar funções. Não me importo com os detalhes do bufê, desde que meus convidados comam e fiquem satisfeitos. Não estou nem aí para o tipo de cogumelos que serão servidos, e disse isso a Eva quando quis discutir as minúcias comigo. Ela é especialista em gastronomia. Deixei nas mãos dela.

— E Paige está se matando para dar conta de tudo. Ela está trabalhando para você 24 horas por dia, então é melhor você dizer algo encorajador quando a vir.

Jake manteve os olhos fixos na tela e exterminou mais alguns zumbis. Desde a conversa em seu escritório, se manteve fora do caminho de Paige.

— Como ela está?

— Por que está perguntando para mim? Pensei que vocês estivessem dividindo um escritório.

— Estamos, mas ela trabalha nas coisas dela e eu, nas minhas. — Em um violento banho de sangue, Jake aniquilou tudo o que passou pela tela.

Matt ergueu as sobrancelhas.

— Há algo de errado?

— Não há nada de errado. Por que você acharia que há algo de errado?

— Porque você está tenso e matou uma porrada de zumbis.

— Este é o objetivo do jogo: matar zumbis. — Jake largou o controle, com raiva por se sentir culpado. Por que sentia culpa? Estava fazendo isso por Paige. Estava se sujeitando a uma enorme frustração sexual por causa dela. — Então, da última vez que você viu a Paige, ela não parecia triste?

— Triste? — Os olhos de Matt se estreitaram. — Por que minha irmã estaria triste? Aconteceu alguma coisa?

Sim, Jake praticamente a despira e abocanhara a boca dela como se fosse sua refeição seguinte.

— Foi só uma pergunta amigável, só isso. — Jake sentiu o pescoço ficar quente. — Ela tem trabalhado muito.

— Pensei que você não a tivesse visto mais.

— É por isso que sei que está trabalhando demais. Eu não a vi. — A não ser no elevador, quando viu e provou até demais dela.

— Você não passou pela sala de Paige e esticou o pescoço nem uma vez, para ver como ela estava? — Matt soava mais espantado do que incomodado, porém a situação toda era mais desconfortável do que andar descalço sobre cascalho. Jake se virou.

— Estou ocupado. Tenho meus próprios negócios para cuidar. — E se esticasse o pescoço para ver como ela estava, talvez voltasse com um olho roxo. Jake não a culparia por dar um soco nele. A culpa arranhava sua consciência que nem lixa de parede. — O que mais você quer de mim? Convidei as pessoas mais importantes dentre meus contatos. O resto é com ela.

— Ei, você tem sido bom com ela, Jake. — O tom de Matt era caloroso. — Você tem sido um bom amigo.

Uma sensação fria embrulhou o estômago dele.

Tinha sido o pior amigo de todos.

— Eu devia ter dado uma conferida para ver como Paige estava, mas não tenho ficado muito no escritório. — Jake tinha encontrado um milhão de razões para não ficar por lá. Pegou um voo até Los Angeles para conversar com um cliente. Foi até Washington, D.C., para tratar de uma questão de segurança com um contato importante na região e voltou com toda a calma do mundo.

Tinha uma semana que não via Paige.

Incomodava-o não conseguir parar de pensar e não ter conseguido manter suas mãos longe dela no elevador.

Não conseguia parar de repassar a imagem daquele beijo em sua mente.

Matt colocou a mão no ombro de Jake.

— Não se sinta mal por isso. Sou grato pelo que você tem feito por Paige. Eu devo essa a você.

Jake sentiu uma rajada de culpa atravessar seu corpo. Matt era seu amigo. Ele nunca o havia decepcionado na vida. Não estava se sentindo bem.

— Você não me deve nada, mas se quiser realmente me retribuir, pode me deixar ganhar hoje à noite.

Matt cerrou os dentes.

— Você não seria capaz de me vencer nem que eu estivesse caindo de bêbado.

— Isso é um desafio? — Naquele momento, a perspectiva de beber o que aparecesse pela frente parecia uma bela alternativa. — Vamos ver.

—⁓—

— Foi o encontro mais constrangedor que tive na vida, o pior de todos. Graças a Deus recebi aquela chamada de emergência.

Frankie estava de joelhos, cuidando do jardim na cobertura.

— Não vou nem dizer que te avisei.

— Ótimo. — Eva tirou os sapatos e caiu em uma das almofadas. — Pois, neste exato momento, estou me sentindo bem má e poderia podar uma parte de você junto com suas rosas.

Paige acendeu as velas. Era a primeira vez na semana que subia até o jardim da cobertura. Elas tinham trabalhado muito e, em vários dias, iam do escritório direto para a cama e, depois, de volta para o escritório.

Trabalhar sem parar pelo menos a ajudou a amenizar a dor que sentira depois da conversa com Jake. Estava exausta demais para sentir qualquer coisa.

Paige caiu em uma das almofadas ao lado de Eva.

— Conta pra gente sobre o seu encontro.

— Não quero falar sobre isso. — Eva deu de ombros. — Foi ruim o suficiente ter que passar por aquela situação uma vez. Dispenso revivê-la de novo.

Frankie colocou cuidadosamente outra camada de terra no canteiro.

— Você não vai contar aonde foram?

Ela parou de falar quando Matt apareceu na cobertura com Jake logo atrás.

Eva e Frankie lançaram olhares preocupados na direção de Paige.

Ela contara às amigas sobre a conversa que aconteceu logo depois do beijo. Elas sabiam que Paige não via Jake desde aquele dia. Ele estava tentando evitá-la e, só de pensar nisso, um arrepio de vergonha percorreu a pele de Paige.

Por que Jake estava ali, naquele momento? E com Matt? Será que tinha medo de ter de enfrentá-la?

Frankie se levantou, protetora como um guarda-costas.

— Pensei que vocês iam jogar pôquer hoje à noite.

— Hoje era noite de bilhar, mas dois dos caras não apareceram. Pressões do mundo corporativo. Pensamos em subir aqui e beber nossa cerveja apreciando a vista. A não ser que a gente esteja atrapalhando.

Sim, pensou Paige desesperadamente, *vocês estão*. Estava cansada e ansiosa por uma noite relaxante com as amigas. Não precisava de Jake se intrometendo entre elas. Estar perto dele era qualquer coisa menos relaxante. Pela segunda vez na vida, havia se sentido humilhada. Nenhuma planta, nenhuma vela aromatizada, nenhuma bebida iria ajudá-la com isso.

Matt colocou a cerveja no chão de mármore azul.

— Será que nós estamos interrompendo uma reunião da Gênio Urbano?

— Não. Estamos ouvindo todos os detalhes picantes e íntimos da vida amorosa de Eva. — Paige torceu para que isso fosse suficiente para que os dois saíssem correndo escada abaixo.

Em vez disso, Matt se sentou. Como, tecnicamente, a varanda pertencia a ele, Paige não podia contestar seu direito de fazer isso.

— Você tem uma vida amorosa, Ev? Conte-nos sobre isso.

— Não vai demorar muito. Foi rápido. E nada muito picante. Não quero tocar nunca mais nesse assunto. Foi o pior encontro que tive na vida. — Eva desabou onde estava sentada. — Por favor, digam que não sou a única pessoa aqui que teve um encontro constrangedor. Paige? Faça eu me sentir melhor. Conta o incidente mais constrangedor que você já teve com um homem.

Havia um montão deles. E todos envolviam Jake.

Ele estava sentado à sombra num canto da cobertura e, ainda que seu rosto estivesse envolto em penumbra, Paige sabia que estava de olho nela.

Ela passara anos torcendo para que Jake a beijasse e, agora que o beijo havia rolado, queria que isso nunca tivesse ocorrido, pois cada mínimo detalhe intenso e erótico ficara impresso em sua mente.

— Conta do seu encontro, Ev. — Por sorte, Matt tirou Paige da fogueira.

— Ele me levou a um clube de luta. Eu *detesto* toda e qualquer forma de violência. — Eva cruzou as pernas. — Que tipo de pessoa acha que isso é um encontro ideal?

Paige lançou um olhar a Jake e desviou os olhos logo em seguida.

Uma parte dela estava incomodada. Por que ele a beijara? Se Jake queria distraí-la, podia ter usado outros métodos. Sabendo o que ela sentira a respeito dele no passado, devia mesmo ter usado um desses outros métodos, em vez de fazer algo tão, tão... *pessoal*.

O que ia acontecer com a relação deles? Como voltar no tempo e passar da intimidade à simples amizade? De algum modo, teria que se esquecer da sensação da boca dele na sua, do toque habilidoso das mãos nas coxas dela e da explosão intensa de calor.

Se os beijos eram sempre assim, era um milagre que metade das mulheres em Nova York não tenha pegado fogo.

— Encontro ideal? — Matt pareceu achar a pergunta engraçada. — Ei, Jake, qual é a sua ideia de encontro ideal?

— Uma noite de sexo incrível, espetacular, preferivelmente com trigêmeas suecas de passagem pela cidade por apenas uma noite.

Paige apertou a taça com mais força e Eva mudou rapidamente de assunto.

— Se você tivesse um encontro *comigo*, Matt, onde você me levaria? E, por favor, não diga que seria a um clube de luta.

— Eu nunca teria um encontro com você, Ev.

Ela ficou aborrecida.

— Por que não?

— Porque conheço você desde os 4 anos de idade.

— Você está dizendo que não sou bonita?

— Você é bonita. — A mão de Matt segurou a garrafa de cerveja com firmeza. — Mas seria como ter um encontro com a minha irmã.

— E quanto à Frankie?

Houve uma breve hesitação e então Matt levou a garrafa aos lábios.

— A mesma coisa.

Algo no tom de voz fez Paige pensar que não era nem um pouco a mesma coisa, mas não disse nada.

O amor da vida de Matt eram seus negócios, e ela já tinha problemas o bastante com o seu próprio.

Espantada, Eva lançou um olhar a Jake.

— Você não teria um encontro com nenhuma de nós, Jake?

— Claro que não — respondeu Matt com naturalidade. — Para começar, ele conhece vocês quase tão bem quanto eu, seria estranho. Além disso, tem também a questão de que eu acabaria com o couro dele se encostasse o dedo em alguma de vocês.

Paige parou de respirar.

Através da escuridão, seus olhos encontraram os de Jake, e ela sabia que ele não pensou nisso no momento em que colocou as mãos nela no elevador. E a boca também.

— Se nenhum de vocês teria um encontro com nenhuma de nós e se Jake conseguir escapar das trigêmeas suecas, nós poderíamos fazer um piquenique todos juntos no Central Park em um fim de semana desses. — Matt continuou falando sem perceber a tensão no ar. — Eva poderia preparar algo delicioso, poderíamos caminhar, alugar uns barquinhos, quem sabe, ouvir um jazz…

Frankie deu um sorriso rápido.

— Parece ótimo.

— Não posso. — O tom de voz de Jake ressoou baixo e Matt franziu a testa.

— Eu nem falei o dia, como você sabe que não pode?

— Tenho muitas coisas para fazer no momento.

Paige sentiu um rompante de tristeza.

Ela sabia exatamente por que Jake não poderia e isso a fazia se sentir mal, desesperada.

Foi ele quem a tinha beijado, não o contrário.

Foi ele quem havia criado aquela situação toda.

Uma vida inteira de encontros desconfortáveis passou diante de seus olhos.

Paige precisava encontrar outra pessoa. Precisava levar algum cara bonitão para aquela cobertura, rir e fazer brincadeiras com ele para que Jake visse como estava feliz.

Precisava parar de pensar em Jake.

Precisava parar de pensar naquele beijo.

A conversa continuou, conduzida principalmente por Frankie e Matt.

— Como foi o seu dia, Matt? Você não se reuniu com um cliente?

— Eu projetei um conjunto conceitual para um cara do Upper East Side que tem mais dinheiro do que bom gosto.

Frankie esfregou a terra dos dedos.

— Então você vai trabalhar pra ele?

— Ainda não decidi. A gente vai se reunir de novo amanhã. Visitamos alguns lugares juntos. Preciso passar um tempo com o cara e decidir se ele vai causar ou não muitos problemas.

Paige ficou pensando em como seria a sensação de poder recusar um negócio.

— Quando é que se chega ao ponto de sentir que é possível dizer "não"? Nem imagino esse dia chegando.

— Ele virá. Um dia, você vai olhar para sua agenda e vai perceber que está fazendo malabarismo, que não vai dar conta de tudo. Aí alguém vai pedir que você faça algo que não parece tão bom. Você vai perceber que sua reputação importa e que deseja que o seu trabalho tenha coerência. Você vai decidir não pegar trabalhos que entrem em conflito com isso.

Frankie olhou para ele.

— Você recusa projetos?

— Às vezes. Você começa a desenvolver uma sensibilidade para clientes que nunca ficam satisfeitos. Se vou passar mais tempo desfazendo algo do que fazendo, então não tenho interesse.

O celular de Paige tocou. Ela foi pegar a bolsa, mas quando achou o aparelho, a pessoa já tinha desistido.

— Não mostra o número, é restrito. — Ela conferiu as ligações perdidas. — Quem será...

O celular de Eva começou a tocar e ela atendeu.

— Alô? — Houve uma pausa. — Matilda? É você? Nós ligamos sem parar! Por que você não... — Eva parou de falar e ficou boquiaberta. — Você está de *brincadeira*!

— O quê? — Preocupada, Paige se sentou ao lado de Eva. — O que aconteceu? Por onde ela andou? Fala que a gente pode dar um emprego a ela. A gente vai dar um jeito. — Paige estava dividida entre o alívio por Matilda ter finalmente ligado e pela culpa de não ter conseguido evitar que Cynthia demitisse a amiga.

— Espera... shh, não consigo ouvir... — Eva virou levemente de lado e Frankie revirou os olhos.

— Tem dias em que quero matar a Eva, e você?

Paige queria saber sobre Matilda. *Ela estava bem?* Articulou as palavras sem emitir som, mas Eva balançou a cabeça e cobriu o outro ouvido para conseguir escutar a colega.

— Ouvimos dizer que Chase Adams insistiu para que você fosse demitida. — Ela parou de falar. — Ele *fez o quê?* Nossa. Que tipo de gente faz uma coisa dessas?

— O tipo que é babaca — murmurou Frankie. — Por que ela fica fazendo essas perguntas óbvias?

Jake ergueu as sobrancelhas.

— Ele é um homem de negócios astuto, não um babaca.

— Ele demitiu Matilda. Isso faz dele um babaca.

— Shh... — Eva gesticulou pedindo silêncio. — Fala tudo de novo, Matilda, desde a parte em que você deixou o celular cair na banheira...

Paige esboçou um meio sorriso. Aquilo era tão típico da Matilda.

Frankie parecia perplexa.

— Quem leva o celular para a banheira? E ela ainda se pergunta por que se envolve em tantos acidentes...

Paige estava observando Eva, que não dizia nada, apenas ouvia, até que lágrimas enormes surgiram em seus olhos.

— Matilda... — A voz dela estava abafada. — Eu... Eu não sei o que dizer. — As lágrimas escorriam pelas bochechas de Eva e Paige se sentiu mal.

Estava na cara que era muito pior do que ela imaginara.

Ela esticou a mão.

— Deixa eu falar com ela. Me passa o celular, Ev. — Paige estava determinada a resolver a situação. Ofereceria um emprego a Matilda, mesmo que isso significasse viver de sopa instantânea pelo resto da vida. — *Ev!*

— Espera! — Ainda ouvindo Matilda, Eva segurou o celular com uma das mãos enquanto secava o rosto com a outra. — Ótimo. Sim, é isso aí. Nós começamos nossa própria empresa. Gênio Urbano. Nós íamos oferecer um emprego a você... eu sei! Incrível. Então vamos nos ver. Vai ser estranho. Você ainda vai falar com a gente?

Frankie rosnou.

— Vai ser estranho quando eu arrancar esse celular da sua mão. E por que Matilda não falaria com a gente? Foi a Cynthia que a demitiu, não a gente.

Eva desligou.

— Nossa! Vocês acreditam nisso? Que incrível.

— Vou contar até três — disse Frankie gentilmente. — E então você vai morrer. Vou avisar só uma vez.

— Por que você desligou? — Paige estava frustrada. — Por que não disse que vamos lhe oferecer um emprego?

— Porque ela não precisa de emprego. — Eva parecia confusa. — Ela está bem.

— Matilda encontrou outro emprego? Como? Onde?

— Ela vai publicar um livro.

O ânimo de Paige se recuperou.

— Isso é ótimo! Estou tão feliz por ela. Mas não entendo como isso vai ser suficiente para ela sobreviver, pelo menos a longo prazo. Ela ainda vai precisar...

— Ela não precisa de nada. — Eva secou os olhos novamente. — Vocês sempre dão risada de mim, mas isso aqui é prova de que finais felizes podem acontecer na vida real tanto quanto em livros e filmes.

— Matilda fez um contrato com uma editora... ótimo, mas...

— Não é só isso. — Eva fungou. — É a coisa mais romântica que já ouvi na vida. Depois de ela derramar o champanhe, a Cynthia a mandou voltar para casa, lembram? Foi por isso que a gente não a encontrou. Então, ela entrou no elevador e adivinhem só quem estava dentro? Chase Adams. Mas ela não sabia quem ele era...

— Só a Matilda não reconheceria Chase Adams.

— Não terminei a história.

— Então termina, antes que a gente morra de velhice.

— Isso aqui é um conto de fadas da vida real. Não vou contar mais rápido. Matilda não sabia quem ele era, mas rolou uma química incrível entre os dois, então ela foi para casa com ele.

— Ela foi para casa com um cara que encontrou no elevador? — Frankie ficou estupefata. — Merda, ela é podre que nem vocês.

Por favor, diga que, em algum momento, ela descobriu quem o cara era e lhe deu um soco na cara.

— Eles se apaixonaram. — Os olhos de Eva se encheram de lágrimas de novo. — Desculpa, mas estou tão feliz. Isso é a prova de que, quando é a pessoa certa, não tem erro. Você não precisa passar anos ao lado dela para saber.

— O quê? Espera aí. — Paige estava confusa. — Você está dizendo que ela conheceu Chase Adams, se apaixonou e...

—... e agora eles vão viver felizes para sempre.

Frankie estava incrédula.

— Matilda sabe que foi ele quem pediu a Cynthia que a demitisse?

— Não foi isso o que aconteceu. — O sorriso sumiu do rosto de Eva. — Ele não estava nem aí para o champanhe derramado. Adams não disse ou fez nada... até Matilda contar a ele que Cynthia a tinha demitido. Então Chase acabou a parceria com a Estrela Eventos porque ela demitiu a Matilda.

Em silêncio de tão chocada, Paige absorveu a verdade.

— Então você está dizendo que Cynthia mentiu? De novo?

Matt e Jake se entreolharam.

— Nós dissemos que não era o tipo de coisa que Chase faria.

— Mas... por que Cynthia mentiria? — Paige não precisou ouvir a resposta. Já sabia por quê. — Porque ela não queria assumir a responsabilidade pela própria decisão. Porque é uma covarde.

— Então Chase, na verdade, é indiretamente responsável por perdermos nossos empregos. — Frankie deu uma risada breve. — Tem um certo equilíbrio nisso tudo. Muito provavelmente, nós deveríamos estar loucas da vida.

— Nós deveríamos estar felizes. — Paige se levantou. — Foi por termos perdido nossos empregos que fundamos a Gênio Urbano. E estou tão aliviada por Matilda. Por onde ela andou esse tempo todo?

— Ela andou enfiada na casa de praia do Chase nos Hamptons, fazendo sexo na praia até dizer "chega" e escrevendo seu livro. Matilda perdeu todos os contatos quando deixou o celular cair e, é claro, quando ligou para a Estrela Eventos para falar com a gente, ninguém passou nossos contatos pessoais. O Chase deu a ela um diamante gigante da Tifanny's. E nós vamos ver os dois em breve, porque eles virão para o evento de Jake.

Paige olhou para Jake.

— Você não me contou isso.

— Chase Adams estava na lista. Eu não sabia que ele tinha aceitado o convite e tampouco sabia dessa tal de Matilda.

Matt colocou a cerveja no chão.

— Você devia estar empolgada, Paige. Esse é seu primeiro grande evento.

Empolgada? Estava morrendo de medo. Só conseguia pensar que Jake estaria lá e que a situação toda seria bem constrangedora.

— É claro que ela está empolgada. Todas nós estamos! — Preenchendo o silêncio, Eva se pôs de pé num salto. — Vai ser incrível ver a Matilda de novo.

Era verdade. Percebendo que todos estavam olhando para ela, Paige balançou a cabeça.

— Vai mesmo.

Precisava seguir em frente e esquecer o que tinha acontecido.

Precisava pensar em Jake como cliente. E nada mais.

Ela seria profissional, amigável e eficiente.

E evitaria usar o elevador a todo custo.

Capítulo 11

Quando a vida lhe der limões, peça o endereço para devolvê-los.

— Eva

PAIGE CIRCULOU PELA COBERTURA EM Lower Manhattan, conferindo cada detalhe.

Era difícil acreditar que semanas e mais semanas de trabalho estavam prestes a se tornar realidade.

O som de martelos e gritos ecoava pela cobertura enquanto a equipe que Frankie tinha contratado dava os últimos retoques nos expositores e testava as luzes. Os profissionais haviam ficado ali até de madrugada na noite anterior e lá estavam eles de novo até o começo da noite. Frankie, vestindo calça jeans e com o cabelo ruivo preso em um despretensioso rabo de cavalo, parecia uma guerreira em combate, dando ordens sobre os procedimentos. Ela havia reservado uma área de trabalho onde eles podiam desamarrar os ramalhetes de flores e arrumá-los.

Paige tinha que admitir que o que haviam projetado juntas era impressionante.

Do outro lado da cobertura, Eva ia para lá e para cá enquanto coordenava os detalhes finais entre o salão e a Comidas Deliciosas.

Os elevadores tinham sido transformados em cápsulas futuristas, prontos para transportar os convidados a uma nova era cibernética. De lá, seriam conduzidos através de dois "túneis" inteligentemente criados que levariam até o terraço, onde o mundo se abriria a eles, simbolizando a tecnologia cibernética.

Não havia um único imprevisto que Paige não tivesse considerado. Ela tinha dois planos contingenciais para cada item da festa e estava convencida de que não havia nada que pudesse dar errado e de que não daria conta.

Jake disse que não era possível controlar as coisas, mas isso ela podia controlar.

E não tinha apenas um plano A. Ela tinha também um B e um C.

A previsão do tempo era de chuva, mas todos os sinais indicavam que só começaria depois do fim do evento. Se chegasse mais cedo, então Paige também estaria pronta. A porta de vidro seria fechada e os convidados ficariam na área interna.

— Nunca mais vou fazer canapés temáticos de sistema binário na vida — resmungou Eva, juntando-se a Paige. — Vou sonhar com uns e zeros hoje à noite.

— Eles estão incríveis. Você foi tão sagaz, Ev.

Com o olhar cansado, Frankie se juntou às duas.

— Eu subi naquele andaime tantas vezes nos últimos dois dias que meu peitoral deve ter bombado.

— Está tudo ótimo. Agora, só precisamos dos convidados. — Paige se aproximou de Frankie e limpou uma mancha de terra em seu rosto. — Acho que é melhor você ir se trocar, pois a equipe da Gênio Urbano está meio, hum, urbana demais. Precisamos dar a impressão de que não fizemos esforço nenhum. Como se tivéssemos preparado tudo enquanto lixávamos as unhas.

O estômago de Paige estava se revirando de nervosismo quando as três escaparam para a sala particular que haviam reservado como camarim.

Eva e Paige vestiram a mesma saia curta preta com salto, mas Frankie, que odiava usar saia, optou por uma calça preta de alfaiataria. Cada uma colocou uma camisa de cor diferente com o logo da Gênio Urbano no bolso da frente.

Paige estava de preto; Eva, de azul-marinho; e Frankie, de verde-escuro. A cor de sua roupa complementava a chama intensa de seu cabelo.

Paige olhou para as amigas e seus olhos se encheram de lágrimas.

— Estou tão orgulhosa de vocês. De *nós*. Conseguem acreditar que estamos fazendo isso juntas? É o *nosso* negócio. Batalhamos tanto. Vamos fazer dessa empresa um enorme sucesso. Obrigada por assumirem o risco e aceitarem.

Frankie enrubesceu.

— Aceitamos porque confiamos em você. Não conheço ninguém tão motivada e focada. Ou tão determinada. Se havia uma pessoa que descobriria um jeito de fazer isso acontecer, era você.

— Você confia em mim porque sou sua amiga.

— Você é mais do que uma amiga. Você, Eva e Matt… até o Jake. Vocês são minha família. A família que eu queria ter.

Era um discurso excepcionalmente emotivo para Frankie. Eva se aproximou, pegou a mão da amiga e depois a de Paige.

— Vai ser incrível. Vamos matá-los do coração.

— Espero que isso seja uma figura de linguagem — disse Frankie —, pois não queremos ser processadas por homicídio em nosso primeiro evento. — Mas apertou firme a mão de Eva antes de sair pela porta.

Paige ficou imaginando se era a única com os joelhos bambos.

Não sabia bem se estava mais nervosa pela Gênio Urbano ou se porque Jake estaria lá.

Ela queria tanto que tudo transcorresse perfeitamente.

No momento em que passaram pela porta, as três fizeram ajustes de última hora. Os convidados foram chegando aos poucos, até que o fluxo aumentou e a cobertura logo havia sido tomada por risadas, conversas e exclamações impressionadas, conforme as cabeças se inclinavam em direção às luzes e aos arranjos florais. Os lábios se movimentavam em conversas e as mãos se ocupavam das comidas.

A área interativa, onde as pessoas podiam testar os novos dispositivos eletrônicos, fez o maior sucesso, com pequenas multidões formando filas.

Paige conferiu como tudo estava mais de uma vez.

Tinha se esquecido de quanto amava essa parte. No momento em que tudo estava pronto, todo o trabalho, as discussões e o nervosismo ficavam para trás. Agora era a hora de checar os detalhes, de dar pequenos retoques. Ela adorava circular pelo evento: ver os sorrisos, as conversas, flagrar problemas antes que acontecessem.

Paige adorava o barulho e a responsabilidade.

E, dessa vez, a responsabilidade era toda dela.

Era uma sensação surpreendentemente agradável.

Ela viu quando uma convidada quebrou o salto e então ofereceu um par de sapatos extra que elas tinham reservado em seu "kit de emergência". Pretinho básico e salto médio: um substituto perfeito. Quando um convidado teve um acidente envolvendo vinho tinto e sua acompanhante, ela prontamente lidou com a situação. Nos bastidores, separara curativos, gravatas extras, camisas brancas de diferentes tamanhos e seu celular, com todos os contatos que pudesse precisar para resolver qualquer tipo de problema. Poderia chamar um táxi, um médico ou uma lavanderia se precisasse, mas, até aquele momento, tudo estava transcorrendo tranquilamente.

O tempo ainda estava bom e uma brisa leve de verão refrescava a cobertura depois de um dia de sol escaldante. À distância, algumas nuvens carregadas haviam se juntado, mas ainda estavam longe demais para que Paige tivesse que se preocupar.

A pista de dança era um emaranhado de cores. Prata, vermelho e azul brilhavam por sobre os smokings e as camisas brancas.

Avistou Jake no centro de tudo, conversando com cada convidado que chegava.

Ele não precisava sair do lugar, pensou Paige. Todos iam até ele.

Mas Jake se movia, sim. Circulava pelo local, fazia contatos e, de tempos em tempos, levava alguém para conversar com ela. As pessoas que ele apresentava pareciam animadas e faziam vários elogios.

Ficou claro que, depois daquela noite, a Gênio Urbano ia ficar bem ocupada. Paige foi consultada sobre todo tipo de evento, de lançamentos de produtos a aniversários, *bar mitzvahs* e chás de bebê.

— Gênio Urbano. — Um homem alto e com o rosto severo estudou a inscrição no bolso da camisa dela e balançou a cabeça.

— O Jake me disse que vocês são a empresa de eventos mais requisitada em Manhattan. Você tem um cartão de visitas?

Paige entregou-lhe o cartão.

— Paige — sussurrou Eva ao ouvido da amiga —, dá uma olhada ali. Perto da fonte. É a Matilda. Ela está *incrível*.

Paige olhou e viu Matilda, alta e longilínea, de mãos dadas com um homem alto e de ombros largos.

— Ele a ama. — O coração de Paige acelerou. — Dá para ver só pelo jeito como olha para ela.

Eva suspirou.

— Eu quero isso algum dia. Não vou aceitar nada menos do que isso.

— Então é bom você se preparar para ficar solteira — retrucou Frankie, enquanto acenava para Matilda e sumia na multidão.

Eva olhou exasperada para o rosto da amiga.

— O que há de *errado* com a Frankie? Ela não consegue ver um final feliz nem mesmo quando está bem diante dela.

Paige pensou na mãe da amiga.

— Acho que se você nunca viu um final feliz de perto, é difícil acreditar que existam de verdade.

— Bem, ela está vendo um agora. Ah, não! Crise de alimentos à vista. Depois falo com a Matilda. — Eva se afastou e Paige atravessou o terraço para cumprimentar a colega.

Ficou pensando em quanto a vida delas havia mudado desde a última vez que tinham se visto.

No começo, Chase Adams foi frio e um pouco intimidador, mas ficou mais tranquilo assim que Matilda os apresentou.

— A Matilda fala muito bem de você. — Apertou a mão de Paige. — Ela adorava trabalhar com você.

Paige sentiu o rosto ficar vermelho.

— Obrigada.

— É ótimo te ver. — Matilda abraçou Paige com força, chocando sua taça de champanhe contra a fonte no caminho.

Chase a socorreu sem dizer uma palavra.

— Sei que sou responsável por vocês terem perdido o emprego. — Ele tirou a taça do alcance da noiva. — Não vou pedir desculpas por ter acabado o contrato com a Estrela Eventos, pois a forma como trataram Matilda foi inaceitável, mas sinto muito pelos efeitos colaterais. — Seu olhar era franco e Paige balançou a cabeça, admirando a honestidade de Chase.

— Você nos fez um favor. Foi por sua causa que entramos nessa. E tem razão sobre o que aconteceu com Matilda. Foi inaceitável. — Lembrar-se de tudo ainda a horrorizava, mesmo estando fora de seu controle mudar o que havia acontecido. — Tentei falar com ela naquela noite e…

— Eu sei. — Chase sorriu e isso o fez parecer infinitamente mais acessível. — Ela me contou tudo. E sobre a Gênio Urbano. Como é que vão as coisas? O mercado anda meio difícil.

Paige decidiu que honestidade merecia honestidade.

— O começo está sendo devagar, mas estamos torcendo para que depois de hoje à noite as coisas engatem.

Matilda cutucou a mão dele.

— Chase...

Ele se virou para ela.

— Oi, querida...

— Você faria uma coisa para mim?

— Você sabe que sim. — A voz dele soou delicada e íntima. — É só pedir.

— Você pode dizer para todos os seus amigos contratarem a Gênio Urbano? Elas são brilhantes.

Paige se perguntou como um homem como Chase reagiria a alguém dizendo a ele como agir e o que fazer, mas, para sua surpresa, ele ficou contente.

— É claro. Eu já ia fazer isso.

Chase se virou de novo para Paige com um olhar afiado e perscrutador.

— Você dá conta dos serviços se surgirem muitas demandas?

— Sim. — Paige não hesitou. — Estamos montando uma lista dos nossos fornecedores e colaboradores preferidos. Damos conta de qualquer serviço.

— Ótimo. Nesse caso, então, garanto que vocês vão ter muito trabalho.

Matilda o abraçou impulsivamente.

— Você é o melhor.

Ele beijou-a na testa.

— Quer mais champanhe?

— Eu tinha uma taça cheia nas mãos agora há pouco. Não faço ideia do que aconteceu com ela... — Confusa, Matilda olhou em volta e Chase deu risada.

— Caiu na fonte. Está tudo bem. Jake Romano pode arcar com o custo de perder um pouquinho de champanhe. E, falando no Jake, preciso apresentá-lo a você. Foi um prazer conhecê-la. — Ele acenou para Paige com a cabeça. — Se precisar de qualquer coisa, é só me ligar.

Ele e Matilda se afastaram e, momentos depois, Eva e Frankie se juntaram a Paige.

— E aí? — O tom de Frankie soou incisivo. — Ele é bom o suficiente para ela?

Sentindo uma pontada de inveja, Paige olhou para as duas.

— É, sim.

— Isso é o que eu chamo de amor — disse Eva, sonhadora.

— Frankie, como é que esse iceberg dentro do seu peito que você chama coração não derrete?

— Não quero que ele derreta. Só acho que é melhor o Chase não dar mancada com a Matilda.

Eva olhou exasperada para a amiga.

— Chase não vai dar mancada. Você viu como ele olhava para ela? E a tranquilidade com que resgatou a taça de champanhe? Ele a adora. Dispensou a Estrela Eventos pela forma como trataram a Matilda. O que mais um cara precisa fazer para você se convencer? Eu já estou morrendo de amores.

— Você morre de amores por todo mundo — disse Frankie, mas sua voz pareceu mais suave do que o normal. — Sim, está bem, eu admito que eles são fofos. E adorei saber que ele gosta do jeito estabanado da Matilda.

— E agora ela pode colocar salto alto, porque Chase é mais alto. Estou tão empolgada por ela ter voltado a Nova York. — Eva saiu dançando pelo terraço e Frankie a olhou, admirada.

— A Eva acha que a vida é um conto de fadas.

— Não, não acha. — Paige ficou observando enquanto Eva circulava pelo salão servindo comida e distribuindo sorrisos na mesma proporção. — Ela sabe como aproveitar ao máximo cada momento. Acredita no amor. Sabe que coisas ruins acontecem. A Eva ficou arrasada quando a avó morreu, mas mesmo assim se levantou da cama todos os dias e foi para o trabalho. E mesmo quando está para baixo, ainda tenta ver o que há de bom em cada dia. É verdade que é sonhadora, mas também é absolutamente leal, e sua lealdade é verdadeira. Quando Eva ama, ela ama para sempre. Acho que isso faz de nós pessoas de sorte.

Frankie ficou comovida.

— Acho que sim. Acredito em amor de amiga.

— Eu também. As amizades são o que há de melhor. Obrigada. — Por impulso, Paige abraçou Frankie. — Obrigada por entrar nessa comigo, por assumir o risco. Sei como isso tudo foi arriscado para você. Eu te amo.

— Ei, já está bom, pode parar. — A voz de Frankie saiu ríspida, mas ela retribuiu o abraço apertado antes de recuar. — Não vai ficar toda emotiva você também. Lidar com a Eva já é o suficiente. Os convidados estão indo embora. Vou fazer o trabalho de despedida. "Adeus" é minha palavra predileta depois de uma noite longa.

Paige ficou imóvel por um instante, refletindo sobre quão imprevisível era a vida.

Quem seria capaz de imaginar que ser demitida seria a melhor coisa que poderia acontecer com Matilda?

Quem teria imaginado que ela, Eva e Frankie, ao perderem o emprego, se sairiam tão bem?

A Gênio Urbano existia somente porque a vida tinha dado uma reviravolta em seu caminho.

A mudança a havia pressionado, mas acabou provando ser algo bom.

Em vez de lutar contra a mudança, Paige deveria abraçá-la.

Não foi o que Jake disse?

Às vezes, você tem que deixar a vida acontecer.

Talvez devesse tentar isso mais vezes.

Precisava encontrar um tempo para sair com outros homens e torcer para um dia encontrar alguém que a fizesse ficar do jeito que Matilda ficava quando sorria para Chase.

E um dia, talvez, ela olharia para trás e perceberia que *não* ter ficado com Jake tinha sido a melhor coisa que podia ter acontecido, pois se tivesse ficado, não teria conhecido o…

Quem?

Será que algum dia conheceria alguém que a fizesse sentir o que Jake lhe proporcionou?

Paige permaneceu imóvel, apoiada à grade da varanda, olhando para a cidade que tanto amava.

As luzes de Manhattan cintilavam como milhões de estrelas contra o céu da meia-noite e, agora, finalmente, enquanto os últimos convidados se dirigiam aos elevadores, ela se permitiu aproveitar o momento.

— Acho que chegou a hora de relaxar e comemorar. — A voz de Jake ecoou às suas costas. Paige se virou e o viu segurando duas taças de champanhe. Ele lhe entregou uma. — À Gênio Urbano.

— Eu não bebo em serviço. — E enquanto Jake estivesse presente, com certeza ainda era trabalho.

Ela não ia abaixar a guarda uma segunda vez.

— Os convidados já foram. Você não está mais trabalhando. Sua parte está feita.

— Só depois que a limpeza tiver terminado. — E o dia seguinte seria a continuação. Elas discutiriam sobre o que poderia ter sido feito diferente. Destacariam cada parte do evento e fariam uma análise. Quando tivessem terminado a reunião, teriam encontrado todos os pontos fracos que precisariam aprimorar.

— Não acredito que uma taça de champanhe possa prejudicar sua capacidade de supervisionar. Parabéns. — Ele tocou a taça contra a dela. — Foi espetacular. Algum novo negócio à vista?

— Vários. O primeiro vai ser um chá de bebê na semana que vem. Não tem muita coisa para preparar, mas é um bom evento.

Jake estranhou.

— Um chá de bebê é bom?

— Sim, em parte porque a moça que vai promovê-lo para a amiga é CEO de uma importadora de moda. Todos os negócios são bons.

— Chase Adams ficou impressionado. Amanhã vai correr de boca em boca que a Gênio Urbano é a melhor empresa de eventos e concierge em Manhattan. Prepare-se para ficar ocupada.

— Estou preparada.

Seu elogio a reconfortou. Paige ficou eufórica.

Jake se colocou ao lado dela, e o roçar da manga de sua camisa contra o braço nu de Paige a fez arrepiar.

Seus olhares se cruzaram rapidamente e Paige pensou ter visto um brilho arder dentro dos olhos dele. Mas então Jake desviou o olhar, assim como ela, com o rosto em brasa.

Paige estava fazendo aquilo de novo, imaginando coisas.

E aquilo tinha que parar.

Aquilo tinha que parar imediatamente.

Chega de ficar constrangida. Chega de deixá-lo constrangido.

Paige virou a cabeça para Jake, mas ele estava olhando para a frente. Seu belo rosto estava inexpressivo.

— Obrigada — disse.

— Pelo quê?

— Por nos pedir para fazer a festa. Por nos dar liberdade total e verba ilimitada. Por confiar na gente. Por convidar gente influente e com poder de decisão. Por fazer a Gênio Urbano acontecer. — Ela percebeu quanto devia a Jake. — Eu odeio aceitar ajuda...

— Eu sei, mas não foi o que aconteceu. Você fez tudo sozinha, Paige.

— Mas eu não teria sido capaz sem você. Sou grata. Se não tivesse sugerido e me pressionado naquela noite na varanda, eu não teria tomado a decisão. — Respirou fundo. Agora era um bom momento para dizer tudo o que precisava ser dito. E se dissesse em voz alta, talvez fosse bom para os dois. — Tem outra coisa... — Ela viu Jake ficar tenso e sentiu a pontada de culpa que ele sentia por precisar ficar na defensiva. Aquela era, definitivamente, a hora de aliviar o clima. — Eu te devo um pedido de desculpas.

— Pelo quê?

— Por ter entendido tudo errado naquela noite e deixar a situação desconfortável entre nós dois. Eu estava... — Tentando encontrar as palavras certas, Paige hesitou. — Acho que você pode dizer que eu estava agindo que nem a Eva. Buscando algo que não existia. Eu estava prestes a entrar em pânico e você me distraiu. Entendo tudo agora. Não quero que você sinta que precisa me evitar ou que deva ser cauteloso perto de mim. Eu...

— Não faça isso. Não peça desculpas. — Jake agarrou as grades do parapeito e Paige viu que seus dedos ficaram brancos.

— Eu queria passar tudo a limpo, só isso. Foi apenas um beijo. Não significou mais nada. Eram só duas pessoas presas em um elevador e uma delas se sentiu vulnerável. — *Cala a boca agora, Paige.* — Sei que não faço o seu tipo e que você não tem esses sentimentos por mim. Sou como sua irmã mais nova. Eu entendo, então...

— Ah, pelo amor de... *sério?* — Jake a interrompeu com um leve grunhido e finalmente virou a cabeça para ela. — Depois do que aconteceu naquela noite, você realmente acha que te vejo como minha irmã mais nova? Você acha que eu poderia te beijar daquele jeito se visse as coisas dessa forma?

Com o coração batendo acelerado dentro do peito, Paige olhou fixamente para Jake.

— Eu pensei que... Você disse... Pensei que você me visse desse jeito.

— Sim, bem, eu tentei. — Jake deu uma risada sem nenhum traço de humor e tomou o champanhe com um único gole. — Deus é testemunha de que eu tentei. Fiz de tudo, menos pedir uma foto sua quando bebê ao Matt e pendurá-la na parede. Nada funcionou. E sabe por quê? Porque tenho sentimentos sim, e você não é nem nova, nem minha irmã.

Um choque percorreu o corpo de Paige como um raio.

Eles eram as duas últimas pessoas na cobertura. Havia apenas os dois e as luzes cintilantes de Manhattan. Altos, os prédios se projetavam em torno deles, envolvendo-os em uma escuridão íntima entremeada pelos brilhos e luzes.

As nuvens continuaram se acumulando, criando formas ameaçadoras no céu escuro.

A súbita passagem de um vento trouxe a promessa de chuva.

Paige não percebeu nada disso. O céu podia estar desabando que ela não teria percebido.

Sua boca estava tão seca que ela mal conseguia dar forma às palavras.

— Mas se você sente isso... se... alimenta sentimentos, por que fica dizendo que... — Confusa, gaguejava. — Por que nunca fez nada a respeito?

— Por que você acha? — Havia uma pontada amarga e cínica em seu tom que não se adequava àquela conversa. Nada parecia se adequar. Paige não conseguia pensar. Tudo nela parou de funcionar.

— Por causa do Matt?

— Em parte, sim. Ele ficaria furioso comigo e eu não o culparia por isso. — Jake baixou os olhos para as mãos como se elas não lhe pertencessem. Como se ele se preocupasse com o que elas eram capazes de fazer.

— Porque você não quer saber de namoro... ou de "complicações", como você diz.

— Exatamente.

— Mas sexo não precisa envolver namoro. Pode ser só sexo. Você mesmo disse.

— Não com você. — O tom dele soou rude e, em choque, Paige recuou um passo. Eles discutiam com frequência, trocavam farpas, mas nunca havia ouvido aquele tom mordaz na voz de Jake.

— Por quê? O que eu tenho de diferente?

— Não vou transar com você e ficar por isso mesmo, Paige. Isso não vai acontecer.

— Por causa da nossa amizade? Por que teme que a situação fique constrangedora?

— Sim, por isso também.

— Também? E o que mais? — Perplexa, Paige não desviou os olhos.

Ele permaneceu em silêncio.

— Jake? O que mais?

Ele praguejou baixinho.

— Porque eu me importo com você, Paige. Eu não quero te magoar. Seu coração já sofreu demais. Você não precisa passar por mais isso.

As primeiras gotas de chuva começaram a cair.

Paige sequer percebeu.

Sua cabeça girava com tantas perguntas. Onde? O quê? Por quê? *Quanto*?

— Então você.... espera... — Ela lutou para entender o que aquilo queria dizer. — Então você está dizendo que estava me protegendo? Não. Não dá pra acreditar. Você é a única pessoa *que não* me protege. Enquanto todo mundo me coloca debaixo da asa, você me joga como se eu fosse uma bola. — Ele não a protegia. Não ele. Não Jake.

Paige ficou esperando que ele concordasse, que confirmasse que não a protegia.

Jake permaneceu quieto.

A cabeça dela latejou. Levou os dedos à testa e a esfregou. A tempestade se aproximava... podia senti-la, e não apenas no céu sobre sua cabeça.

— Eu sei que você não me protege. — Ela tentou manter a concentração para analisar aquela informação e balançou a cabeça. — Naquela noite, no dia em que perdemos o emprego, o Matt foi todo simpático, mas você foi bruto. Eu estava prestes a chorar, mas você me deixou com tanta raiva e... — Entendendo tudo, lançou um olhar firme a Jake e sentiu a cor se esvair de seu rosto. — Você fez de propósito. Você me deixou com raiva de propósito.

— Você é mais eficiente quando está com raiva — disse ele categoricamente. — E, naquele momento, precisava ser eficiente.

Não havia como negar.

Jake a alfinetara. Ele a fizera agir.

— Você contesta todas as minhas ideias. — Paige se sentiu tonta. — Nós brigamos. O tempo todo. Se eu digo que algo é preto, você diz que é branco.

Jake permaneceu em silêncio, sem se dar ao trabalho de negar, e Paige balançou a cabeça sem acreditar.

— Você me deixa com raiva. Faz isso de propósito porque, se eu tiver raiva de você, então eu não... — *Ela tinha ficado às escuras esse tempo todo.* Paige respirou fundo, ajustando-se a essa nova imagem da relação deles. O barulho do primeiro trovão tomou conta do ar, mas o ignorou. — Há quanto tempo? Há quanto tempo, Jake?

— Há quanto tempo o quê? — Ele puxou a gravata-borboleta com um movimento impaciente e desviou os olhos. Parecia desejar estar em qualquer lugar menos ali, ao lado dela.

— Há quanto tempo você se importa comigo? Há quanto tempo me protege?

— Desde que eu entrei pela porta daquela porcaria de quarto de hospital e te vi na cama com uma camiseta do Snoopy e um sorriso enorme no rosto. Você parecia tão corajosa. A pessoa com medo mais corajosa que já vi na vida. E você se esforçava tanto para que ninguém percebesse. Eu sempre te protegi Paige. A não ser naquela noite, quando baixei a guarda.

Ele também a protegera naquela época. Cuidara dela no momento em que Paige tinha sentido tanto medo que não sabia o que fazer.

— Então achou que eu fingia ser corajosa, mas não forte. Não o bastante para dar conta da situação sem ser protegida. Eu não entendo. Pensei que você não tivesse interesse… que não quisesse nada e, agora, descubro… — Era uma luta processar tudo. — Então, esse tempo todo se preocupou mesmo comigo. Ainda se preocupa.

A chuva caía pra valer agora, suas gotas molhando o paletó dele e o cabelo dela.

— Paige…

— O beijo naquela noite…

— Foi um erro.

— Mas foi real. Não tinha nada a ver com meus sapatos ou com a cor do meu batom. Todos esses dias, meses, anos eu repito a mim mesma que você não sente nada. Todo esse tempo fiquei confusa tentando entender por que meus instintos estariam tão errados. Não entendia, mas agora entendo. Eles não estavam errados. Eu não estava errada.

— Talvez não.

— E por que você me fez achar que sim?

— Porque era mais fácil.

— Mais fácil do que o quê? Do que me contar a verdade? Entendi. A propósito, pensei que você já soubesse disso: não quero que ninguém me proteja. Quero viver a minha vida. Você é quem sempre fica me dizendo para assumir mais riscos.

— Sim, bem, isso prova que você nunca ouve as coisas que digo. É melhor a gente entrar, antes de pegar uma pneumonia. — Jake soltou a grade do parapeito e Paige segurou o braço dele.

— Eu vou entrar quando decidir que quero entrar. — A chuva começou a ensopar sua pele. — E agora, o que vai ser?

— Não vai ser nada. Sei que você não quer ser protegida, mas é difícil para mim, Paige, pois é isso o que tenho feito. Não sou o que você procura e nunca fui. Nós não queremos a mesma coisa. Tem um carro lá embaixo esperando para levar vocês três para casa. Entre nele. — Sem dar chance para ela responder, Jake caminhou em direção aos elevadores e deixou Paige ali, de pé, sozinha diante da silhueta brilhante da cidade, vendo todo o contorno de sua vida mudar. Mais um revés. Mais uma reviravolta. O inesperado.

Capítulo 12

A vida é curta demais para esperar que um homem tome a iniciativa.

— Paige

JAKE ARRANCOU O PALETÓ E jogou-o na cama.

Como foi que se meteu naquela conversa? *Como?* Ele baixou a guarda por um momento e Paige entrou com seus questionamentos e honestidade desconcertante.

Lá fora, um raio dividiu o céu noturno em dois, mas Jake não conseguia pensar em outra coisa além de Paige pedindo desculpas por ter "entendido errado" uma situação que ela tinha entendido perfeitamente.

Jake devia tê-la cortado na hora. Em vez disso, também despejou uma dose de honestidade. Honestidade demais.

Houve uma batida forte em sua porta e ele praguejou baixinho, sabendo que só podia significar uma coisa.

Com as desculpas na ponta da língua, escancarou a porta.

Paige estava diante dele com o cabelo preto encharcado pela chuva e o rímel escorrendo pelo rosto.

Dividido entre bater a porta na cara dela ou arrastá-la para dentro, Jake a olhou como quem olha uma droga que não deve tocar. Antes de conseguir se decidir, Paige passou por ele e entrou no apartamento.

Merda.

Com o cérebro e os reflexos funcionando em câmera lenta, ele trancou a porta.

Não sabia o que Paige tinha que o deixava tão ansioso, mas sabia que precisava que ela sumisse de seu apartamento.

Como não conseguiu, ele mesmo precisava sair do apartamento.

Estar no mesmo lugar que Paige não era nada bom.

Ainda mais quando estava tão bonita e soltando fogo pelas ventas daquele jeito. Só de ver o jeito como mexia o queixo e o azul tempestuoso de seus olhos, Jake sabia que ela estava fumegando de raiva.

Com esse humor, Paige era perigosa e capaz de fazer coisas de que se arrependeria mais tarde.

Ainda estava de salto alto e camisa da Gênio Urbano, o que dava a entender que tinha ido diretamente do evento para lá.

Ele devia ter passado três trancas na porta e colocado mil alarmes.

— Como você passou pelo porteiro?

— Sorri para ele.

Jake poderia demitir aquele cara, caso não admirasse o poder do sorriso de Paige.

E percebeu que ela não estava sorrindo agora.

— A noite está horrível. Você devia estar em casa.

— Há coisas que preciso dizer.

Jake sabia muito bem que não se tratava de nada que quisesse ouvir.

— Paige, já é tarde e...

— Desde quando isso incomoda você? Você não é de dormir tanto. Muito menos eu.

Naquele momento, ele queria ser qualquer coisa que a tirasse de seu apartamento.

— Você está molhada.

— Então estou melhor aqui dentro do que lá fora, na chuva.

— Paige jogou a bolsa na cadeira mais próxima e tirou os sapatos.

— Sabe o que me deixa louca da vida?

Jake abriu a boca para responder, mas percebeu que ela não estava esperando resposta.

Tratava-se de um monólogo e Paige esperava que Jake a ouvisse de boca fechada, por isso ele decidiu esperar a tempestade passar. A tempestade de dentro do apartamento, não a de fora. Ficou observando atenciosamente enquanto Paige caminhava até a parede de vidro com vista para o centro de Manhattan.

— Ser protegida. — Ela se virou. — Ser protegida me deixa louca da vida. Pensei que você soubesse disso.

As roupas molhadas dela estavam coladas a cada parte de seu corpo, e Jake ficou pensando em como seus pés descalços podiam ser tão mais sensuais do que aquele saltos finíssimos.

Ao fundo, através do vidro, ele viu um raio cortar o céu, banhando a cidade em um clarão luminoso e estranho.

Um clarão que espelhava o humor de Paige e a atmosfera eletrizante do apartamento.

— Passei a vida inteira sendo protegida. Na escola, durante as aulas de educação física, os professores sempre ficavam me perguntando como me sentia, se estava sem ar, se estava bem... — Ela começou a andar novamente. Seus pés não faziam nenhum barulho sobre o piso de madeira. — Eles tinham reuniões para falar de mim e, se entrasse algum professor novo, tinham que resumir o meu histórico. "Essa é a Paige... ela tem um problema no coração. Você tem que ficar de olho nela. Seja cuidadoso. Não deixe que faça muito esforço. Se houver algum problema, ligue para esse número." Eles eram cheios de regras e protocolos, sempre me vigiando, quando tudo o que eu queria era ser normal. Só queria fazer tudo o que as outras crianças faziam, me meter em encrenca e fazer bagunça, mas não podia. Meus pais estavam sempre preocupados e eu passava tempo demais protegendo eles, fingindo que estava bem. E depois vieram as semanas no hospital: enquanto todo mundo estava indo a festas, eu ganhava uma cicatriz no meio do peito. Não me sentia uma pessoa de verdade, mas sim uma cobaia na mão dos médicos. E o pior era não ter nenhum controle sobre nada daquilo.

Jake a observou em silêncio.

Imaginá-la com medo mexia muito com ele. Queria embrulhá-la em plástico bolha, como sua família fazia.

— Agora eu sou adulta e meus pais ainda se preocupam comigo. — Ela o olhou. — Escolhi protegê-los o máximo possível, pois sei que nunca vai importar quantos anos eu tenho, sempre vou ser a filhinha querida. Eu ligo para eles e digo que está tudo bem. Escondo coisas que poderiam deixá-los preocupados, pois já se preocuparam demais comigo nesta vida e agora merecem curtir o tempo deles juntos sem que eu esteja por perto para estragar tudo. Não preciso que me protejam. Quero viver a minha vida. — A forma como olhava para Jake lhe dizia que sua última declaração era endereçada a ele.

— Paige...

— Foi você quem me disse para abraçar os riscos. Não é você quem decide que riscos devo abraçar, Jake. Sou eu que decido.

— Você não devia estar aqui.

— Por que não? Pois posso me magoar? Magoar-se faz parte da vida. Não é possível viver por inteiro sem se magoar em algum momento. A gente tem que viver com coragem. Você me ensinou isso. Foi naquela noite em que entrou no meu quarto fingindo que era médico, carregando aquele presente para mim. Ou talvez tenha esquecido.

— Eu não esqueci. — Ele não havia esquecido nem um detalhe sequer.

— Você fez eu me sentir normal. Foi a primeira pessoa a não me tratar como se eu fosse me quebrar. Você me fez rir, me sentir bem. Eu só conseguia pensar em você, o que foi uma mudança bem-vinda depois de uma vida pensando apenas em hospitais, médicos e nessa porcaria de coração que tenho. Você fez eu me sentir uma pessoa de novo. — Paige emitiu um som que era algo entre uma risada e um soluço. — Você me fez ver a importância de viver o presente e não ficar me resguardando para o amanhã. Decidi que não queria me proteger como se fosse uma peça de porcelana que tiram do armário uma vez por ano.

Em silêncio, Jake ficou observando enquanto Paige caminhava de um lado para o outro e despejava tudo o que tinha a dizer. As emoções dela fluíam como a correnteza de um rio.

— Foi naquele momento que decidi que levaria a vida com coragem. Sabia que te amava e tinha certeza de que era recíproco. Por que mais você passaria tanto tempo no meu quarto no hospital conversando, me levando presentes e me fazendo rir? Depois que recebi alta, passei algumas noites no apartamento do Matt, pois o hospital queria que eu ficasse por perto caso houvesse alguma complicação. Você me visitou lá... está lembrado?

— Sim. — Havia um milhão de coisas que Jake poderia ter dito, mas essa foi a única palavra que saiu de sua boca.

— Meu primeiro ato de coragem, o primeiro salto que dei em minha nova vida, foi dizer a você como me sentia. Disse que te amava e me sentia tão segura do que estava dizendo que fiquei nua. Eu me ofereci e você me rejeitou... — A voz dela hesitou e Jake passou a mão na testa, dividido entre ir até Paige e se manter distante.

— Paige, por favor...

— Você não foi cruel... foi bondoso, mas, de alguma forma, isso tornou tudo mil vezes pior. Se humilhação matasse, eu teria morrido naquele dia. Não conseguia acreditar que tinha entendido tudo tão errado, que eu pudesse ter cometido um erro tão grande e constrangido tanto os dois. Nossa relação mudou depois disso, é claro. Algo se perdeu. Algo especial. E tantas vezes eu preferi não ter assumido aquele risco, pois perdi mais do que minha dignidade e meus sonhos; perdi um amigo. — O olhar de Paige se fixou no dele e o brilho em seus olhos torturou Jake tanto quanto suas palavras.

— Eu não...

— Nós começamos a brigar, algo que nunca fazíamos. Havia dias em que eu tinha a impressão de que você estava tentando me tirar do sério e eu não entendia por quê. Teria sido mais fácil, talvez, se você não fosse o amigo mais próximo do meu irmão, porque assim teria saído da minha vida, mas você sempre estava por perto, como um lembrete constante do que acontece quando a gente se arrisca no amor e as coisas dão errado. A única coisa boa era que você não me protegia. Ou pelo menos eu pensava que não. Você diz que sou a pessoa mais corajosa que conhece, mas ainda insiste em me proteger.

Com a respiração curta, Paige fez uma pausa.

— Vou fazer uma pergunta e quero que você seja honesto. Naquela época, no hospital, quando a gente passava noites e mais noites conversando, você sentia algo, né? Passei anos pensando que tinha sido coisa da minha cabeça idiota de adolescente, mas você alimentava sentimentos. Eu não estava errada.

— Eu não entendo por que...

— Me diz!

Jake pensava que a noite não poderia ficar pior, mas era o que estava acontecendo.

— É melhor você ir embora agora, Paige. Não devia estar aqui. A gente não devia estar tendo esta conversa.

— Eu decido onde vou e o que digo e a gente devia ter tido essa conversa há muito tempo. Ela teria acontecido, se você não tivesse dado uma de superprotetor. Pois é isso o que você fez, não foi?

— Você era adolescente.

— Mas não sou agora. Nós desperdiçamos um tempão, Jake. — Com os olhos cheios de segundas intenções e o dedo no botão da camisa, Paige caminhou na direção dele.

Puta merda.

— O que é isso? É dia de transar com um amigo? — Jake tentou chocá-la ao recuar, mas Paige não desistiu da investida.

— Talvez seja.

— Não é uma boa ideia.

— É uma ótima ideia. Parei de assumir riscos no dia em que você me rejeitou, Jake. Não tinha percebido isso até recentemente, mas me resguardei desde então. Tive alguns namoros, mas nunca me entreguei completamente. Depois do que rolou com você, protegi a mim mesma.

— Isso me parece bom. — Jake umedeceu os lábios, desconcertado pelo fato de não querer pensar em Paige com outro homem.

— Não é bom. Não quero chegar ao fim da vida e dizer "pelo menos fui cautelosa". É assim que eu quero viver. Foi você quem me ensinou isso.

— Talvez devesse parar de me ouvir.

— Cheguei à mesma conclusão. É por isso que estou aqui agora.

— Agora que já disse o que veio dizer, pode ir embora.

— Neste momento, você está me protegendo ou protegendo a si mesmo? — Ela diminuiu a distância entre eles. — Pensei que você gostasse de assumir riscos.

Não com ela. Nunca com Paige.

Jake nunca se aproximou de alguém sem prever cada possível consequência. Uma das mulheres com quem teve um caso observou com muita sagacidade que ele tinha a mentalidade de um guarda-costas: sempre conferia onde ficavam as saídas quando entrava em uma sala. Jake era seu próprio guarda-costas. E todos os seus instintos estavam gritando que aquilo era um erro.

— Você não quer isso, Paige.

— Não venha dizer o que quero. Sei o que eu quero e acho que sei o que você quer também. A única pergunta é se você é homem o bastante para admitir isso. — Ela estava próxima de Jake e ergueu uma das mãos até o maxilar dele. — Você é?

— Não. Não sou homem o suficiente. — Jake rugiu essas palavras em meio a um surto de desejo. — Não quero você.

— Não? — Paige sorriu e deslizou uma de suas mãos por ele, traçando devagarzinho o contorno de sua firme e notável ereção. — Tem certeza?

Jake não conseguia dizer nada. Ele apertou forte o maxilar enquanto seus sentidos e seu corpo reagiam ao toque íntimo da mão de Paige.

Na ponta dos pés, a boca dela estava a um suspiro de distância da dele.

— Você não me beijou no elevador para me distrair. Você me beijou porque não conseguia tirar as mãos de mim. Porque perdeu o controle. Finalmente.

O prazer percorreu o corpo dele em traços de luz. Jake ardia de desejo.

— Talvez eu queira você. — Essa confissão veio de algum lugar profundo. — Mas não farei nada a respeito, Paige.

O sorriso dela se alargou.

— Então eu vou fazer. Fique à vontade para se juntar a mim quando quiser.

Tudo o que Jake queria era mantê-la feliz e a salvo, e sabia que isso não ia acontecer se Paige se enroscasse nele.

Já havia destroçado muitos corações no passado, mas se tinha um no qual nunca havia tocado, era o dela.

Uma relação com ele, qualquer que fosse, não era compatível com uma vida saudável.

Mergulhando no brilho sensual dos olhos dela, Jake tateou motivos, desculpas, qualquer coisa que a fizesse pensar duas vezes.

— O Matt...

— Eu amo meu irmão, mas não é da conta dele com quem eu faço sexo ou não. Isso não interessa a ninguém, só a mim. E a você, talvez. — Paige deslizou os dedos para os botões da camisa masculina e o puxou para mais perto. Mordiscou os lábios dele. Com o hálito quente e doce, atiçou a boca de Jake com a língua.

Ainda assim, ele se segurou, reprimiu o que sentia, mesmo que todo o seu corpo estivesse sendo compelido a consumar o seu desejo.

— Não quero magoá-la.

— Talvez eu te magoe. Mas, mesmo assim, sempre vai existir a possibilidade de nenhum de nós se magoar. É só sexo, Jake. Uma noite. Eu posso dar conta disso se você também der. Pare de pensar no assunto.

Ele sentiu Paige se aproximar, sentiu os seios macios roçarem contra o seu peitoral.

— Não posso transar com a irmã mais nova do meu melhor amigo.

— Como você sabe, se nunca tentou?

Uma vez ultrapassado esse limite, não haveria retorno.

Jake sabia que, independentemente do que acontecesse, nada mais seria igual. Haveria contratempos e complicações, e não somente entre os dois. Eles tinham que considerar o grupo de amigos em comum, mas nada disso parecia importar.

Jake não conseguia mais se lembrar por que estava se segurando. Devagar, abaixou a cabeça e seu olhar se fixou no dela.

O tempo parou em meio à química intensa e poderosa que tremulava entre os dois como uma chama.

Ele estava com um tesão absurdo, tão intenso que era difícil se concentrar em qualquer outra coisa.

— Acho que não consigo ficar esperando enquanto você briga contra a sua consciência. — Ela ficou na ponta dos pés e o beijou. O toque da boca de Paige enviou um onda eletrizante de prazer pelo corpo de Jake e derrubou as últimas barreiras de seu autocontrole. Com os sentidos tomados de desejo e puro tesão, a puxou para perto. As roupas molhadas de Paige estavam grudadas contra o seu corpo e moldavam suas curvas. Jake fechou as mãos contra o tecido aderente da saia, puxando-a para cima até que tivesse subido à altura das coxas, até que o tecido encharcado revelasse a pele molhada. O tesão ficou tão intenso que ele estava tentado a pular a parte em que a despia para tomá-la ali mesmo, contra a parede mais próxima.

Mas era a Paige.

Paige.

Para Jake, ela era incogitável como parceira havia tanto tempo que o instinto de protegê-la já estava enraizado. As mãos dele estavam ancoradas pelas contradições que rodopiavam em sua cabeça. Queria possuí-la imediatamente e também um tempo para pensar. Queria se esbaldar, mas também saborear cada instante. Queria arrancar as roupas dela, mas também despi-la vagarosamente. A única coisa que ficou clara era que a queria por completo. *Por completo.*

Sentiu as mãos dela em sua camisa, lidando com cada um dos botões com facilidade e desenvoltura enquanto o despia até a cintura. Paige puxou sua camisa e passou as mãos em seus ombros.

Jake fechou os olhos, sentindo o roçar das mãos contra a sua pele.

— Você é forte. — Ela sussurrou essas palavras e ele abriu a boca para retrucar, pois sabia que se fosse forte mesmo não estaria fazendo aquilo. Quando os dedos femininos se moveram mais para baixo, ele prendeu a respiração.

— Paige...

— A menos que você vá dizer que me deseja, cale a boca.

Jake sentiu o deslizar delicado e lento dos lábios dela percorrerem o seu maxilar e o pescoço. Paige foi descendo aos poucos. Cada toque sedutor fazia descargas de prazer cruzarem o corpo de Jake. Ela não tinha pressa, demorando-se e saboreando conforme descia cada vez mais baixo. E mais baixo.

Jake gemeu de necessidade, tão perdido nas sensações que Paige estava provocando em seu corpo que chegou a demorar um instante até perceber que ela havia aberto seu zíper.

Tentou falar, dizer a Paige que não podia fazer aquilo, mas ela o arrebatou com o calor delicioso de sua boca, e o gemido que emergiu da sua garganta bloqueou as palavras de Jake. Toda a sua habilidade de raciocinar se esvaiu: sua mente foi hipnotizada pelos movimentos generosos e habilidosos da língua dela. Era a experiência mais erótica e íntima de sua vida, e ele só a afastou quando percebeu que daquele jeito tudo ia acabar rápido demais.

Jake levantou Paige, retomando o controle da situação com um movimento único e decidido que a fez suspirar.

— Você não vai mudar de ideia, né?

— Parece que estou mudando de ideia? — Ele a envolveu com os braços e a puxou para si, dispersando qualquer sombra de dúvida. Os olhos de Paige eram enormes, de um azul brilhante sob a iluminação suave e um tanto escura de seu apartamento.

— Jake... — A urgência no tom de voz era tudo o que ele precisava ouvir.

Tocou o rosto dela, sentindo a suavidade da pele contra a sua palma e o toque sedoso do cabelo contra a ponta dos dedos.

— Paciência.

— Não tenho paciência. Não quero esperar.

— Vai ser melhor para nós dois. Confie em mim. — Ele sentiu Paige se estremecer de ansiedade e baixou a cabeça para beijá-la. Todos os motivos que tinha para não a tocar desapareceram. Colou os lábios aos dela enquanto deslizava as mãos pelo cabelo comprido, acariciando as mechas acetinadas e molhadas pela chuva. Seus pensamentos se ofuscaram, o mundo recuou e seus sentidos mergulharam em texturas e aromas. Chocolate meio amargo e suave, flores tropicais e chuva de verão.

Paige estremecia contra o corpo de Jake. Seus dedos percorriam o cabelo curto e seu beijo se fundia perfeitamente ao dele. Não havia estranheza. Nada atrapalhado. Era como se alguém tivesse coreografado cada movimento. Ele a puxou para mais perto. Jake sentiu as mãos de Paige deslizarem de sua cabeça para os ombros e em seguida sentiu a pressão firme de seus dedos, como se ela estivesse com medo de que ele fosse desaparecer se não o segurasse com força.

Afrouxando um pouco a pegada, Paige segurou a mão dele e a colocou em um dos seus seios. Jake sentiu o volume luxuriante do mamilo pressionando o fino tecido da camisa.

Manteve os olhos em Paige enquanto ela se despia, arrancando cada camada de roupa molhada até que não houvesse nada além de um ar fresco e um arrepio delicioso de expectativa entre os dois.

Um leve rubor surgiu nas bochechas dela.

Insegura, Paige levou a mão até o peito.

— A minha cicatriz te incomoda? Você está olhando.

— Estou olhando porque evitei por muito tempo e agora quero compensar. — Jake baixou a cabeça até a dela. — Você é linda, *tesoro*.

— Você falou italiano. Você nunca faz isso.

— Estou fazendo agora. — Ele a beijou. Delicadamente, primeiro nos ombros, depois no seio. Ouviu Paige gemer quando passou a língua pelo mamilo e sentiu os dedos dela deslizarem de novo em seu cabelo. Ele a abocanhou, provocando-a com lentos e longos movimentos de língua, saboreando a textura suave da pele cheirosa. A cabeça de Jake rodopiou com um desejo tão intenso que o fez perder o equilíbrio. Mas não bastava. Nada daquilo bastava. Jake queria mais. Queria tudo. Ele a queria por completo.

Paige emitiu um suspiro frágil e não havia mais por que se conter.

Suas bocas colidiram, sedentas de desejo.

Jake a pegou no colo e a carregou até o quarto, largando as roupas espalhadas pelo apartamento. Deitou-a delicadamente sobre a cama e se posicionou em cima dela, sentindo-a se curvar sobre ele.

Paige.

Enevoados de ansiedade, os olhos azuis se escureceram e ela envolveu o pescoço dele com os braços.

— Agora. Por favor.

— Daqui a pouco. — Jake foi beijando o corpo dela cada vez mais para baixo, demorando-se, saboreando, sugando-a até Paige se contorcer sob as mãos e a boca dele. Intenso e pulsante, o tesão percorria o corpo de Jake, mas ele se segurou, esperando enquanto sondava cada parte do corpo feminino. Ele afastou as pernas de Paige e, com a língua e sem pressa, foi lambendo a parte interna de sua coxa.

Impaciente, ela mexia o quadril, mas Jake a segurava enquanto brincava com seu corpo, enquanto descobria o que a deixava louca, o que arrancava um suspiro, o que a fazia gemer. Ele sorvia cada estremecimento e cada apelo, cada contorção e cada soluço, prolongando cada uma das reações.

Finalmente, quando Paige já estava implorando, e Jake não podia mais negar o prazer a si mesmo, ele se inclinou por cima dela e alcançou uma camisinha no criado-mudo.

Paige pegou o preservativo, atrapalhando-se com a pressa, até que Jake assumiu o controle da situação.

As bochechas de Paige ardiam como uma chama suave e seu cabelo escuro caía sobre o travesseiro. Ela se contorcia sem paciência.

— Olhe para mim. — Prestes a romper aquela última barreira de intimidade, Jake fez uma pausa, não porque estivesse inseguro do que fazia, mas porque queria aproveitar cada instante. Havia esperado aquela situação por tempo demais para acelerá-la.

Ele penetrou Paige delicadamente, mas ainda assim a ouviu segurar a respiração e sentiu a ponta de seus dedos se cravarem em seus bíceps.

Parou por um instante, forçando-se a ficar imóvel, e esperou até o corpo dela se acostumar ao seu. Era a coisa mais difícil que tinha feito na vida, mas Jake lembrou a si mesmo de que se tratava de Paige. *Paige.* Abaixou a cabeça para beijá-la de novo e sentiu-a relaxar. Só então foi mais fundo, entrando nela aos poucos, convencendo-a a aceitar cada vez mais dele até que, finalmente, estavam tão conectados que cada movimento do corpo feminino era transmitido ao dele.

Jake permaneceu imóvel por um instante, inalando o doce aroma que vinha de Paige e sentindo as mãos o acariciando.

O calor que sentia era incrível: uma conexão íntima e profundamente pessoal. Naquele momento, não havia barreiras entre eles e Jake sabia que Paige sentia o mesmo, pois ela acariciava-o fitando seus olhos, e suspirava o nome dele.

Jake vislumbrou o desejo nos olhos de Paige, e ao mesmo tempo viu confiança.

Paige confiava nele.

— Estou machucando você?

— Não! — Ela lhe roçou um beijo nos lábios. — É só que você é... bem, você sabe...

— Vou devagar.

E foi o que fez, mesmo que estivesse quase morrendo por causa daquilo.

Envolvido pelo suave deslizar do corpo dela, Jake começou a se mover, primeiro com delicadeza, com seu ritmo vagaroso criando um atrito delicioso que fez Paige soltar um gemido intenso.

Entrelaçou os dedos nos dela e levou a mão de Paige à cabeça, mantendo-a ali enquanto a beijava intensamente.

As coxas dela se abriram um pouco mais e o envolveram, levantando o quadril feminino para fazer Jake penetrar ainda mais fundo.

Ele soltou as mãos de Paige e imediatamente sentiu-a tocar seu corpo, os ombros primeiro, depois as costas e, então, mais para baixo, incitando-o.

Entre a névoa do desejo, a ouviu dizer seu nome repetidamente e aquela parte que o mantinha seguro, que o protegia de sentimentos que não queria experimentar, se desintegrou subitamente.

O toque, o sabor, o cheiro de Paige despedaçaram cada véu que ele havia colocado entre si mesmo e o mundo.

Então, exposto e vulnerável, Jake pressionou fundo e sentiu os primeiros espasmos do corpo feminino se refletirem em seu membro.

O orgasmo dela o envolveu, estimulando seu próprio gozo.

Enquanto tragava os gemidos de Paige com a boca, Jake soube que não importava o preço a pagar por aquele momento: teria valido a pena.

Capítulo 13

O amor é que nem chocolate: parece uma boa ideia na hora, mas você se arrepende depois.

— Frankie

— Eu pensei que você ia me matar. Se soubesse que ia ser tão bom, teria jogado minha ética e força de vontade pela janela há muito tempo. — Os olhos de Jake estavam fechados e Paige ficou aliviada por ele ser o primeiro a falar alguma coisa, porque não fazia ideia do que dizer depois do que tinha acabado de acontecer.

Como pensou que poderia ser só sexo?

Era muito mais do que apenas sexo. Toda a proximidade entre eles voltou e não somente por conta daquela nova situação física. Intimidade não se resumia a sexo, percebeu Paige. Era conhecer alguém. E Jake a conhecia.

Ele abriu os olhos e virou a cabeça para olhá-la. Sem dúvida, estava tentando entender o silêncio.

Provavelmente, ela deveria responder com algum comentário leve.

— A gente devia ter feito isso anos atrás. A culpa é sua. — Foi o melhor que Paige conseguiu dizer, mas deve ter sido suficiente, pois Jake retribuiu com aquele sorriso de canto de boca que sempre a balançava.

— Transar com a irmã adolescente e virgem do meu melhor amigo? Querida, risco é uma coisa, suicídio é outra bem diferente.

— Perdi minha virgindade quando eu tinha...

— Não quero saber. Eu teria matado o cara. — Jake fechou os olhos novamente. — Se tivesse ficado com você naquela época, eu não teria vivido para fazer isso agora, e pensa no que nós dois teríamos perdido.

Paige virou um pouco o corpo para poder admirar a vista. Manhattan inteira se esparramava diante deles.

Apesar de se conhecerem há tantos anos, quase nunca havia visitado o apartamento de Jake. A primeira vez foi com Matt, e a lembrança que tinha daquela visita era de ter ficado rondando a porta enquanto ele e Jake discutiam planos para a área externa.

Originalmente um armazém têxtil, o espaço foi transformado em vários lofts bem iluminados. Jake estava no andar de cima, com vista para o centro de Manhattan e para a Ponte do Brooklyn. A paisagem era linda de noite e estonteante de dia.

Naquele noite, estava próxima da perfeição.

Ou talvez Paige estivesse vendo as coisas de forma um pouco diferente. Deitada ali, na segurança dos braços de Jake, o mundo parecia um lugar mais gentil e bom.

— Nós perdemos muito tempo. E talvez eu tenha que te matar depois do que aconteceu.

— Desde que você faça lentamente e escolha um método que inclua sexo, por mim tudo bem. Faça o que quiser. Você tem suas malícias. Pode me acorrentar. Pode me torturar. Qualquer coisa seria boa, desde que você use sua boca maravilhosa como arma letal. — Jake deslizou a mão para trás da cabeça dela e a puxou para mais perto. — Meu novo hobby é tirar o batom da sua boca.

Ele estava tão próximo que ambos respiravam o mesmo ar, o que agradava Paige.

— Sou viciada em batom.

— Tirá-lo com a boca vai ser o meu vício. — Jake quase não se mexia, mas a sua boca tomou a dela em um beijo que emitiu ondas de desejo, fazendo a pele de Paige se arrepiar.

Sonhara com aquele dia havia tanto tempo que acreditava ter fantasiado a situação a um nível que não condizia com a realidade. Ainda assim, no final, tinha a impressão de que sua imaginação havia produzido apenas uma versão insípida da verdade.

É assim que são feitos os sonhos: sedimentados em esperança.

Ela sempre disse que queria viver no aqui e agora, e se tivesse que escolher um momento para perpetuar, seria aquele.

Eventualmente, depois de ter o interior revirado e devolvido a uma versão menos instável do que o original, Jake se voltou novamente a ela, fazendo-a retornar à realidade.

Ela se aconchegou mais perto.

— A vista do seu apartamento é incrível. Você devia vender ingressos para virem vê-la. Não sei como faz para convencer as mulheres a irem embora.

— É fácil. Não trago elas para cá.

Surpresa, Paige se virou para olhá-lo.

— Nunca? — Saboreou os traços perfeitos do perfil de Jake, admirando o declive de suas maçãs do rosto e o formato retilíneo de seu nariz.

— Você é a primeira mulher que trago para cá.

Um rompante de euforia deixou Paige tonta.

— Você não me trouxe para cá. Eu apareci na sua porta e entrei à força. — Ela deslizou o braço por cima de Jake, sentindo a aspereza dos pelos do peito roçarem contra a pele suave do seu antebraço. — Por que nunca traz elas pra cá?

— Porque sou como você: gosto de estar no controle. Gosto de poder ir embora quando achar melhor.

— Você está dizendo que eu estou no controle. — Com um movimento rápido e desenvolto, Paige subiu nele. Jake sorriu e a segurou pelos quadris, impedindo-a de se mover.

— Se essa é a sensação, não me incomoda você estar no controle.

A vista dele também era bonita de onde ela estava.

— E o que acontece? Você vai para a casa delas?

— Eu não sei. Não consigo me concentrar em mais nada com você em cima de mim.

Paige se inclinou para a frente, o bico de seus seios tocando o peitoral masculino.

— E agora? — murmurou contra a boca dele. — Agora você consegue se concentrar?

— Minha mente está em branco. — Jake colocou as mãos na nuca dela e pressionou a boca macia contra a sua. — E agora, você vai parar de falar?

— Vai depender se você responder ou não à minha pergunta.

Ele suspirou e a soltou.

— Às vezes a gente tem um encontro e eu as levo para casa. Não durmo com todas as mulheres que conheço, Paige.

— Eu imaginei que…

— Sim, bem, você imaginou errado. — A voz soou ríspida. — Um encontro não precisa terminar em sexo.

— De acordo com você, precisa, sim.

— Não deve acreditar em tudo o que eu digo.

— Se não é verdade, por que diz?

— Porque é divertido cortar a Eva. — Jake esboçou um sorriso que era típico dele. Aquele sorriso, pensou Paige consigo, era a razão para ele ter um fluxo interminável de mulheres fazendo fila para disputar sua atenção. Jake nunca tinha precisado fazer esforço para encontrar uma parceira. Elas estavam sempre ali, bem debaixo de seu nariz.

— Você é maldoso.

— Sim. Quer que mostre quão maldoso posso ser? — Com um movimento ágil, a passou para debaixo dele, deixando-a sem ar e esmagada com seu peso.

— Você acha que elas conseguem ver a gente lá do Brooklyn?

— Bem, nós, especificamente, não, mas o prédio sim. Eu cresci lá. — A boca percorria o pescoço de Paige. — Eu passava a maior parte do tempo olhando para cá e sonhando.

— Quando você vivia com a Maria?

— Não. Antes disso.

Paige passou a mão pelos músculos enrijecidos das costas de Jake.

— Você costumava me falar disso naquela época em que eu estava no hospital. Você se lembra?

— Sim. — Ele fez uma pausa. — Não sei por quê. Eu não falava disso com mais ninguém. Nem com o Matt.

Paige sentiu um calor lhe percorrer o corpo e puxou Jake para mais perto.

— Era por causa da cena toda. Aquelas máquinas apitando e os corredores inóspitos do hospital criam uma atmosfera íntima que faz as pessoas quererem revelar todos os seus segredos.

Jake deu um sorriso leve.

— Deve ter sido isso.

— Você era a única pessoa com quem eu podia ser honesta. Todo mundo fazia a maior cena na minha frente e eu fazia a maior cena na frente deles. Estava exausta daquela situação. Mas você… — Suavemente, passou os dedos pelas costas dele de novo. — Você me ouvia. Você se sentava ao pé da minha cama e me ouvia. Não acho que teria aguentado sem isso. — Paige sentiu os braços de Jake a apertarem com mais força.

— Sim, você teria aguentado. Você é forte como uma rocha.

— Você está me chamando de "dura".

— Não você inteira. Algumas partes suas são macias. — Com um sorriso leve nos lábios, Jake soltou Paige. — As partes importantes.

Ela sentiu o toque dos dedos sábios dele em sua coxa.

— Você é um malandro, Jake Romano.

— Eu sei. É por isso que fiquei longe de você. — A boca dele tomou a de Paige, enquanto sua mão realizava uma mágica que a fez estremer e gemer seu nome. Era como se tivesse roubado o mapa do corpo feminino e memorizado cada mínimo detalhe. Pontos de acesso, locais sensíveis... Jake conhecia cada conexão e usou seu conhecimento sem hesitar.

Paige estava exposta, vulnerável, e ele tirou total vantagem disso, explorando cada parte dela com uma paciência quase impiedosa, até o nível de excitação se tornar tão estratosfericamente alto que Paige ficou esperando que algum alarme soasse no apartamento ultratecnológico.

Jake à levou ao orgasmo, até que a única forma de conter os movimentos do quadril de Paige fosse segurando-a, até ficar febril e desesperada. Esperou até que a atenção dela se dirigisse a uma coisa apenas: a ele. Nesse ponto, então, Jake ajeitou Paige debaixo de seu corpo, imobilizando-a com seu peso. Agora, não podia perder tempo com ansiedade. Não havia momento para perguntar se ela daria conta dele. Não havia opção mais lenta, mais sutil, não havia tempo para mais nada a não ser os dois juntos. Ele a pressionou até o fundo, com o *timing* perfeito.

Jake a preencheu, embalando-a em um ritmo perfeito, até que uma onda de prazer invadiu os dois. Paige gemia com um orgasmo tão intenso e prolongado que o mundo inteiro parecia ter desaparecido. Sentia apenas o corpo dele. Sentia o forte calor do corpo masculino, o ofegar desigual de sua respiração e o estremecimento de seu próprio gozo.

Uma vez terminado, Paige permaneceu deitada imóvel e em choque, sem conseguir compreender como era capaz de responder daquela forma.

Jake a puxou em um gesto de posse, envolvendo-a em calor.

— Durma.

— Estou agitada demais para dormir. Como é que alguém consegue dormir com uma vista dessas diante dos olhos?

— Na sintonia de Manhattan. — Havia um sorriso na voz dele.

— Esta cidade tem muita coisa que nos tenta a ficar acordados.

Ele.

Ele era a razão para Paige querer ficar acordada. Não queria perder um segundo sequer ao lado de Jake. Não queria que amanhecesse, mas o dia logo chegaria e Paige sabia que tinha que ir embora antes que isso acontecesse.

Jake não convidava mulheres para seu apartamento, muito menos para ficar.

Paige não queria que ele se arrependesse do que tinha feito.

Forçando-se, ela saiu dos braços dele e deslizou para fora da cama.

Jake se virou e se apoiou sobre os cotovelos. Os músculos de seu braço estavam todos à mostra, enquanto a observava com um olhar sombrio e sonolento.

— Aonde você está indo?

Não era de surpreender que não levasse mulheres para lá, pensou Paige, pois que mulher em sã consciência iria querer ir embora com um homem como ele na cama?

— Para casa. — Considerando que, com aquelas pernas bambas, pudesse caminhar em linha reta. Paige se sentiu como um equilibrista na corda bamba, esforçando-se para dar cada um dos passos que a levaram para fora do quarto e em direção à sala, onde recolheu suas roupas. As peças estavam espalhadas pelo chão de madeira como uma rota, uma trilha do tesouro que a havia guiado da porta de entrada ao quarto.

— Obrigada pela noite deliciosa, Jake.

— Espera aí... merda... para! Você está indo embora? É de madrugada. — Ele deslizou para fora da cama e seguiu Paige, atravessando o apartamento com a graça de um gato selvagem. — Não pode ir embora agora. Volte para a cama. É uma ordem.

Jake tinha o corpo de um deus grego, músculos e masculinidade perfeitos, forte. Como poderia se concentrar com ele andando pelado daquele jeito?

Paige vestiu a saia e a camisa antes que pudesse mudar de ideia.

— Bota uma roupa, Jake. Deve ter alguma mulher no Brooklyn observando a gente com um telescópio.

— Telescópio? — Os olhos de Jake brilharam de humor malicioso. — Você acha que algo aqui precisa ser ampliado?

— Eu... — Paige se lembrou de como ele havia sido cuidadoso com ela, de como lhe dera tempo para se acomodar, e um calor lhe subiu às bochechas. — Volte para a cama.

Jake sorriu e ficou imóvel.

— Você fica fofa quando suas bochechas estão vermelhas.

— Você não é nada fofo. — A forma como Jake olhava-a fez Paige tropeçar nas palavras e nos sapatos. Ela o conhecia há anos, mas aquele era outro Jake. Um sonolento, sexy e perigoso. — Você é irritante.

— Confesse, o sexo foi incrível.

Ela prendeu o pé no sapato e tropeçou.

— Foi um pouco melhor do que a média.

— Querida, você ficou com tanto tesão que mal consegue andar.

— Que nada. Consigo andar direitinho.

Ele passou a mão pelo maxilar sem se importar em esconder o sorriso.

— Seria mais fácil se você colocasse o sapato no pé certo.

Paige olhou-o e chutou o sapato para fora do pé.

— Tenho certeza de que ninguém precisa de telescópio para ver o seu ego.

— Diga por que está indo embora, Cinderela.

O coração de Paige bateu forte no peito.

— São as regras.

— Não tem regra para o que acabamos de fazer. Foi apenas uma noite, nós sabemos disso. — E Paige precisava ir embora imediatamente, antes de questionar sua decisão. E antes de Jake refletir melhor sobre o que os dois tinham feito.

E também precisava ir embora antes de suas amigas no Brooklyn acordarem e perguntarem mil coisas constrangedoras, mesmo que já soubessem onde Paige passara a noite.

E ainda tinha o Matt. *Ah, meu Deus, o Matt.*

Como havia se esquecido do irmão?

— Não podemos contar para o Matt. — Havia urgência no tom de voz dela. — Ele não pode saber sobre hoje à noite.

O sorriso desapareceu do rosto de Jake e Paige percebeu que tampouco ele pensara no assunto.

— Seu irmão é meu melhor amigo. Não vou mentir pra ele.

— Sou sua amiga também e não estou te pedindo para mentir. Estou dizendo que não precisamos contar para ele.

Jake ficou em silêncio por um instante e Paige percebeu que uma batalha se travava dentro dele. Era visível pela forma como a boca e os ombros se estreitaram. Arrebatada de culpa, Paige permaneceu imóvel, ciente de que tinha sido ela quem tornara as coisas mais difíceis.

— Foi tudo culpa minha — suspirou.

— Sim, pois você me forçou. Não percebeu? — Jake tomou o rosto dela nas mãos e a beijou com carinho. — Por que você não quer contar para o seu irmão, querida?

Jake já tinha usado palavras carinhosas anteriormente, mas nunca com uma voz tão cheia de afeto.

— Você sabe por quê. Porque Matt é exageradamente protetor. Porque veria coisas demais nisso tudo. Criaria uma história. E, além disso, que diferença faz contar ou não? Foi uma noite de sexo e só. — Até dizer essas palavras em voz alta, Paige não tinha percebido quanto queria que Jake dissesse o contrário.

Não conseguia conceber que uma experiência que pareceu tão transformadora e perfeita pudesse se extinguir tão rapidamente, mas conhecia Jake. E, por causa disso, não se surpreendeu quando ele fez que sim com a cabeça.

— Está bem. Vamos fazer como você quer.

Ela não tinha direito de sentir aquela decepção esmagadora.

Paige sabia como Jake conduzia a própria vida e ela, melhor do que ninguém, sabia dos motivos.

A mãe o abandonara sozinho.

Era algo difícil de imaginar. Paige pensava na própria mãe, nas risadas e no amor que tinham compartilhado. Ela contava totalmente com os pais. Sim, havia momentos em que a deixavam louca por serem tão protetores, mas Paige também sabia quanto era uma garota de sorte. Nunca, nem mesmo uma vez, duvidou de que eles não estariam por perto para ajudá-la.

É verdade que Jake tinha Maria, mas ela nunca tinha sido capaz de desfazer o mal pelo qual ele passou.

E Paige se submeteu àquilo sabendo como as coisas eram e quais eram as regras.

Jake passou o polegar sobre o lábio inferior de Paige e se inclinou para beijá-la.

— Espera aí.

Ele voltou logo depois, de jeans e camiseta.

Paige olhou para ele, surpresa.

— Aonde você vai?

— Vou te levar em casa.

— Não preciso que me leve para casa. Não há expectativas, Jake. Nem responsabilidades ou comprometimento. Saio por aquela porta e ambos voltamos para o ponto em que estávamos, fazendo o que quisermos com quem quisermos.

Jake franziu a testa.

— O que você quer dizer com isso?

— Foi só uma noite. Eu te disse que saberia lidar com isso e vou lidar. Nós vamos retomar nossas vidas. Não precisamos ficar constrangidos. Você pode sair com quem quiser e eu também. Sem problemas.

Jake franziu a testa ainda mais.

— Você está saindo com alguém? Está de olho em alguém? — Mais frio, ele baixou o tom de voz e Paige ficou surpresa com a mudança, até perceber que Jake devia estar pensando que ela estava traindo alguém.

— Não! Não estou saindo com ninguém no momento. Você acha que eu teria feito o que fiz se estivesse? Estava falando hipoteticamente.

— Ah, está bem. — Jake parou de franzir a testa. O afeto voltou a seus olhos e a sua voz. — Coloque os sapatos. Vou te levar em casa. E não discuta comigo.

— Não vou discutir, desde que me leve de moto.

Ele disparou um olhar para ela.

— Paige…

— Nós dois sabemos que se você fosse ao Brooklyn a essa hora, iria de moto.

O sorriso de canto de boca dele voltou sedutor, derrubando as defesas de Paige.

— É assim que malandros como eu gostam de sair noite afora, mas isso não quer dizer que...

— Quero ir de moto. Sempre quis. — Pegou a bolsa. — E como você não me protege, sei que vai dizer "sim". Você tem um capacete extra?

Jake riu, desapareceu de novo e voltou com um casaco de couro macio e um par de botas.

— Você precisa vestir isto aqui. Se quer andar na minha moto, tem que vestir o que eu mandar. Sem negociação.

— Não vão servir em mim.

— Vão servir sim e antes de você sair fazendo um monte de perguntas, vou logo dizendo que eram de uma sobrinha da Maria que veio nos visitar da Sicília. Eu mostrei a cidade a ela.

Paige colocou a roupa e os dois caminharam até o elevador.

Jake segurou a mão dela.

— Você não quer descer de escada?

— Não. Eu subi de elevador e quero descer de elevador. Ele pifa de vez em quando?

— Nunca. — Jake ofereceu passagem a ela. — E se pifar, vou te distrair com sexo até consertarem.

— Acho que prefiro que ele emperre.

Jake apertou o botão no painel e puxou Paige contra si, beijando-a tão profundamente que ela não conseguiu entender se o frio que sentia na barriga vinha do elevador ou da habilidade da boca máscula.

Quando a porta se abriu, Jake a soltou relutantemente e a conduziu pela garagem subterrânea.

Paige observava cada movimento dele, desde a passada longa e calma, até o movimento fluido com o qual subiu na moto.

Ela se ajeitou atrás dele e quase não conseguia enxergar nada à frente, dada a largura dos ombros e das costas de Jake.

O motor ganhou vida com um ronco alto e Paige concluiu que havia algo erótico naquela moto. Ou talvez fosse o fato de Jake estar no comando. O poder bruto do homem na frente dela tornava qualquer meio de transporte atraente.

Deslizou os braços em volta dele e respirou fundo enquanto a moto, vibrando com a potência do motor, urrava noite adentro.

Jake conduziu com habilidade pelas ruelas, rumo a Lower Manhattan.

As pernas dela estavam apertadas contra as pernas musculosas dele; os braços fixos contra a rígida força masculina dele.

Paige inspirou aquilo tudo, o homem, o ar fresco da madrugada e os aromas de Nova York.

Em volta, as ruas começavam a ganhar vida. Havia luzes nas padarias e nuvens de vapor subiam dos exaustores dos prédios em volta, deixando o ar nebuloso.

Foram em direção à Ponte do Brooklyn, que ligava Lower Manhattan ao Brooklyn.

Paige virou a cabeça e viu o horizonte reluzir e cintilar como um cenário de filme.

Com certeza, nada se comparava à magia da Ponte do Brooklyn de noite.

Quantos casais apaixonados não tinham atravessado aquela ponte? Quantos pedidos de casamento e promessas não haviam sido feitos naquela incrível peça de engenharia erguida sobre as águas do East River?

Paige sentiu a brisa fresca correr rente a seu rosto, admirando o dia que raiava conforme a luz penetrava o céu escuro.

Era um momento perfeito.

Ela não tinha ideia do que ia acontecer e, naquele momento, pouco importava.

Aquele momento era seu e iria aproveitá-lo ao máximo. Saber que era passageiro somente o tornava mais precioso.

Paige deu um grito de alegria e sentiu a risada de Jake em resposta.

A moto percorreu as ruas do Brooklyn, deixando para trás os parques silenciosos e as ruas escuras, parando, finalmente, em frente ao prédio de pedras marrons que Paige dividia com as amigas e o irmão.

De volta ao lar.

Como a Cinderela depois do baile.

Desceu da moto e se pôs de pé, imóvel, na calçada, tragando fundo o aroma do verão, sentindo um nó no estômago. Quando tirou o capacete, um sorriso borbulhava em seu rosto como uma garrafa de champanhe recém-aberta.

— Isso foi realmente incrível.

— Como sou malandro, você ainda vai virar uma menina má.

— Jake pegou o capacete das mãos dela, roçando os dedos, e Paige engoliu em seco, pois era o fim e não sabia como terminar uma noite como a que tinham passado juntos.

Dizer "adeus" não parecia adequado.

— Devolvo a jaqueta quando vir você de novo.

Jake fez um aceno breve com a cabeça.

— Obrigado pela noite.

Por um instante, Paige pensou que ele estava agradecendo pelo sexo, mas então percebeu que ele estava agradecendo pelo evento.

Que parecia ter acontecido há um século.

A adrenalina e a emoção do evento ainda estavam ali, em algum lugar, mas naquele instante haviam sido ofuscadas pela euforia de estar com Jake.

— Fico muito feliz que tenha dado tudo certo. Eva, Frankie e eu vamos nos reunir amanhã e iremos enviar um relatório para você.

Era bem difícil agir e falar profissionalmente quando seu corpo ainda estava sensível da invasão íntima e profunda que Jake fizera na noite anterior.

Os olhares dos dois se encontraram e Paige soube que ele estava pensando o mesmo.

Parecia impossível que fosse só isso.

Ela queria que Jake dissesse algo. Alguma coisa pessoal. Mas ele não disse.

Lutando contra a própria decepção, estava prestes a se virar quando Jake deslizou a mão pela nuca dela e aproximou-se da boca de Paige.

O beijo era incandescente como uma amostra breve da chama em que os dois haviam queimado pouco antes. Paige ficou assustada, pois, se seu irmão ou suas amigas escolhessem aquele momento para olhar pela janela, ela e Jake não teriam mais nenhum segredo para guardar.

Aos poucos, ele afastou as bocas. E sorriu.

Esse gesto se impregnou em cada parte do corpo dela, amolecendo seus ossos.

Tonta, Paige se apoiou com a mão no braço de Jake.

— Por que fez isso?

— Porque eu quis. — Percorreu a bochecha dela com um dedo em um carinho demorado. — Paige Walker, prevejo que, de amanhã em diante, o seu celular vai tocar sem parar.

— Assim espero.

Forçando-se a se mexer, ela subiu as escadas até a porta de entrada. Depois de abri-la, Paige ouviu o ronco alto do motor da moto e permaneceu imóvel nos degraus do prédio por alguns segundos, observando e ouvindo o som ir diminuindo conforme Jake se afastava.

Isso é que é felicidade, pensou. Exatamente isso.

Capítulo 14

Se há algo na vida melhor do que uma amiga de verdade, são duas amigas de verdade.

— Eva

— Isso é um café da manhã de comemoração. — Eva colocou tigelas e colheres no centro da mesa. — Deu tudo certo! Todos disseram a mesma coisa. Pelo menos seis pessoas pediram meu cartão.

— O meu também. — Frankie fechou o livro que estava lendo e o colocou sobre a mesa. — Passe o iogurte, Ev. E já que está na geladeira, pega uma Coca Diet. Estou tão cansada que acho que vou me afogar nela.

Eva mergulhou dentro da geladeira e surgiu com frutinhas e iogurte. Ignorou as latas de refrigerante enfileiradas e disse:

— No fundo, você não quer uma Coca. Eu me recuso a dar veneno à minha melhor amiga. Um dia desses faço uma desintoxicação da sua geladeira.

Eva e Paige estavam na cozinha de Frankie, pois Eva tinha começado a preparar as refeições desde bem cedo naquela manhã e a cozinha estava coberta pelos resultados dos diversos experimentos culinários que havia feito.

A luz do sol entrava por entre as janelas e os potes com ervas arrumados em volta da porta que se abria diante de um pequeno jardim. Todas as superfícies do pequeno apartamento de Frankie estavam cobertas pelas plantas que cultivava. Em fileiras, povoavam o parapeito das janelas e repousavam sobre os balcões ao lado de plaquinhas preenchidas com a bela letra de Frankie.

— Se pelo menos metade dessas pessoas ligar, já ficaremos bem ocupadas. — Frankie se levantou e foi buscar um refrigerante, ignorando o olhar de reprovação de Eva. — E eu amo minha geladeira. A cozinha é minha, assim como o vício e a escolha. Você bebe café. Não tem diferença.

— Café é uma substância natural.

Ignorando-a, Frankie abriu a latinha e voltou a se sentar.

— Ainda não me recuperei do choque de ver Matilda com Chase Adams.

— Eles estavam perfeitos juntos. Cinderela e seu Príncipe. — Sonhadora, Eva foi pegar a comida e acabou deixando o livro de Frankie cair da mesa.

Frankie se inclinou para pegá-lo.

— Você nunca desiste, não é mesmo?

— Não. Meu verdadeiro amor está lá fora, em alguma parte. O de todas nós, aliás. Mesmo o seu e... *cacete*... — Eva arrancou o livro das mãos de Frankie e olhou para a foto na contracapa. — Esse cara é gostoso demais. Repare só nesses *olhos*. Quem é ele? É o herói de romance perfeito. Acho que estou apaixonada. — Virou o livro e o jogou. — Argh. Isso aí é sangue?

Com um suspiro, Frankie o pegou novamente.

— Não. É ketchup. O cara sofreu um acidente na cozinha.

— Não acho sarcasmo nem um pouco atraente. Não sei como você consegue ler esse tipo de coisa.

— Esse tipo de coisa se chama "terror" e eu adoro. Lucas Blade sabe muito bem como entrar em sua mente e deixar você acordada a noite toda...

— Não me incomodaria nem um pouco se ele me deixasse acordada a noite inteira, e não estou me referindo à leitura. Espera aí... Você disse Lucas Blade? — Eva franziu a testa e tirou o livro das mãos de Frankie de novo. — Esse é o nome do autor? O cara que está na contracapa?

— Sim. E se você deixar meu livro cair de novo, arranco as suas tripas.

— É ele. — Triunfante, Eva devolveu o livro a Frankie. — É o neto da Mitzy! Lembram que falei dele? O escritor recluso. Lucas Blade.

Foi a vez de Frankie olhar para a foto.

— Você conhece o Lucas Blade? Eva! Ele é *incrível*.

— Eu te disse que ele era conhecido. Tenho certeza de que Mitzy poderia apresentá-lo, se você tivesse interesse.

A expressão de Frankie se esvaziou.

— Não, obrigada. Admiro o trabalho dele, é só isso. Você pode passar os dias sonhando com o que quiser, mas não perca tempo sonhando por mim. — Lançou um olhar a Paige. — Então, a que horas você chegou em casa? Nós ficamos esperando você até às duas e depois desistimos.

— A gente ficou torcendo para que você encontrasse alguém que tirasse o Jake da sua cabeça. Você viu aquele empresário inglês todo sexy, o com óculos de armação de metal? — Eva estava vestindo uma camisa em um tom vívido de verde e um lenço azul--turquesa. — Eu tenho um negócio com homens de óculos. Fico com vontade de arrancar da cara deles e chegar bem perto para que consigam me ver. Sério, sou um perigo.

— Em que momento você não é perigosa? — Frankie esfregou os olhos sonolentos. — Você tem que vestir essas cores brilhantes logo de manhã? Estou cega.

— Se visto coisas alegres, também fico alegre.

— Você está sempre alegre, mesmo quando é cedo demais para qualquer tipo de alegria. Mesmo se o mundo estivesse acabando, você continuaria alegre. Vou te dar uma roupa preta para vestir. — Frankie bocejou. — Dê comida pra gente, mulher. É o que você faz de melhor.

— E é o que eu vou fazer. Paige precisa de umas calorias a mais depois do que deve ter gastado ontem à noite e hoje de manhã. E ficou delicioso. Experimente. Coloquei um pouco de coco. — Eva despejou a granola caseira nas tigelas e lançou a Paige um olhar perscrutador. — E aí?

— E aí, o quê? Eu amo coco. Você sabe. — Paige, que tinha dormido menos de quatro horas, deveria estar se sentindo morta, mas, em vez disso, se sentia energizada e só um pouco tonta. A cabeça dela girava com as lembranças do evento e de Jake.

— Não perguntei sobre o que você achou da comida, perguntei sobre o homem que te deixou acordada a madrugada inteira, que colocou esse sorriso na sua cara e deixou esse arranhão de barba no seu pescoço.

— O quê? — Paige levou a mão ao pescoço. — Onde?

— É melhor você colocar um lenço, senão vai receber uns olhares maliciosos. — Eva empurrou as tigelas para as amigas, além das frutas e do iogurte. — Coma. Vou sentar aqui e morrer de inveja enquanto você conta tudo. Quero saber quantas calorias você gastou.

— Não faço ideia.

Eva enterrou a colher na granola.

— Se você me disser a posição, eu digo quantas calorias gastou. É claro que se vocês ficaram lambendo chocolate derretido e chantilly um no corpo do outro, a matemática fica mais complicada. Vai rápido antes que o Matt apareça.

Paige pausou com a colher a meio caminho da boca.

— Por que o Matt viria aqui?

— Porque o convidei. É um café da manhã de comemoração.

Droga.

— Ev, eu queria que você…

Uma batida ressoou da porta e Matt entrou na cozinha.

Paige congelou. Não adiantou nada repetir a si mesma que não tinha por que se sentir culpada.

Ela se sentia mesmo assim.

Com habilidade, Eva tirou o lenço e o envolveu no pescoço de Paige.

— Essa cor fica bem em você. Pode ficar com ele. Oi, Matt. — A voz soou normal. — Você está particularmente bonito hoje. De calça cáqui e camisa abotoada. Você se vestiu para causar impressão, o que quer dizer que vai deixar a motosserra em casa e vai ter uma reunião.

Paige ajeitou o lenço.

Ela era uma adulta que levava uma vida sexualmente ativa. Por que tinha tanto medo de contar a verdade ao irmão?

Havia uma lista longa de motivos, mas o primeiro era o fato de que aquilo dificilmente aconteceria outra vez.

— Vocês estão animadas para quem ficou a noite toda de pé. — Matt percorreu a mesa com os olhos. — Fui convidado para um café da manhã de comemoração, mas não estou vendo bacon. Todo mundo sabe que um café da manhã comemorativo deve incluir bacon.

Eva deu de ombros.

— Nós temos granola caseira e frutas vermelhas.

— Era disso que eu tinha medo. O que é preciso fazer nesta casa para conseguir um pouco de carne vermelha?

— Tomar café com alguém que não seja vegetariana — disse Eva com sarcasmo, ao que Matt grunhiu, servindo-se de um pouco de granola.

— Exceto por seus hábitos alimentares bizarros, você é fofa. E vai ser ainda mais se tiver um pouco de café bem forte. E então, como foi o evento?

— Todo mundo está falando sobre isso na cidade. — Eva se levantou e despejou café em uma caneca. — A Frankie pode fritar um bacon, se você quiser muito.

— Não se preocupe. Vou empurrar isso aqui goela abaixo. — Matt pegou a colher e a enterrou na granola. — Deu tudo certo?

— Superou todas as expectativas — disse Eva. — Prevejo que esse telefone vá tocar sem parar.

— Ótimo. — Matt pegou a caneca de café. — Jake ainda não chegou, né?

Paige olhou fixamente para Matt.

— Por que ele estaria aqui?

— Porque o convidei. A Eva disse que era um café da manhã de comemoração e foi ele quem contratou o serviço de vocês.

Paige engasgou com a comida e Eva lhe serviu um copo d'água.

— Você está bem? Foi o coco?

— Estou bem.

Matt convidou Jake? Ele não aceitaria de jeito nenhum.

Não depois do que tinham feito na noite anterior.

Seria constrangedor demais. Seria…

— Tem alguém em casa? — A voz de Jake ecoou da porta de entrada. — Fui convidado para um café da manhã de comemoração, mas como não estou sentindo cheiro de bacon, acho que entrei no apartamento errado.

Paige derrubou um prato no chão e ele saiu rodopiando até parar aos pés de Jake.

— Bem, esse é um jeito bem curioso de me oferecer um prato.

— Calmo, se abaixou para apanhá-lo, sorrindo rapidamente para Paige antes de puxar a cadeira vaga na outra ponta da mesa.

Paige olhou-o e tornou a desviar o olhar.

Como ele conseguia ficar tão *normal*?

Frankie empurrou uma caneca vazia na direção de Jake.

— Quer café? Levando em conta que você é o herói da vez, você merece um tratamento de herói.

— Ouvi dizer que a Gênio Urbano é a heroína. — Ele puxou um pedaço do pão recém-assado. — O cheiro disso aqui está ótimo. Foi você que fez, Ev?

— É um pão de levedura.

— Meu favorito. Ele fica ótimo com um bacon bem crocante.

— Sem chance, por aqui. — Matt olhou para Jake. — Liguei ontem à noite para perguntar como foi o evento. Você não atendeu o telefone. Imagino que por culpa de alguma mulher.

Paige quis escorregar para debaixo da mesa.

A situação não era apenas complicada: era um pesadelo.

O que passou na cabeça dela para pensar que seria fácil lidar com aquela situação?

O que o Jake diria? Estava na cara que não ia confessar que tinha passado a noite com uma mulher, então...

— Eu estava com uma mulher. — Jake sorriu para Frankie enquanto ela servia café em sua caneca.

— Com uma só? — Matt estava achando graça. — Deve ter sido alguém especial.

— Sim, foi especial.

— Era gostosa?

Puta merda.

— Precisamos mesmo ouvir os detalhes? — Paige estava tão quente que pensou que ia incendiar a cadeira.

— Ela era gostosa. Era incrível. — Jake deu um sorriso malicioso para Paige. — Você está bem? Seu rosto está meio vermelho hoje de manhã. Espero que nada tenha acontecido.

Ela ia matá-lo.

— Estou bem.

Matt franziu a testa para a irmã.

— Jake tem razão. Seu rosto está estranho. Você não quer verificar a sua temperatura?

— Não! Estou ótima. Nunca estive melhor. Estou um pouco cansada, só isso.

— Sim, chegou tarde ontem à noite. Eu desci e bati para ver como vocês estavam, mas nenhuma me atendeu. Eva estava cantando na banheira. Deve ser por isso que ninguém me ouviu.

— Foi isso, provavelmente. — Paige se sentiu fraca.

— Firmaram algum contrato novo?

— Ainda não, mas em breve. — Debaixo da mesa, ela sentiu uma pressão nas pernas e percebeu que era Jake. Ele estava roçando a panturrilha contra a dela em movimentos lentos e sinuosos que fizeram a sua mente vagar direto para a noite anterior.

Um desejo lhe percorreu o corpo e seu coração bateu tão alto que ela se perguntou se os outros conseguiram ouvir.

O que Jake estava fazendo?

Matt colocou a caneca de café sobre a mesa.

— Então, hoje é noite de filme. Convidei alguns amigos. Vocês são bem-vindos a se juntarem a nós.

Frankie pareceu interessada.

— Que filme vão assistir? Beijos e romance ou "banho de sangue"?

— Eles contam os corpos no final. — Matt terminou de beber o café. — Deve envolver sangue e entranhas.

Frankie não hesitou.

— Estou dentro. Quero lugar na primeira fileira.

Eva deu de ombros.

— Estou fora. Um dia vou amarrar e torturar vocês todos com uma noite de água com açúcar. Não podemos fazer uma maratona de comédia romântica?

— Não enquanto eu estiver aqui. — Matt sorriu. — Você vem, Jake?

Houve uma longa pausa e Jake se remexeu.

— Hoje não. Tenho planos.

Matt pegou mais um pouco de pão.

— Aposto que esses planos envolvem uma mulher.

— Sim, envolvem.

Paige sentiu uma súbita punhalada de tristeza. Uma coisa era saber que a noite passada tinha sido um lance único e que Jake ia sair com outras. Ouvir detalhes disso era algo absolutamente diferente. Não queria saber se ele ia sair com outras mulheres.

Matt pareceu interessado.

— A mesma mulher de ontem?

— Isso mesmo. — A voz de Jake soou firme. — A mesma mulher.

A mesma mulher?

Paige segurou firme a colher. Eles se entreolharam, mas Jake estava comendo na mais perfeita tranquilidade, como se não tivesse acabado de jogar uma bomba no meio da mesa da cozinha.

Paige olhou para a própria tigela de granola, reavaliando as palavras dele, conferindo se não tinha cometido nenhum engano.

Ele queria vê-la de novo.

Uma felicidade atravessou seu corpo e, com ela, milhões de perguntas.

Por quê? Quando foi que ele decidiu que não seria apenas uma noite?

Matt terminou de tomar o café e se levantou.

— Preciso ir. Tenho uma reunião do outro lado da cidade. — Parou junto à porta e olhou para Paige. — Pegue leve hoje — disse baixinho. — Você ficou acordada até tarde ontem.

— Dou conta do que aconteceu ontem à noite, Matt.

— Eu sei. Mas ainda assim acho que devia pegar leve. — Ele estudou a irmã por um instante. — E concordo com a Ev, esse lenço fica ótimo em você.

Jake terminou o café e também se levantou.

— Vou junto. Preciso entrar cedo hoje. Obrigado pela comida, Ev. — E se inclinou para dar um beijo descontraído na bochecha dela e caminhou para a sala, atrás de Matt.

Eva caiu na cadeira.

— Agora vou ter que te dar meu lenço novo. Também vou precisar de um sistema nervoso novo enquanto você usá-lo. Não nasci pra drama.

— Só pode estar brincando. — Frankie se levantou e começou a lavar os pratos. — Você que criou o drama. Você poderia se casar com o drama, ter filhos com ele... filhos que, aliás, se chamariam Crise e Pânico... e então viveriam felizes para sempre.

— Paige estava com um chupão no pescoço! Alguém tem que salvar o dia. Acho que fiz um excelente trabalho.

Frankie balançou a cabeça.

— Você escondeu o chupão no pescoço, mas não fez nada a respeito da cara dela estar vermelha como um pimentão.

Paige se levantou e tirou o lenço do pescoço.

— Obrigada por isso.

— Pode ficar. É seu. Essa cor realmente ficou boa em você, até seu rosto ficar vermelho. De qualquer jeito, não tenho como pegar o lenço de volta. Agora sempre irei associá-lo a nervosismo e estresse. — Eva se recostou na cadeira. — Você não vai sair do lugar até contar tudo sobre a sua noite com Jake.

Paige congelou.

— O que te faz pensar que foi com o Jake?

— A sua cara quando o Matt entrou na cozinha e, depois, a sua cara quando o Jake chegou. Depois, teve aquela insinuação deliciosa do Jake mau, muito mau. Aliás, eu devia dizer a ele que, quando quiser fazer esse sexo com os pés debaixo da mesa, é melhor não se sentar ao meu lado. Além disso, eu ouvi a moto — confessou Eva. — Portanto, sendo inquiridora por natureza...

Frankie empilhou os pratos no balcão.

— E com isso ela quer dizer incuravelmente enxerida.

— Inquiridora — repetiu Eva com firmeza. — Eu corri para a sala e espiei na janela por uma brecha na persiana. Eu vi vocês dois se beijando. Um belo de um beijo, aliás. Adorei o jeito como ele puxou a sua boca até a dele. Mandão e romântico ao mesmo tempo. Muito, *muito* sensual.

— Você viu tudo?

— Ah, ontem foi minha noite de sorte. Se a minha vida não tem filmes românticos ou noites de sexo, tenho que viver a vida das amigas por tabela. É dever de vocês me deixarem espiar. Afinal, para que servem as amigas? Foi sua noite de sorte também, pelo que pareceu. Jake é tão bom beijando quanto fazendo outras coisas?

Paige deslizou na cadeira.

— É estranho demais?

— Você e o Jake juntos? É você quem diz, mas do meu ponto de vista, pareceu sexy, não estranho.

— Quis dizer estranho por ele ser do nosso grupo de amigos. Amizade e sexo não combinam muito, né?

— Podem combinar. — Eva deu de ombros. — Há vários exemplos em que amigos se tornaram namorados. *Harry e Sally: Feitos um para o outro* é um dos meus filmes favoritos.

— A vida não é um filme, Eva. Mas não é estranho por causa disso. — Frankie pegou a caneca vazia de Matt. — É estranho porque vocês dois passaram parte da vida trocando farpas. E depois daquele beijo no elevador, você pensou que ele não estava interessado.

Paige abaixou a colher.

— No final, estava interessado, mas estava me protegendo também.

— De quê?

— Não está na cara? — Eva enfiou uma das frutas vermelhas na boca. — Jake estava protegendo Paige dele mesmo. Não queria magoá-la. Isso é tão romântico.

Paige ficou pensando como Eva foi tão rápida em perceber algo que ela não tinha entendido.

— Não é nada romântico. É bem irritante. Eu achava que o Jake era a única pessoa que *não* me protegia e, no final, ele ficou esse tempo todo fazendo isso. Preferiria ter percebido.

— Não, não preferiria não. Porque assim você teria ficado com raiva. Você é teimosa com gente que te protege. Não que eu não te entenda — acrescentou Eva rapidamente —, mas é a verdade.

— Não sou teimosa. — Paige olhou para Frankie. — Você me acha teimosa?

Frankie colocou o iogurte de volta na geladeira.

— Sim, acho. Você quebraria a cara em vez de aceitar ajuda. Às vezes, é difícil te ajudar.

— Não quero ajuda!

— Todo mundo precisa de ajuda, Paige. É disso que se trata a vida. De estender a mão e ajudar as pessoas à sua volta. Você não dá conta sozinha. Tem uma diferença entre ser protegida em excesso e ser ajudada. Se não tivéssemos forçado você a ir até o Jake, a noite passada nunca teria acontecido.

— Talvez fosse melhor se não tivesse acontecido.

— Eu estava falando sobre o evento — disse Frankie devagar e Paige sentiu o rosto corar.

— Ah. Bem, a gente não sabe se deu certo. O celular ainda não tocou.

— Ele vai tocar. E fazer contatos é parte dos negócios.

— Ótimo. Vou fazer contatos, como parte dos negócios.

— E o resto? O que vai ser agora? — Frankie fechou a porta da geladeira. — O que vai acontecer?

Paige olhou para ela.

— A gente ainda vai conversar sobre a Gênio Urbano?

— Não. A gente vai conversar sobre a sua vida sexual. — Eva se inclinou para a frente. — Não foi um lance de uma noite só. Você ouviu ele falando... Ele quer te ver de novo.

— Eu sei. — Pensar nisso fez uma rajada de empolgação percorrer o corpo de Paige. Tentou contê-la. — Não entendo essa parte. Ele não sugeriu nos vermos de novo enquanto estávamos juntos.

— Bem, está na cara que mudou de ideia. — Frankie pegou um pedaço de pano e limpou a mesa. — Todo mundo consegue ver a química entre vocês dois. Matt só não tomou um choque com os impulsos elétricos percorrendo essa cozinha porque você e Jake juntos é a última coisa que ele espera. Mas, Paige, seu irmão vai descobrir e, quando isso acontecer, vai ficar triste por você não ter contado. E você vai se sentir péssima por tê-lo magoado. Não quero que nenhum de vocês fique mal.

— O que eu deveria dizer? Não tenho nada para contar. Não posso dizer o que está rolando, pois não faço ideia do que está acontecendo!

Eva olhou de uma para a outra.

— Paige tem razão. Se contar ao Matt que foi só uma noite de sexo, ele vai acabar com o Jake. A não ser que o Jake tente se defender, o que quer dizer que a coisa vai ficar bem feia. Não gosto de briga e concordo: a situação é complicada.

— É por isso que prefiro lidar com flores e plantas. Elas não são complicadas. — Frankie arremessou o pano de volta na pia. — Se vocês duas já terminaram com os contos de fadas, a gente devia ir para o escritório. Com o Jake lá ou não, temos trabalho a fazer. Temos nosso próprio negócio agora, estão lembradas?

— Em um minuto. — Com os olhos em Paige, Eva permaneceu grudada na cadeira. — Precisamos de detalhes.

Frankie revirou os olhos.

— Não quero detalhes.

— Eu quero — disse Eva enfaticamente. — Quero saber cada mínimo detalhe de trás para a frente, começando do momento em que ele abriu a boca e tentou te engolir no meio da rua. Vai, Paige. É o mínimo que você pode fazer: me recompensar pelo lenço e por quase ter acabado com a minha laringe cantando na banheira, para não ter que atender a porta e explicar ao Matt que você não estava em casa.

Capítulo 15

Para tornar o seu desejo realidade, primeiro você tem que acordar.

— Paige

O CELULAR NÃO PAROU DE tocar.

Uma hora depois de chegarem ao escritório, já tinham seis novos clientes, todos em busca de serviços de eventos e concierge.

— Adeus, sono — esbravejou Eva. — Adeus, sanidade.

— Adeus preocupação com dinheiro. — Frankie sempre era a mais pragmática. — Nós vamos precisar de ajuda. Somos só três e temos muitos eventos.

Paige estava tonta. Qualquer preocupação que tivesse de não conseguir se concentrar no trabalho se dissipou na empolgação do momento.

— Nossos eventos. São *nossos* eventos. Isso não é incrível? Nós vamos decidir qual aceitar ou não.

— Vamos aceitar todos — disse Eva, com firmeza. — Seu desejo não é só uma ordem: é nosso lucro.

Paige ficou muito animada por finalmente ver os negócios decolando e estar ocupada a fez parar de pensar em Jake.

Ele tinha sugerido que os dois se encontrassem naquela noite, mas como ia ser?

Ele ia ligar para ela?

Ou ela é que deveria ligar?

Por que as coisas tinham que ser tão complicadas?

— Nós vamos terceirizar. Não podermos aumentar nossa folha de pagamentos agora. E não quero ter que dispensar gente se as coisas não derem certo. — Ela aprendeu isso com Jake. Fique de olho nos números. Contrate conforme a demanda. — Vamos nos reunir e ver o que temos.

O celular tocou de novo.

Paige se preparou para atendê-lo.

— Isso é insano.

— Mas de um jeito bom. Em breve, vamos poder comprar a Estrela Eventos e demitir a Cynthia — disse Frankie.

Paige atendeu o telefone. A mulher que tinha fechado o chá de bebê na noite anterior também queria alguém para passear regularmente com seu cachorro e uma cesta de presentes para uma amiga que ia sair de licença-maternidade.

— Fale um pouco dela. Do que gosta? — Enquanto a mulher falava, Paige abriu um novo arquivo, fez algumas anotações e trocou algumas ideias. — Retornaremos sua ligação com uma lista de sugestões. Você vai poder marcar as que preferir e nós tomamos conta do resto.

Terminou a ligação e passou a lista para Eva.

— Essa é para você. Vá às compras.

— Você está me pagando para ir à Bloomingdale's? Morri e estou no paraíso. Já disse quanto adoro trabalhar com vocês, meninas? — Eva conferiu a lista. — Talvez mude a marca da vela aromatizada. E o aroma. É preciso tomar cuidado com perfumes quando se está grávida.

— É por isso que você vai fazer esse trabalho. Faça o que for necessário para que essa mulher nos recomende às amigas. Depois vamos precisar conversar sobre... — Paige parou de falar quando seu celular e o de Frankie tocaram ao mesmo tempo. — Ou talvez não vamos conversar.

Ela atendeu a ligação, assim como Frankie, que saiu do escritório enquanto discutia cores, pétalas e botões com a pessoa do outro lado da linha.

— Sim, oferecemos serviços de concierge a nossos clientes — explicou Paige a seu interlocutor. — Lista de espera? — Os olhos dela se encontraram com os de Eva e ela sorriu. — Você está com sorte. Temos disponibilidade no momento. Por que você não vem ao nosso escritório para conversarmos sobre suas necessidades? Tenho certeza de que a Gênio Urbano poderá ajudar.

Quando terminou a ligação, Paige tinha agendada uma apresentação em uma reunião de treinamento empresarial e a promessa de um grande lançamento de produto para o outono.

— Você consegue acreditar nisso? — Os olhos de Eva brilhavam. — Entramos mesmo no mercado. Tudo o que a gente precisa fazer é não estragar tudo.

— Não vamos estragar nada — Paige atualizou a planilha —, mas estou começando a desejar ter dormido mais do que quatro horas na noite passada. — O celular dela apitou.

Era o Jake.

No meu escritório. Agora. Reunião de balanço.

O estômago se revirou e Paige se levantou.

— Podemos terminar isso mais tarde. O Jake quer fazer uma reunião de balanço e depois tenho uma reunião na Quinta Avenida. Preciso correr. — Ela pegou a bolsa bem na hora que Frankie voltou à sala. — E aí?

— Uma moça que está noiva foi no evento de ontem e amou os arranjos florais. Quer algo parecido para o casamento dela.

Eva piscou.

— Ela quer um andaime no casamento? Qual é o tema? *Prison Break*? Que romântico, não é mesmo?

— Ela quer um gazebo, sua boboca. — Frankie estava ocupada fazendo anotações. — E quer entrar caminhando sobre pétalas de rosas.

— Você acabou de me chamar de boboca? Se sim, vou denunciá-la no setor de recursos humanos por bullying e abuso. E alguém precisa avisar à noiva que pétalas de rosas são escorregadias. Ou alguém avisa ou teremos que ligar para o hospital para pedir um cirurgião ortopedista em caso de emergência.

O celular tocou de novo e Paige olhou para as amigas com um misto de alegria e descrença.

— Precisamos dar um jeito de consolidar essas ligações para entendermos o que temos na mão.

— Você sempre sabe o que tem na mão. Você é a mulher dos detalhes. Eu atendo essa. — Eva pegou o celular com um sorriso na voz. — Gênio Urbano, seu desejo é uma ordem... — O sorriso dela sumiu enquanto ouvia. — Não, não esse tipo de desejo. Não fazemos esse tipo de serviço. — Com as bochechas enrubescidas, encerrou a ligação. — *Passar bem!*

Frankie olhou-a, ansiosa.

— Você não vai nos contar?

— Não, não vou! Não vou repetir o que ele disse. — Eva fungou. — Não conte para o Jake. Ele diria um grande e ruidoso "eu falei". Ele avisou que "seu desejo é uma ordem" nos traria problemas.

Paige guardou o laptop na bolsa.

Estava com a sensação de que tinha um problema maior do que qualquer uma delas poderia prever. Realmente achou que transar com Jake seria algo simples?

Cogitando o que aconteceria em seguida, caminhou até o escritório dele e deu uma espiadela através do espelho.

Ele estava andando para um lado e para o outro enquanto falava ao telefone, insanamente bonito em sua calça jeans confortável e sua camisa de botões. Não era difícil ver por que Jake Romano era tão requisitado pelas mulheres.

Ele se virou e viu Paige olhando.

— Eu ligo para você depois. — Sem esperar pela resposta, desligou o telefone e gesticulou para Paige entrar na sala. — Então, temos uma escolha... — Ele falou como um homem de negócios e, forçando-se a abstrair os pensamentos indecentes que lhe passaram pela cabeça, Paige respondeu no mesmo tom.

— Uma escolha?

— Nós podemos transar aqui mesmo... — Jake se sentou no canto da mesa. — Ou posso levar você para casa e transamos lá. Mas isso vai significar um adiamento e sou um tanto impaciente por natureza. Quando quero uma coisa, vou e pego. Não sou bom em ficar adiando o que quero.

— Eu... Eu pensei que você quisesse fazer uma reunião de balanço. — O cérebro de Paige demorou um instante para processar a informação. — Você está me dando uma opção sobre fazer ou não sexo de novo?

— Não. Nós vamos fazer sexo outra vez. Estou deixando que você escolha o lugar.

O som que Paige emitiu foi em parte um suspiro, em parte uma risada.

— Sua sala é toda de vidro transparente.

— Eu sei. — Havia um quê de sarcasmo no tom de Jake. — Um projeto do qual estou me arrependendo. Então vai ter que ser na minha casa. Em quinze minutos?

Uma fisgada de excitação percorreu o corpo feminino.

— Tenho uma reunião do outro lado da cidade.

— Remarque.

— Jake, não posso! É minha empresa e, aliás, obrigada, meu celular está tocando sem parar.

— Eu nunca devia ter deixado você organizar aquele evento. — Ele passou a mão na nuca. — Está bem, vá à sua reunião. Mas depois volte direto para a minha casa. Não para a sua.

Paige ainda conseguia respirar.

— Mas se for te ver, vou querer trocar de roupa e…

— Tanto faz a roupa que você vai colocar, vou acabar tirando, e tanto faz a maquiagem que você vai passar, vou te beijar até sair tudo, então nem perca seu tempo.

O coração dela batia acelerado. Jake não estava se contendo e com toda certeza não a estava protegendo.

— Eu pensei… que a gente não ia… — Paige estava dividida entre euforia e confusão. — Foi uma noite incrível, Jake, mas pensei que a gente tinha entrado em acordo que seria somente uma noite.

— Você disse isso, não eu.

— Eu presumi que era o que você queria.

— Não era. Eu enlouqueci tentando protegê-la e mantê-la à distância. Você não quer isso e muito menos eu.

O coração dela batia acelerado.

— Então…

— Então está marcado. Te vejo mais tarde. O mais rápido que conseguir. Ah, e Paige… — A voz de Jake a fez parar na porta. — Não haverá outras pessoas.

— Como assim?

— Você disse que nós dois éramos livres para sair com outras pessoas, mas quando estou com uma mulher, estou realmente com ela. Minha mulher é minha entrada, meu prato principal e minha sobremesa. Sem acompanhamentos.

O ar fugiu dos pulmões de Paige.

— Não sabia que você tinha um lado possessivo.

Ele enterrou as mãos nos bolsos e deu de ombros com ironia.

— Acho que não sabemos tudo um sobre o outro. Com algumas coisas, não sou bom de dividir. Essa é uma delas.

— Eu também não. — Paige podia ter dito que ele não tinha por que se preocupar em dividi-la. Não apenas nunca sonharia em entrar num relacionamento que não fosse exclusivo, como sua vida amorosa estava mais para uma dieta de baixa caloria do que para um banquete.

— Vou para minha reunião — disse com a voz rouca — e vejo você depois, na sua casa.

Na sexta seguinte, Jake entrou no Romano's para conversar com Maria e viu Paige na mesa de costume, no canto do restaurante, conversando com Frankie e Eva.

Mas foi só Paige que ele enxergou. O sol do fim de tarde projetava uma luz bruxuleante sobre o cabelo escuro e ela estava gargalhando com o sorriso largo, generoso, que sempre suscitava a vontade de rir também.

Esteve em São Francisco nos dias anteriores, mas pensou nela em cada minuto. Sua concentração ficou abalada. As pessoas tinham que dizer tudo duas vezes.

Jake se mantivera longe por anos e agora não tinha ideia de como conseguira fazer isso.

É surpreendente que ele não tenha queimado alguns neurônios.

Agora queria tomá-la nos braços e compensar o tempo perdido, apesar de terem gastado cada minuto da semana anterior fazendo justamente isso.

— Oi, Jake. — Matt estava de pé ao seu lado, mas Jake percebeu, em choque, que sequer tinha se dado conta de que o amigo estava ali.

Paige preenchera todo o seu campo de visão.

Estava prestes a dizer algo, quando Maria apareceu vindo da cozinha.

— Jake! — Sempre afetuosa, ela atravessou o salão para dar um beijo nele bem no momento em que Paige notou sua presença.

Os olhares se encontraram e se fixaram por um breve momento, e então ela se virou de volta para as amigas.

O jeito como Paige sorria para ele havia mudado, pensou Jake, ao soltar a mãe do abraço. Agora, tudo estava colorido com novos tons de intimidade e experiência.

Maria lançou um olhar perscrutador ao filho.

— Você vai se sentar com suas amigas ou está esperando alguém? O Matt disse que você está saindo com uma pessoa.

Naquele instante, Jake desejou não ter confessado isso para Matt. Também quis que Paige não fosse tão teimosa em contar ao irmão sobre a mudança no relacionamento deles.

Mas enquanto tentava entender como convencê-la de que isso era a coisa certa a fazer, uma parte sua considerava como Matt reagiria à notícia.

O amigo tinha feito Jake prometer que nunca tocaria um dedo sequer em sua irmã.

Isso tinha sido há quase uma década. Jake tentou usar a razão. Paige era uma adolescente vulnerável na época. Agora tudo era diferente.

— Ninguém. Não hoje à noite. — E a pessoa com quem ele estava "saindo" estava bem a sua frente.

Atravessou o salão do restaurante e se sentou ao lado de Paige, surpreso com a melhora de seu humor.

Estar com ela fazia isso com ele.

Todos foram chegando para o lado para dar espaço, mas a mesa estava apertada.

— Como foi a viagem? — O jeito alegre, radiante de Eva formular essa pergunta deu a entender a Jake que ela sabia do que estava acontecendo, e isso não o surpreendia. Aquelas três mulheres eram como irmãs e compartilhavam tudo, de maquiagem a segredos, então havia poucas chances que esse novo desenrolar das coisas passasse despercebido.

Na posição de alguém que nunca precisou esconder seus relacionamentos, isso não incomodava Jake. A única coisa que o incomodava era Matt não saber.

Ele ia resolver aquilo.

Por outro lado, havia motivo para contar a ele sobre algo que, provavelmente, acabaria logo?

Maria colocou um prato repleto de comida na frente dele. Espaguete com almôndegas.

A comida lhe evocou memórias da infância. Por um instante, tinha 6 anos outra vez, estava com dor de barriga e com medo. Sua vida havia se desfeito como uma bola de lã nas patas de um gato. Seu mundo inteiro desmoronara; seu futuro era incerto e obscuro.

Jake aprendeu muitas coisas naquela noite. Aprendeu que os adultos falavam em voz baixa quando não queriam que uma criança escutasse; descobriu que Maria, a vizinha deles, era a melhor cozinheira e a melhor pessoa que conheceria na vida, e aprendeu que o amor é o sentimento menos confiável que existe.

Jake olhou para o prato e, depois, rapidamente, para Paige.

O sorriso aberto e honesto dela havia abalado os alicerces de sua confiança.

Paige tinha dito que era durona o bastante para lidar com o relacionamento deles, mas será que conseguiria mesmo?

E se a magoasse?

— Como foram os negócios? — Matt empurrou uma cerveja na direção dele. Normal. Amigável.

O fato de ser tão amigável só fazia Jake se sentir pior.

Tinha chegado a hora de ser honesto com o amigo.

— Os negócios foram bem. — Jake pegou o garfo. — E como vai a Gênio Urbano?

— Bem ocupada. — Frankie havia deixado a pizza de lado e estava fazendo anotações em um bloquinho ao lado do prato. — Neste momento, temos mais trabalho do que somos capazes de dar conta.

— Mas estamos dando conta. — Paige provou a própria comida. — Temos bons contatos e não somos as únicas de quem Cynthia se livrou. Nos últimos dois dias, passei a maior parte do tempo ao celular.

Como Jake não conseguia mais evitar tocá-la, então abaixou a mão até a perna macia e descobriu que a coxa estava de fora.

— Alguém me perguntou se nós temos um site — disse Eva. — Acho que precisamos fazer um, informando sobre nossos serviços. O que você acha, Jake?

Ele não era capaz de pensar em mais nada além de Paige e na maciez de sua pele. E levou os dedos mais para cima.

O que ela estava vestindo? Short? Uma saia que mal lhe cobria as pernas?

O cérebro dele se derreteu.

Matt ergueu as sobrancelhas.

— Nenhuma ideia?

— Ideias? — Ele era incapaz de qualquer pensamento. Mas estava enlouquecendo. Não conseguia formular uma frase sequer. — Sobre o quê? — Jake baixou os olhos.

Saia, pensou ele. Era uma saia. Uma quase inexistente.

As pernas dela eram incríveis.

— Um site. — Matt lançou um olhar curioso ao amigo. — O que você tem?

— Estou com muita coisa na cabeça. — Paige. Nua. Com essas pernas em volta dele. Era isso o que tinha na cabeça. — Qual é o problema?

Paige deu um gole em sua bebida.

— O problema é que estamos tendo que lidar com todas essas ligações e algumas são sobre coisas pequenas. Lavanderia e coisas do tipo. Não estamos conseguindo trabalhar, pois temos que atender o celular o tempo todo. Precisamos filtrar as ligações dos clientes.

Frankie enrolou o espaguete no garfo.

— A gente talvez precise de uma recepcionista.

Jake se obrigou a se concentrar.

— O que vocês precisam — disse — é de um aplicativo.

— Para que precisamos de um aplicativo?

Jake conseguia sentir Paige olhando-o, mas manteve os olhos fixos no prato. Se retribuísse o olhar, tinha certeza de que a beijaria e arcaria com as consequências.

— Vocês são um gênio, não é mesmo? — Com sorte, um pouco de humor talvez escondesse sua abordagem grosseira. — As pessoas vão querer esfregar a lâmpada de vocês. — Ele cravou o garfo na massa.

— Não é uma ideia tão estúpida assim. — Matt pegou sua cerveja. — Você poderia desenvolver para elas?

Jake engoliu a comida que tinha na boca antes de engasgar.

— Desenvolver o quê?

— Um aplicativo — respondeu Matt sem paciência. — Qual é o seu problema hoje?

— Estou com fome. Não consigo pensar quando estou com fome. — E não conseguia pensar com a coxa nua de Paige tocando a dele. Jake considerou dar alguma desculpa esfarrapada. Desaparecer no banheiro masculino e, então, se sentar do outro lado da mesa quando voltasse.

— Você quer que eu pegue sua irmã como cliente. Você está de brincadeira. Preferiria esfregar minha pele no asfalto quente.

Frankie sorriu, mas Paige emitiu um breve som em protesto.

— É ótimo trabalhar comigo.

Jake manteve os olhos no prato.

— Você é louca por controle, Paige.

— Sou perfeccionista. — Hesitou. — Embora eu admita que tem vezes em que gosto de estar no comando. Você não tem medo de mulheres fortes, não é, Jake?

Imaginou Paige montando nele, devagarzinho, com aquele sorriso malicioso no rosto.

— Existe uma diferença entre ser forte e ser controladora. Você não consegue nem ir a um restaurante e pedir comida sem querer entrar na cozinha e fazer a refeição por si mesma.

— Gosto das coisas do meu jeito. Qual é o problema com isso?

— Nenhum. A não ser por eu também gostar das coisas do meu jeito. Você e eu juntos seríamos uma via expressa para a decepção. — Também seriam uma via expressa para o esquecimento sexual. Ele sabia. Já havia tomado esse caminho. — Não quero trabalhar com você. Vou acabar te matando. Mas posso dar algumas dicas.

Matt franziu a testa.

— É sério que você está se recusando a ajudar minha irmãzinha?

Irmãzinha? *Irmãzinha?*

Pensar no que os dois tinham feito juntos fazia um calor subir pela nuca de Jake.

— Sim. É sério que estou me recusando. Já deixei ela cuidar do meu evento. Que foi conduzido brilhantemente. Mas tenho um limite e não vou aceitá-la como cliente. Isso arruinaria nossa linda relação. E não quero estragá-la. — A não ser pelo fato de já a ter estragado. Ou tinha sido ela? Jake não conseguia mais lembrar quem tinha sido o responsável pelo que acontecera entre os dois. A coisa toda era um borrão ardente de química e momentos fumegantes.

— Não vamos estragar nada. Não quero nada complicado — disse Paige. — Mas você talvez não dê conta.

Jake se perguntou se ela estava falando sobre o aplicativo ou do relacionamento deles.

— A parte complicada não é a tecnologia. Eu poderia fazer a programação até bêbado.

— Então qual é o problema?

Por que diabos estava perguntando? Ela sabia qual era o problema.

— Vou conversar com alguém da minha equipe. Ver se conseguem pensar em algo.

Matt pareceu perplexo.

— Por que você mesmo não faz?

Pois as coisas estavam ficando complicadas com Paige. Fazia apenas uma semana e ele já estava se sentindo sem chão. Jake nunca ficava assim quando se envolvia com uma mulher. Seus relacionamentos eram a parte simples de sua vida.

— Não misturo negócios com amizade…

— Você vai desenvolver um aplicativo para ela — disse Matt em tom tranquilo —, não vão dormir juntos.

Eva se estabanou toda, encharcando a mesa, e Paige se levantou na hora, revelando as longas pernas brilhantes por causa do líquido pegajoso.

Frankie ofereceu um guardanapo à amiga e Jake se afastou antes que ficasse tentado a limpar as pernas dela com a língua.

— Eu vou fazer a porcaria do seu aplicativo — murmurou. — E a Dani pode encontrar alguém para ser a recepcionista até vocês darem conta de tudo sozinhas.

No caminho do banheiro, Paige roçou nele e, por um breve momento, Jake sentiu o calor do corpo feminino contra o seu.

E então ela se foi, deixando-o desorientado.

Puta merda.

Ele ficou imóvel por um instante, pensando em como resolveria aquela situação.

Sempre prática, Frankie terminou de secar a mesa e Matt se sentou novamente.

Jake viu Paige caminhar para os fundos do restaurante e desaparecer em direção ao banheiro.

— Vou pegar outra bebida — avisou a Eva, e seguiu Paige.

Ele chegou antes que ela pudesse entrar no banheiro, tomou-a pelo braço e a puxou para a ruela estreita que havia nos fundos do restaurante.

Pressionou-a contra a parede, emboscando-a.

— O que você está fazendo? Qual é o seu problema? — Os olhos de Paige se arregalaram. — Você não precisa fazer o aplicativo se não quiser. Não precisa...

— Você está me deixando louco. — Jake conseguia sentir o cheiro do cabelo e o aroma doce do perfume dela. Queria despi-la e beijar aquele corpo delicioso de cima a baixo. Em vez disso, beijou-a nos lábios de forma possessiva e sentiu-a gemer suavemente.

— Jake...

Ele acariciava o cabelo de Paige, segurando-a no lugar enquanto a beijava, sentindo as unhas dela se cravarem em seus ombros enquanto retribuía o beijo.

À distância, Jake ouviu o som abafado de conversas e gargalhadas, o cheiro de alho misturado ao ar úmido de verão, mas, ali fora, não havia mais nada além dos dois.

Ele a pressionou contra a parede, deslizou as mãos até as coxas nuas de Paige e sentiu-a pressionar-se contra o seu corpo.

— Fiquei com saudades de você — murmurou ele.

— Você ficou fora por dois dias.

— Foi tempo demais. — Acariciou entre as pernas dela e sentiu Paige ofegar contra a sua boca. — Você também me quer.

— Sim...

Só Deus sabe onde aquele beijo ia terminar, não fosse um ruído vindo da cozinha, entremeado por alegres xingamentos em italiano.

De olhos arregalados, Paige se afastou.

Eles trocaram olhares, penetrantes, e ocorreu a Jake que, se não voltassem, alguém da mesa sairia à procura dos desaparecidos.

Afastando as mãos dela, relutantemente, Jake recuou.

— Precisamos voltar. O que você vai fazer neste fim de semana?

— Eu... Nada. Vou trabalhar, eu acho.

— Fica comigo.

Jake não conseguia acreditar no que tinha acabado de dizer.

Nunca havia passado um final de semana inteiro com uma mulher. Dois dias seguidos.

Paige sorriu.

— Parece ótimo. O que você quer fazer?

— Precisa mesmo perguntar?

Capítulo 16

Se você acha que amor é a resposta, deve ter feito a pergunta errada.
— Frankie

— VOCÊ VAI FICAR COM a gente neste final de semana? — Paige fechou o laptop e se levantou. — Eu e a Eva vamos fazer um piquenique no Central Park amanhã.

Paige balançou a cabeça.

— Preciso trabalhar.

Frankie lançou um olhar longo à amiga.

— O seu "trabalho" tem bíceps duros como uma rocha, um sorriso bem sexy e é o dono deste lugar?

Euforia se misturou à preocupação.

— Você acha que sou louca?

— Sinceramente? Sim, eu acho. — Frankie deslizou o laptop para dentro da bolsa. — Gosto do Jake, mas todo mundo sabe que ele ama joguinhos.

— Frankie, você já parou para pensar que eu também estou jogando? E estou me divertindo, sabia?

— É mesmo? Pois é ótimo, desde que você não se apaixone por ele..

Paige sentiu o corpo todo se enrijecer.

— Não vou me apaixonar.

— Tem certeza? Pois é o quarto final de semana seguido que você vai passar na casa dele. Se estiver sonhando com carruagens e vestidos brancos, saiba que Jake não combina com eles.

— Sei muito bem que não. Eu o conheço há mais tempo que você, Frankie.

— Sim, a única diferença é que eu não passei a maior parte da minha vida apaixonada por ele. — Frankie enfiou uma pilha grossa de papéis dentro da bolsa e Paige engoliu em seco.

— Não estou apaixonada… uma vez, talvez, já estive, mas não agora e…

— Ótimo. — Frankie empurrou os óculos no nariz. — Então o seu único problema é o Matt. Você já contou para ele?

Paige sentiu uma pontada de culpa.

— Não. Foi só uma noite e…

— E agora foram várias noites — interrompeu-a Frankie. — Você devia contar a ele, Paige. Ficar de namorico às escondidas não é bom. Acredite, sei do que estou falando. Cresci vendo essas coisas. Elas sempre, sempre chegam ao fim e, quando isso acontece, sempre é horrível.

Paige sabia que a amiga estava pensando na própria mãe.

— É diferente. O que eu diria ao Matt? Nós estamos nos curtindo, é só isso. Nenhum de nós quer compromisso. Logo, logo vai acabar. Não tenho nada a dizer, Frankie.

— Você está ateando fogo na cama com o melhor amigo dele. É algo que Matt deveria saber. O que o Jake acha disso tudo?

Esse era um ponto de discórdia entre eles.

— Ele quer contar ao Matt, mas o fiz prometer que não contaria.

— É duro para ele. Você o colocou em uma posição difícil.

Paige suspirou.

— Frankie…

— Eu te amo. Você é minha melhor amiga. Mas me preocupo. Isso ainda vai se voltar contra você. Se o Matt descobrir, vai ficar magoado e você também. Não quero ver isso acontecer. Eu gosto do Jake, mas isso não vai evitar que eu o mate, caso ele magoe um de vocês.

Paige passou os dedos sobre as sobrancelhas.

— Vou pensar no assunto. Vou ver como vai ser o final de semana. Antes de você sair, tem alguma novidade que eu precise saber?

— Está tudo sob controle. O casamento está organizado. Eles pediram uma recomendação de fotógrafo, então liguei para a Molly.

— Bela escolha. — Tinham trabalhado com Molly na Estrela Eventos e Paige a considerava uma fotógrafa talentosa. — Precisamos perguntar à Molly se ela gostaria de ser uma de nossas prestadoras de serviço preferenciais. Algo mais?

— O Matt me perguntou se posso orçar um jardim de cobertura. A Victoria, que costuma fazer isso para ele, está sobrecarregada de trabalho. — Frankie passou a bolsa sobre o ombro. — Eu queria ajudar, mas entendo se você achar melhor não acumular serviços.

— Nós somos sócias — disse Paige. — Você não tem que pedir minha permissão. Se quiser, vá e faça o trabalho. Não consigo imaginar nada melhor do que dividir contatos de negócios com meu irmão.

— Eu não queria nenhum favor.

— Não é um favor. Ele está contratando os seus serviços. Nós vamos cobrar.

Frankie sorriu.

— Você está virando uma magnata sem piedade. Vou aceitar, dar uma olhada no espaço e vou elaborar um projeto. É um lugar grande no Upper West Side e eles querem dar uma festa lá quando o projeto estiver concluído. Para "inaugurar a cobertura". Vou garantir que a Gênio Urbano pegue esse evento também.

Frankie deixou a sala e Paige se ajeitou para trabalhar.

Ela trabalhou a tarde inteira sem nenhum grande imprevisto. Preparou orçamentos para dois eventos, marcou de ver alguns salões e recebeu ligações de pessoas que procuravam emprego. Anotou os nomes em uma lista e prometeu entrar em contato se, e quando, começassem a recrutar.

Até a Gênio Urbano se estabilizar, Paige não se sentia confortável em contratar novos funcionários. Não queria ter que demitir ninguém.

Começou a trabalhar no planejamento de um grande evento de marketing. Quando terminou, ergueu os olhos e viu que céu estava escuro e que as luzes estavam acesas na cidade inteira.

Paige se levantou e se espreguiçou. Seus ossos estavam doloridos de ficar sentada tanto tempo no mesmo lugar.

— Você trabalhou até mais tarde hoje. — Dani estava de pé na porta de entrada. O cabelo caía em volta dos ombros estreitos. — O Jake pediu que perguntasse do que você precisava. Ele disse que você queria alguém para atender ligações e coisas do tipo. A Laura pode fazer isso. Ela é inteligente. Está trabalhando com a gente há algumas semanas.

— Com o que ela trabalhava antes?

— Ela ficava em casa com os filhos. Perdeu um pouco da confiança e teve dificuldades em voltar a trabalhar. Agora está com a gente.

— Foi você que a contratou?

— Eu não. O Jake. Foi uma contratação arriscada, mas ele não tem medo de assumir riscos. Viu algo nela que os outros não viram. E quase sempre tem razão. — Dani se afastou da porta. — Vou trazer a Laura amanhã e você pode explicar sobre o que precisa. Ela trabalhava como recepcionista em um grande hotel antes de constituir família. Quando recuperar a confiança perdida, vai ser uma ótima funcionária. Você já está voltando para casa?

— Sim. Não, na verdade, não. Provavelmente não. — Paige pestanejou, percebendo que sua mente havia ido longe. — Não por enquanto. Tenho umas coisas para resolver.

A outra moça sorriu.

— Estou começando a entender por que o Jake abriu espaço pra vocês no escritório dele. Vocês se ajustam perfeitamente.

Paige continuou trabalhando até sua cabeça começar a latejar e depois, finalmente, desligou o laptop.

Era quase meia-noite e ela parecia ser a última pessoa no prédio.

A equipe de Jake costumava trabalhar até tarde, mas Paige sabia que a maior parte estava no escritório de São Francisco preparando um projeto importante.

Bocejando, pegou a bolsa e saiu da sala que dividia com Eva e Frankie.

— Paige.

A voz de Jake veio por trás das suas costas, grave e segura. Ela sentiu uma onda de emoção e euforia.

Com os sentimentos escondidos sob um véu de indiferença, ela se virou.

— Oi. Não percebi que você ainda estava por aqui. Já é tarde.

— É meia-noite. Isso quer dizer que já é fim de semana. E temos um encontro.

— Presumi que ele fosse começar amanhã.

— Ele vai começar já. Trabalhei a semana inteira e você também. Venha até meu escritório, tenho algo para te mostrar.

O olhar de Jake fez o coração de Paige disparar.

— Eu já vi. É bem impressionante, de verdade.

Ele deu risada.

— Não é a única coisa que tenho de impressionante.

Paige ergueu uma das sobrancelhas.

— Agora estou intrigada. — Entrou na sala e Jake fechou a porta.

— Foi uma semana longa. — Os olhos dele estavam escuros como duas piscinas insondáveis, e Paige sentiu seu coração bater mais rápido.

— Sim.

Jake deslizou a mão pelo pescoço dela e abaixou a cabeça.

— Fui te procurar hoje mais cedo, mas você estava no telefone com algum cliente. Se não fosse isso, teria te colocado na mesa e feitos coisas bem indecentes. — A voz ficou mais grave.— O que isso diz sobre mim?

— Que você gosta de assumir riscos e que não tem nenhum respeito pela mobília do escritório.

— E você...? — A boca masculina rondava perigosamente perto da dela. — Também gosta de assumir riscos?

Paige enganchou o dedo na camisa dele.

— Talvez eu goste.

Com a mão no cabelo dela, Jake abaixou a cabeça e a beijou com a boca sedenta e quente. Paige se derreteu e, com um gemido, ele foi empurrando-a pela sala até os ombros dela tocarem a parede.

Jake remexeu algo atrás dela, abriu uma porta que Paige sequer tinha percebido que existia e a levou para dentro.

Vagamente, ela percebeu balcões lisos e mais portas.

— Que lugar é esse?

Sem soltá-la, Jake fechou a porta, trancando-a.

— Estoque, vestiário... Tem até uma cama, caso eu trabalhe até mais tarde, mas não a uso sempre.

— Uma cama?

— Sim. — Puxou o vestido dela. Paige perdeu o fôlego conforme sentia o caloroso deslizar da mão de Jake sobre a pele, procurando por algo. Até encontrar. Então, sentiu apenas as carícias habilidosas dos dedos másculos e o desejo que se espalhou por seu corpo como um calor leitoso e delicioso.

— Jake...

— Você é linda. — Com os lábios colados e de mãos dadas, cada carícia íntima de Jake fazia Paige subir mais e mais alto até se contorcer e gemer contra ele.

Ela sentiu a rígida ereção pressioná-la e tateou o zíper até libertá-la.

Nenhum dos dois se mexeu. Permaneceram imóveis, trancados, perdidos em um mundo particular de desejo fumegante. Então Paige sentiu a mão dele deslizar pela sua coxa, fazendo-a se erguer. Olhos nos olhos, ela envolveu as costas de Jake com as pernas.

A primeira investida trouxe um grito aos lábios dela e Jake usou sua boca para abafar o som, engolindo-o até sobrar apenas a sensação. O sentimento dele preenchendo-a, possuindo-a, tomando para si tudo o que Paige tinha até o orgasmo arrebatá-la tão rapidamente que mal conseguiu respirar. Ela ouviu Jake xingar baixinho enquanto o apertava mais firme; sentiu-o pressionar ainda mais forte contra as ondulações sedutoras do seu corpo; sentiu o momento em que ele sucumbiu ao próprio limite.

Então, houve apenas a pulsação quente do corpo masculino, o calor de sua boca e a intimidade espetacular de estar com Jake. Aquela sensação parecia mais profunda e intensa do que qualquer outra que experimentara na vida.

Talvez fosse por conhecê-lo há tanto tempo. Por desejá-lo há tanto tempo.

Jake finalmente a soltou um pouco e ficou imóvel por alguns segundos, tentando recuperar o fôlego, descansando a cabeça contra um dos braços enquanto o outro a envolvia.

Com a cabeça apoiada no ombro dele, Paige fechou os olhos enquanto aspirava o cheiro masculino, absorvendo cada movimento e textura. Do homem e dos músculos.

— A gente acabou de transar no seu escritório.

— Sim. Por um tempo, achei que aqui era meio que um desperdício de espaço, mas agora estou feliz que construí esta área.

Paige se sentiu fraca e trêmula.

— Também estou feliz. Nunca fiz sexo encostada numa porta.

Jake deu uma risada rouca e afrouxou um pouco o abraço de modo a conseguir olhar para Paige.

— É tudo parte da sua reeducação. — Levantou a cabeça e, com os dedos, acariciou o rosto dela em um gesto que era ao mesmo tempo possessivo e íntimo. — Você está bem?

— Acho que sim. Só não acredito ainda no que acabamos de fazer. — Tinha acabado de transar com Jake no escritório dele. De pé. — Você talvez faça isso o tempo todo.

— Nunca. Estou começando a achar que dividir escritório com você pode não ser a melhor das ideias. — A voz não pareceu muito firme. Ele soltou Paige e, com delicadeza, ajeitou-lhe o vestido.

— Você disse que tinha algo para me mostrar. — Paige tentou soar normal, como se estar com Jake não tivesse abalado seu mundo. — Era isso?

Jake olhou-a sem entender e então sua expressão clareou.

— Não, não era isso. Eu criei o seu aplicativo.

Paige ficou comovida e um pouco mais do que empolgada.

— Você criou?

— Sim, eu ia mostrar para você, mas me distraí. A culpa foi sua.

— Você pode me mostrar agora.

— Ou eu posso esperar até segunda-feira e mostrar para vocês três. — Ele abaixou a cabeça e beijou-a novamente. — É fim de semana. O trabalho pode esperar.

— Não quero esperar. Quero que me mostre o aplicativo.

— Mostro para você no jantar.

— Jantar, agora? É tarde.

— Deve ser por isso que estou com tanta fome. — O sorriso foi perversamente sexy. — E estamos em Manhattan. Não existe "tarde". Tem um restaurante de comida grega logo ali na esquina. Ele nunca fecha.

— A sua mãe sabe que você come comida grega?

— Minha mãe não sabe de metade das coisas que faço. — Jake segurou a mão de Paige e a conduziu de volta ao escritório, passando pelas mesas vazias até o elevador.

Eles desceram até a rua em um planar silencioso de química latente e desejo sexual contido. O coração dela palpitou. Paige achou que não emitiu nenhum som, mas deve ter emitido, pois Jake lhe lançou um olhar abrasador que fez a temperatura do cubículo subir em vários graus. Ela desviou os olhos rapidamente, sabendo que, se não fizesse isso, acabariam transando naquele elevador.

De algum jeito conseguiram chegar até a rua e ela sentiu o leve roçar da mão dele nas costas enquanto os dois caminhavam duas quadras até o restaurante.

Apesar do horário, o local estava lotado. Era uma clientela pequena e amigável povoando um espaço repleto de cheiros deliciosos e sons que transportaram Paige direto para o Mediterrâneo.

Jake ignorou os cardápios, fez o pedido para os dois e puxou seu tablet.

— Prepare-se para ficar de queixo caído.

O entusiasmo dele a fez sorrir.

— Estou pronta. E, aliás, sou capaz de pedir minha própria comida.

— Sei que sim, mas eu como aqui sempre e sei o que é bom. Chega mais perto. — Jake puxou a cadeira dela. — Está vendo? É seu aplicativo.

— Que lindo. — Paige sorriu. — Uma lâmpada de gênio. Eu esfrego?

— Você toca nela. — Ele tocou com o dedo na tela e Paige observou, intrigada, enquanto Jake lhe apresentava as diferentes funções. — É fácil de usar, então mesmo quem não entende muito de tecnologia vai achar fácil. Os seus clientes vão poder usar para solicitar serviços de concierge. A Laura pode filtrá-los e direcioná--los à pessoa certa. Isso significa que vocês não vão precisar se envolver em pedidos simples. Se um cachorro tiver que passear ou alguém precisar levar as roupas na lavanderia, a Laura vai repassar para o fornecedor certo. Isso vai liberá-las para cuidar dos eventos e pedidos mais complicados.

Paige fez algumas perguntas e testou o programa.

— É incrível. Eu amei. Você mesmo que fez?

— Sim.

— Mas você estava tão ocupado com aquele negócio em São Francisco e… Não achei que você mesmo fizesse ainda esse tipo de serviço. Exceto os de segurança virtual. Pensei que você só lidasse com os clientes agora.

— Eu lido.

Paige devolveu o tablet a ele.

— Então por que você programou nosso aplicativo?

— Porque era para você. Pois você precisava. — O olhar de Jake encontrou o dela e Paige sentiu um calor percorrer todo o seu corpo.

— Obrigada. Nós vamos pagar, é claro.

— Você não precisa pagar. E tenho que fazer algo com meu tempo, já que tenho dormido menos que o normal. — Ele esperou até a garçonete servir o pedido na mesa, uma série de vários pratos pequenos junto com pão pita recém-assado. — O que vamos fazer neste fim de semana?

Paige sorriu.

— Eu vou te deixar acordado.

Capítulo 17

Não é porque um homem não pede informações que ele não está perdido.

— Paige

NAQUELE SÁBADO, PAIGE E JAKE caminharam pelo High Line, a linha de trem histórica que tinha sido desativada e transformada no parque público mais alto de Manhattan. Com dois quilômetros e meio de extensão, ela serpenteava pelos bairros de West Manhattan: uma passarela vibrante e verdejante de jardins espalhados, flores silvestres, gramados e arbustos que abrandava os ângulos dos prédios circundantes.

Quando se cansaram de caminhar, compraram café e se acomodaram sob a sombra de um lindo canteiro bem em cima da West 15th Street. Dali, tinham uma vista ampla do rio Hudson, do Empire State e da Estátua da Liberdade.

— Eu amo este lugar. — Jake semicerrou os olhos para se proteger do sol. — Ele me faz lembrar que as coisas não precisam continuar iguais. Que podem mudar, renascer e se transformar.

Ajeitando o copo de café no colo, Paige esticou as pernas e inclinou o rosto para o sol.

— Esse é o seu trabalho, não é? Encontrar novos jeitos de fazer as coisas? Atualizar o antigo?

— Eu não atualizo. Eu inovo.

Ela fechou os olhos e sorriu.

— O sr. sensível.

— Nenhuma mulher nunca me chamou de sensível.

— Eu conheço seus pontos fracos. — O celular de Paige tocou, ela abriu os olhos e o tirou de dentro da bolsa. — Preciso ver quem é... — Era a mãe dela e Paige atendeu lançando um olhar de desculpas para Jake.

— Mãe? — Ela se virou um pouco, sorrindo enquanto se preparava para ouvir a mãe contar empolgada suas últimas aventuras na Europa. — Que incrível. Estou feliz que estejam se divertindo tanto... Sim, está tudo bem por aqui. Está ótimo no trabalho. Não poderia estar melhor. — Conversou com a mãe por mais algum tempo e depois desligou. — Desculpe por isso.

— Não tem problema. — Jake terminou o café. — Você tem uma mãe que quer saber como a filha está. Vocês se dão bem. Você tem sorte.

Page brincou com o próprio café.

— Você já pensou em entrar em contato com a sua mãe? A sua mãe biológica? Na última vez que conversamos sobre isso, muitos anos atrás, você disse que estava pensando no assunto.

— Para que eu faria isso? Percebi que se ela quisesse saber onde eu estava e o que eu estava fazendo, teria mantido contato. Ela era a adulta. Eu era só uma criança. Ela sabia exatamente onde eu vivia.

Paige se aproximou de Jake, que virou o rosto e sorriu.

— Não olhe para mim desse jeito, com esses olhões tristes. Foi há muito tempo. Posso te dizer, com honestidade, que raramente penso sobre o assunto.

Devia ser verdade, mas aquela experiência tinha se tornado parte do que ele era, Paige sabia disso.

— Se algum dia você quiser conversar sobre o assunto...

— Não tenho nada para falar sobre isso. Maria é e tem sido minha mãe desde que eu tenho 6 anos. Não há lugar para outra mãe na minha vida, muito menos para uma que deixou bem claro que não me queria. Enfim, você se imagina com duas mães? — Jake deu de ombros. — Duas mulheres perguntando quando você vai sossegar e dar netos pra elas. Me poupe. — Ele se levantou e estendeu a mão. — Vamos caminhar. E depois é melhor voltarmos para casa, porque hoje à noite vou preparar o jantar.

Paige deixou Jake levantá-la, desejando ser capaz de curar as dores dele. Ela tinha cicatrizes no lado de fora de corpo, mas as de Jake não eram menos importantes por não serem visíveis.

— Você sabe cozinhar?

— Ei, fui criado por uma italiana. Quando você experimentar minha lasanha, vai implorar por mais. — Puxou e beijou Paige. — E isso não é a única coisa pela qual você vai implorar.

De volta em casa, Jake abriu um vinho e fez o jantar enquanto Paige o observava.

Parecia fácil e natural estar no apartamento dele, observando-o enquanto Jake andava descalço para um lado e para o outro da cozinha.

— Esse foi um dos primeiros pratos que minha mãe me ensinou a fazer. — Ele cortou, fatiou, fritou e montou as camadas em uma assadeira.

— Impressionante. — Paige ajudou a limpar tudo enquanto Jake cozinhava. — Você parece um *chef* profissional.

— É melhor você provar antes de dar sua opinião. A sua mãe cozinha?

— Sim. Na minha adolescência, todo dia nós preparávamos uma refeição. E como a Ilha Puffin era pequena, eu costumava voltar da escola para almoçar em casa.

— Qual era a sua comida favorita?

— Essa é fácil de responder. Lagosta assada na praia. — Paige deu um gole na taça de vinho. — Nós nos sentávamos na praia, descalças, e comíamos vendo o sol se pôr. Uma bênção.

Eles conversaram, trocando histórias, descobrindo mais um sobre o outro, cada mínimo detalhe sedimentando os alicerces do relacionamento.

Quando o jantar ficou pronto, eles comeram à mesa, desfrutando a vista do pôr do sol no Hudson.

— A Maria te ensinou direitinho. — Paige deixou o garfo na mesa e olhou para o prato vazio. — Uma delícia. Então, não vai me contar como foi em São Francisco. Eles gostaram do que você fez?

— Sim. Você quer ver?

Jake sorriu e abriu o laptop.

Paige se concentrou na tela do computador enquanto ele mostrava o projeto. Matt sempre lhe dissera quão inteligente o amigo era e desde que tinham passado a dividir escritório, conseguiu ver por si mesma. Viu como a equipe o respeitava, quantos potenciais clientes ligavam. Jake nunca precisou ligar para ninguém. Os clientes iam até ele.

Jake tinha mais negócios do que podia dar conta e isso, pensou Paige, era porque era bom no que fazia. O melhor.

Ela precisava garantir que a Gênio Urbano construísse a mesma reputação.

Na meia hora seguinte, Jake apresentou o projeto a Paige e mostrou o que era capaz de fazer.

— Jake, isso é incrível. — Fascinada, ela explorou o programa. — Isso vai transformar os negócios deles.

— Eles também acham isso. — Jake *fechou o laptop.* — Estou feliz que você tenha aprovado. Às vezes me esqueço de que estou saindo com uma nerd. Isso é legal.

— Não sou nerd. Sou uma gostosona que, por acaso, gosta de tecnologia.

— É nerd, sim. Você não poderia usar óculos enquanto transamos?

— Eu ficaria mais sexy?

— Você não tem como ficar mais sexy. — Ele a puxou sobre o laptop e Paige sorriu.

— Cuidado com o disco rígido.

— Eu adoro o seu disco rígido. — Jake deslizou a mão pelo corpo dela. — Seu software não é nada mal também.

— A gente vai realizar uma fantasia nerd? — Paige murmurou algumas palavras na boca dele. — É que nem sexo por telefone, só que com tema nerd. Isso que estou sentindo pressionar contra mim é um dispositivo USB?

Jake deu risada.

— Paige, você com certeza é a mulher mais sexy que já conheci na vida.

— Você também é bem sexy para um cara que se comunica em códigos. Adoro o fato de você ser tão apaixonado pelo que faz. — Paige beijou Jake. — Eu poderia pegar os óculos da Frankie emprestados, se você achar que a transa seria melhor. O que acha dessa ideia?

Ele a pegou no colo, levou-a até o quarto e a jogou no meio da cama.

— Você acha mesmo que nosso sexo poderia melhorar?

Não melhorar, mas estava mudando. Aquele sexo frenético, louco, para compensar o tempo perdido que havia deslumbrado ambos no começo agora estava se intercalando com algo diferente. Algo mais íntimo. Mais pessoal. Eles ainda faziam descobertas, mas agora havia conhecimento também.

Paige lançou um olhar sugestivo.

— A gente podia tentar algo mais picante. O que você acha? — Paige começou a desabotoar o vestido e viu os olhos de Jake se escurecerem.

— Acho que você está brincando comigo. — Ele tirou a camisa e se juntou a ela na cama.

— Se eu estivesse de brincadeira, não estaria levando a fantasia adiante, e tenho todas as intenções de ir até o fim. — Paige deslizou a mão pelo abdômen dele até a calça jeans e ouviu Jake segurar o ar. — Ainda quer que eu pegue os óculos da Frankie emprestados?

— Não. Além disso, você não conseguiria ver com eles. Os óculos são para longe ou para perto?

Paige hesitou. O motivo por que Frankie usava óculos não era algo que ela tinha vontade de discutir.

— Não sei — disse por fim e abaixou a cabeça. — Para sua sorte, minha visão funciona perfeitamente e consigo ver o que me interessa. Agora vem aqui para eu olhar mais de perto.

—⟋⟍—

O fim de semana foi uma mistura descontraída de risadas, conversas e sexo.

No domingo eles foram tomar *brunch* em um pequeno café perto do Central Park e andaram de mãos dadas por caminhos sinuosos, observando pessoas de patins, famílias com carrinhos de bebê e corredores esforçados.

Ao chegarem ao lago, Jake parou.

— O quê? — Paige encarou-o, e seguiu seu olhar até o lago e começou a dar risada. — Você está de brincadeira.

— Não é brincadeira.

— Você quer que eu entre em um barco?

— Você já fez de tudo comigo. — Jake ficou pensando como ela ainda conseguia ficar envergonhada depois de tudo o que tinham feito juntos. — Você é tão fofa.

— Não sou fofa. — Os olhos de Paige desafiaram Jake. — Eu sou sexy. E sou CEO da Gênio Urbano. Você já deve ter ouvido falar. Somos bem famosas no momento.

— Ouvi dizer que a CEO é uma mulher bem gostosa. — Jake puxou-a para si e sentiu Paige suspirar, sem equilíbrio. — Você é sexy. E vai ficar ainda mais quando eu virar o barco, você cair na água e ficar toda molhada.

— Você só quer me ver de camiseta molhada, como naquela noite em que apareci na sua porta depois do evento do mês passado.

Mês passado?

Fazia mesmo tanto tempo?

Jake sentiu uma pontada de surpresa.

— O que foi? — O sorriso de Paige se desfez. — O que há de errado?

— Nada. Estou bem. — A voz saiu rouca. — Só estava me lembrando daquela noite em que você apareceu molhada na minha porta. Tenho vontade de te jogar na água agora mesmo, só para recriar aquele visual.

— Faz anos que não remo. O Matt levou Eva, Frankie e eu para andar de barco uma semana antes de virmos fazer faculdade aqui. Foi divertido.

E a situação com Matt era outra coisa que Jake tinha empurrado para o cantinho de sua mente.

Dissera a si mesmo que o fato de que o relacionamento com Paige acabaria em breve era motivo suficiente para não contar nada ao amigo, mas a relação não tinha terminado.

Na verdade, aquele era o relacionamento mais longo que Jake já tivera na vida.

E o motivo disso era óbvio. O sexo era espetacular. Por qual motivo ele terminaria algo tão bom? Ainda mais quando a relação era tão... Jake fazia um esforço para descrevê-la... *fácil*. Era essa a palavra. Era fácil. Provavelmente porque eles se conheciam tão bem. De algum jeito, isso tornava o sexo mais picante.

Era verdade que passavam um belo tempo juntos fazendo outras coisas, mas só porque não podiam ficar transando o tempo inteiro. De qualquer forma, Paige parecia se divertir e ele gostava de vê-la se divertindo. Ela *merecia* se divertir depois dos maus bocados pelos quais passara na adolescência, e era muito boa a sensação de ser a pessoa a colocar aquele sorriso no rosto de Paige.

Um pouco mais tranquilo, tocou a mão dela.

— Vamos pegar um barco.

Foi o que fizeram. E depois de darem muita risada, jogarem água um no outro, um incidente com remo que quase os fez serem expulsos e vários desentendimentos com uma família de patos, eles se deitaram na grama e ficaram admirando as nuvens.

— A gente devia sair para jantar nesta semana. Na terça-feira, que tal? Droga, não posso. — Jake franziu a testa. — Preciso ir a Chicago. Que tal na quarta-feira?

— Tenho um evento.

— Quinta? Não, para mim não dá. — Jake sentiu uma pontada de frustração. — Que tal na sexta?

— É sua noite de se encontrar com o Matt. Você já cancelou nas últimas três semanas. Se cancelar de novo, ele vai começar a te fazer perguntas. E, de qualquer modo, também tenho evento na sexta.

— Estou começando a desejar que você não estivesse fazendo tanto sucesso. — Jake percebeu que, por causa de seus compromissos de trabalho e os de Paige, não poderia vê-la durante a semana.

— Vou me encontrar com o Matt na sexta-feira à noite e podemos nos ver depois. Você pode vir para a minha casa depois do seu evento.

— Não sei a que horas vai terminar. E você não sabe a que horas vai estar em casa.

— Eu deixo a chave com você.

Que diabos estava dizendo?

Nunca tinha convidado uma mulher para ir a seu apartamento, muito menos lhe dado uma cópia da chave.

Mas não era uma mulher qualquer.

Era Paige.

Ele a conhecia desde sempre.

Ela não acharia que isso era algo mais.

Ela não olhava para Jake como se ele tivesse lhe mostrado o pote de ouro no fim do arco-íris.

Paige concordou com a cabeça como se fosse apenas uma solução prática.

— Está bem. Acho que vai funcionar. Devo chegar lá antes de você.

Jake ficou mais tranquilo. Pelo amor de Deus, era só uma chave. Poderia pegá-la de volta quando quisesse. Só precisava pedir. Não era nada de mais.

Capítulo 18

As coisas darem certo na vida é o que acontece antes de darem errado.

— Frankie

— Então é sério? — perguntou Eva, dando os últimos retoques em uma torre de cupcakes que formava a peça central que estavam preparando para um festa de 30 anos só para mulheres. Tinham reservado a cobertura de um hotel-butique em Chelsea. — Você passou cada minuto livre que teve no mês passado com ele e quando estão juntos a química é tão poderosa que poderia fornecer eletricidade à cidade de Nova York.

— Eu... Não, não é sério. E vamos encarar a verdade, não tive tanto tempo livre desde que começamos a empresa. — Paige manteve a cabeça baixa, conferindo tudo em sua lista. Era o quinto evento que estavam organizando e, até aquele momento, todos tinham transcorrido bem. Ela não queria que fosse diferente com esse. — Jake e eu estamos nos divertindo, só isso.

— O Jake não tem o hábito de "se divertir" com a mesma mulher muitas vezes. Vocês dois têm andado por aí disparando todos os alarmes da cidade.

— Não de toda a cidade. E nós éramos amigos antes de ficar, então é diferente. — Pois ela descobrira que as distinções entre uma coisa e outra estavam borradas. Eles riam na cama e com frequência conversavam depois do sexo. Como separar as coisas? Paige não fazia ideia.

Era por serem amigos que Jake havia lhe dado a chave.

Ele queria deixá-la entrar em seu apartamento.

Eva acrescentou uma fina camada de açúcar aos cupcakes.

— Estar apaixonada é diferente. Qual é a sensação, Paige?

— Não faço ideia. Por que você está me perguntando isso? Não é que ele... Ele não... Quer dizer, nós não... Eu não... — Com o estômago revirando, Paige olhou para a amiga. — Ah.

— Ah? — Frankie ergueu uma das sobrancelhas. — O que isso significa?

— Eu sei o que isso significa. — Eva acrescentou o último cupcake e se afastou para ver o conjunto. — Vou perguntar de novo, Paige. Qual é a sensação?

— Aterrorizante. — Até mesmo de pensar. Ela já havia sentido o mesmo antes e ele a rejeitara. Jake a magoara. O que ela tinha na cabeça? Achava mesmo que ficaria imune dessa vez? Que conseguiria manter as coisas de pé até os dois... até os dois o quê? — É assustador. Como se estivesse prestes a pular de um avião sem paraquedas.

Tipo, o maior risco de todos.

— Você vai contar a ele?

— Não! — Nunca na vida que teria coragem de se expor daquele jeito de novo.

— Você devia — disse Frankie bruscamente. — Devia contar a ele.

— Eu já contei antes. E as coisas não terminaram bem.

— Foi diferente. Isso foi há anos. Você era praticamente menor de idade.

— Eu não era menor de idade! E foi uma catástrofe. É por isso que, desta vez, vou guardar meus sentimentos para mim. — Ela prometera a Jake, não prometera? Jurara que saberia lidar com a situação. Que estava bem com tudo. Não era justo mudar de ideia de repente. — Eu tenho que… Tenho que pensar em como lidar com isso. Pensar nas opções.

— E a opção mais óbvia não é contar de cara para ele? — Frankie olhou exasperada para a amiga. — E vocês ainda se perguntam por que evito me apaixonar? É por isso! É que nem uma daquelas palavras cruzadas criptografadas. Ninguém diz para o outro o que está sentindo de verdade.

— Se eu disser o que sinto, vou perdê-lo. O risco é muito grande.

— Mas você sempre diz que quer assumir riscos. Que você quer viver.

— Eu quero mesmo, mas… — Paige pensou nas consequências, caso estivesse errada. Pensou em quanto tinha se magoado na última vez. — Agora é diferente. — Ela poderia seguir com o caso entre eles. Seguir transando e se divertindo. Não precisava dar um nome àquele relacionamento.

A porta se abriu e ela ergueu os olhos.

— Podemos conversar sobre isso mais tarde. Vamos manter o profissionalismo, pessoal. Nossa cliente chegou.

— E parece que já bebeu um ou uma dezena de drinques — murmurou Frankie. — É melhor diluir o champanhe. E deixar os paramédicos de prontidão, pois se ela despencar desses saltos, o estrago vai ser grande.

Com um sorriso caloroso e sincero no rosto, Paige atravessou a sala para se encontrar com a cliente.

— Feliz aniversário, Crystal.

— Não sei se tenho muitos motivos para comemorar. — A mulher oscilou sobre os saltos absurdamente altos. — Trinta anos. Você acredita nisso? Tentei ficar tranquila no trabalho, mas elas abriram uma garrafa de champanhe para mim. Devo ter bebido muito e bem rápido. E não tinha comida por lá.

— Nós temos comida aqui. — Paige gesticulou discretamente para Eva e levou Crystal até uma das mesas em que haviam servido o jantar. — Você devia comer algo antes de suas amigas chegarem.

— Para ser sincera, não sei nem por que estamos comemorando. E se você disser que tenho cara de vinte, sei que estará mentindo, então nem tente.

— Você não tem cara de vinte. Sua cara é bem melhor do que a de uma moça de 20 anos. — Paige estreitou os olhos. — Não sei você, mas, com vinte, eu era toda desajeitada, não sabia quem ou o que queria. E mesmo que soubesse, não teria coragem de ir atrás. Aos trinta, você se sente confiante do que é. E, Crystal, você está incrível.

Crystal pestanejou.

— Estou, é sério?

— Você sabe que sim. Você escolheu o vestido. Aposto que ficou na frente do espelho e disse: *é ele.* — O sorriso de Paige foi genuíno. — Ele está perfeito. Você está perfeita.

Crystal olhou para si mesma.

— Eu me apaixonei *mesmo* por esse vestido. Foi meu prêmio de consolação por fazer 30 anos e não ter conquistado nada do que eu queria.

— O que você queria ter conquistado?

— Ah, você sabe, as coisas de sempre... — Crystal deu de ombros melancolicamente. — Eu queria mudar o mundo e fazer a diferença. Mas não, sou apenas uma pequena engrenagem na máquina.

— Você não tem que mudar o mundo inteiro — murmurou Paige —, apenas uma pequena parte e, às vezes, essas mudanças podem até ser pequenas, mas não sem importância. Sem as engrenagens a máquina não funciona.

Crystal lançou um olhar demorado a Paige.

— Que bonito. Gostei.

— Hoje é dia de você se divertir com suas amigas. É para isso que serve uma festa de aniversário. Para se divertir. Você deixou a angústia dos vinte para trás e ainda não tem as responsabilidades dos quarenta. Os 30 anos são para cuidar de si mesma.

— Cuidar de mim mesma… isso parece bom. — Ela suspirou. — Às vezes olho para trás e fico pensando se, talvez, eu não tenha tomado as decisões erradas. Se não fiquei na zona de conforto quando devia ter assumido um risco. — Gesticulou um pedido de desculpas. — Ficar ouvindo minhas lamúrias não é parte do trabalho de vocês. Foi mal. Eu não devia ter bebido aquele champanhe. Beber sempre me faz falar sem parar. Ou talvez seja o fato de você dar atenção ao que digo.

— Meu trabalho é garantir que você se divirta ao máximo hoje à noite. — Paige hesitou. — Que riscos você gostaria de ter assumido?

— A maioria em relação à minha vida amorosa. — Crystal olhou para as próprias mãos sem anel. — Fui cuidadosa demais. Meus pais se divorciaram quando eu tinha 12 anos e isso afetou muito a forma como me aproximo dos homens, a maneira como me relaciono e minha segurança. Queria garantias e certezas. Nunca dava um passo sem saber se estava em terra firme. Tinha medo de cair. Tenho consciência disso, mas, por algum motivo, não fez diferença. Não conseguia agir de outro jeito.

Com a boca seca, Paige olhou para Crystal. Ela entendeu tão bem aquele sentimento. Só que, em seu caso, sua necessidade de segurança e controle se originou de uma infância marcada pela doença em que outras pessoas tomavam decisões por ela. Precisava tanto controlar tudo que tinha medo de se soltar e assumir riscos.

Eva se aproximou e colocou um prato de canapés na frente de Crystal.

— Coma isso. Estão deliciosos. E se quer saber minha opinião, eu acho que às vezes você tem que se jogar — disse com firmeza — e confiar que vai ficar tudo bem. Confie em si mesma.

Paige olhou para a amiga.

Eva estava falando com ela ou com a cliente?

Crystal pegou um canapé.

— Que nem se jogar de um avião sem paraquedas, é isso?

Paige se remexeu.

— Eu acho que o paraquedas está dentro de você. — Ela tinha em mente o que Jake disse naquela noite na cobertura. — Seus talentos. Quem você é. Você tem que confiar que vai dar conta do que acontecer. Às vezes acho que nos prendemos ao presente e não levantamos a cabeça para ver o que está acontecendo à nossa volta. Achamos que aquilo que sabemos é seguro, mas, muitas vezes, o desconhecido acaba sendo a melhor opção.

Quando Paige perdeu o emprego, sentiu como se tivesse perdido a segurança, mas aqui estava ela em uma posição melhor e mais feliz. Com a Gênio Urbano, o grande risco estava em suas mãos, assim como a recompensa. Não financeira, ainda que contasse que viria, mas em termos de controle. Não precisava mais lidar com as más decisões dos outros. Ela tomava as próprias decisões.

Ainda assim, sabia no coração que não teria criado a Gênio Urbano àquela altura da vida se não tivesse sido forçada pelas circunstâncias.

Paige detestava quando os outros a protegiam, mas não tinha feito exatamente aquilo consigo mesma?

Viveu na zona de conforto. Fez escolhas seguras. No trabalho. No amor.

E escolhas seguras se fundamentam em medo.

— É natural querer se proteger quando já se magoou — disse Crystal. — Há muito a perder. Mas parte de mim fica pensando se não há mais coisas a perder em não ter coragem suficiente para assumir o risco. *Tinha* um cara, alguns anos atrás... — Deu de ombros. — Estraguei tudo. Eu me protegi tanto que ele pensou que eu não estava interessada. Não há um dia sequer em que não acorde e deseje ter agido de outra forma. E agora é tarde demais. Não acredito que estou te contando isso. Me mande calar a boca. E não me dê mais champanhe, senão vou sair soluçando por aí.

— Você tem certeza de que é tarde demais? — O coração de Paige batia acelerado como se estivesse tentando fazer uma ligação de emergência. — Nunca é tarde para dizer o que você sente.

— Nesse caso, é sim. Ele encontrou outra pessoa. Uma mulher que não é tão cautelosa quanto eu. Estão casados há um ano e vão ter um filho. Eu queria ter feito as coisas de outro jeito, mas não fiz. Estava com medo. E agora estou pagando o preço. Mas, vai... os 30 anos são um recomeço. É tarde demais para aquele relacionamento, mas ainda posso encontrar alguém. Tenho tempo para isso.

— Nunca é tarde para viver com coragem — disse Paige.

Assim esperava, pelo menos.

Pois era isso o que queria fazer.

E talvez se magoasse, mas pelo menos não ia passar um aniversário tão marcante desejando ter se arriscado em algo que importava tanto.

— Estou me sentindo melhor. — Crystal foi pegar mais comida. — Você devia prestar serviços como palestrante motivacional.

Paige lhe deu um copo de água, pensando que era tempo de ela mesma aceitar seu próprio conselho.

— Aproveite sua festa e, em vez de ficar olhando para o passado, olhe para o futuro. A vista à sua frente é brilhante e ensolarada. Se precisar de óculos de sol, é só pedir.

Crystal bebeu a água.

— Preciso de vocês três na minha vida para sempre. A Gênio Urbano fez um excelente trabalho e o serviço de concierge é sensacional. — Os olhos dela se arregalaram quando viu os cupcakes. — Ah! Que incrível. — Crystal se virou ao ouvir uma risada. — Minhas amigas chegaram.

Elas saíram do elevador munidas de presentes, balões e sorrisos radiantes. Era um grupo de mulheres com um único objetivo em mente: proporcionar à amiga a melhor festa de aniversário de sua vida.

Crystal as recebeu com abraços e risos, e Paige lhes deu alguns minutos para se ambientarem, gritarem e admirarem o lugar antes de servir champanhe.

— Amigas — murmurou Eva quando Paige se juntou novamente a ela e Frankie. — Tudo fica bem no mundo se você tiver amigas. Espero que vocês duas me tragam presentes bem bonitos quando eu fizer 30 anos.

— Nós vamos enfiar margueritas goela abaixo até você não conseguir mais lembrar sua idade. — Frankie ficou observando as mulheres exclamarem para os bolos. — Gostaram. Elas têm muito bom gosto. Bom trabalho, Ev.

— Sim. Bom trabalho. — Paige fez uma pausa. — Vocês conseguem acreditar que ela perdeu o homem que amava?

— Sim, consigo — disse Frankie secamente. — Como eu disse, o amor é um jogo de palavras cruzadas criptografado.

Paige respirou fundo.

— Eu não quero que seja assim. Vou contar ao Jake o que sinto. Vou contar que o amo.

Eva trocou olhares com Frankie.

— Como você acha que ele vai reagir?

— Não sei. — Paige pensou no tempo que tinham passado juntos. Nas horas que deram risadas e conversaram.

A Gênio Urbano não existiria se não fosse por Jake.

Foi ele quem pressionou Paige a seguir em frente e realizar seu sonho.

Ele a conhecia melhor do que ninguém.

— Acho que Jake também me ama, mas, se não amar, vou lidar com isso. — Já havia lidado antes, não é mesmo? Não com muita habilidade, mas a vida continuou. — Não quero olhar para trás e desejar ter contado a ele. Seria a pior coisa do mundo.

Se ia mesmo viver a vida com coragem, tinha que começar imediatamente.

Jake rondou a mesa de bilhar no apartamento de Matt, analisando que tacada daria.

— Se quiser fazer a jogada no século que vem já está bom. — Matt abriu uma cerveja e a entregou a Chase. — Fiquei sabendo que você comprou um barco novo.

— Sim, e é uma beleza.

— Essa belezinha vai ficar nas docas enquanto você a admira ou vai levá-la pra passear?

— Essa belezinha vai ser velejada. — Chase levou a cerveja aos lábios. — Passei pelo que vocês podem chamar de redefinição de prioridades.

Matt ergueu uma das sobrancelhas.

— A Matilda teve algo a ver com essa redefinição?

— Talvez sim.

— Mais uma prova de que as mulheres são criaturas perigosas. — Jake deu a tacada e encaçapou a bola. — Uma hora você está se divertindo. Na outra, a vida como conhecia acaba. — Por isso que uma de suas habilidades era terminar relacionamentos. Ele aprendeu a escolher o momento perfeito, antes de emoções entrarem no jogo. Era por isso que sempre encurtava suas relações.

Exceto com Paige.

Franziu a testa.

Não havia como dizer que seu relacionamento com Paige estava sendo curto.

Mas eles eram amigos há muito tempo, o que complicava as coisas.

E ela era diferente. Paige o entendia, sabia que com ele não tinha coraçõezinhos e finais felizes.

— Acontece que prefiro minha nova vida à antiga — disse Chase com leveza. — A Matilda é melhor do que minha jornada de trabalho de dezesseis horas.

— Você devia trazê-la um dia desses. — Matt preparou sua tacada. — As garotas não paravam de falar dela. Ficaram preocupadas.

— Matilda também falou delas. — Chase bebeu a cerveja. — Ela acha que a Paige tem tudo para fazer sucesso.

— Ela é incrível. — Jake viu o olhar que Matt lhe lançou e deu de ombros. — O quê? A sua irmã consegue fazer mais malabarismo que um acrobata e tem um cuidado impressionante com os detalhes. Ela se estressa um pouco além da conta, só isso. Esse lance de deixar o celular do lado da cama e fazer anotações no meio da noite...

Matt lançou um olhar curioso na direção dele.

— Como você sabe que Paige deixa o celular do lado da cama?

— Ela me contou. — Jake acobertou seu deslize com sutileza. — A gente divide escritório, se esqueceu?

— Você deu uma sala para ela, mas eu não tinha percebido que vocês passavam tempo juntos o bastante para conhecerem a rotina de trabalho um do outro.

— Paige me conta umas coisas às vezes.

— Nesse caso, você precisa falar para ela pegar mais leve. A Gênio Urbano não vai ruir se descansar ao menos uma noite. Ela tem trabalhado demais. Quase não a vejo mais e faz três semanas que Paige não vem para a noite de filmes. Pensando no assunto, você também não.

— Tenho andado ocupado.

Chase terminou a cerveja.

— Depois do que aconteceu, quero vê-la fazendo um sucesso tremendo. E não apenas porque a Estrela Eventos merece uma grande concorrente. Ela precisa de ajuda? Pois eu estaria pronto para…

— Nem toca no assunto. — Matt encaçapou a bola. — Minha irmã leva a própria independência muito a sério. Se não fizer algo por conta própria, nem leva em consideração.

— A Matilda ficou horrorizada quando descobriu que elas tinham sido demitidas. De quem foi a ideia de abrirem a empresa?

— Do Jake. Eu não concordei na hora. Pensei que era cedo demais. — Matt deu uma piscadela para o amigo. — Mas ele estava certo.

Jake foi pegar outra cerveja.

— Sempre estou certo.

— Não sempre, mas estava dessa vez. Nunca vi Paige tão feliz. Ela fica pulando pela casa e ri o dia todo.

Desconfortável, Jake se remexeu. Ele sabia muito bem por que Paige andava sorrindo e a Gênio Urbano era só parte do motivo.

— Fico contente que ela esteja feliz.

— Você dedicou bastante tempo a ela. Teve paciência. — A expressão de Matt ficou séria. — Não agradeci o bastante por tudo o que você fez. Você dedicou muito tempo e atenção a Paige.

Jake suou só de lembrar quanto tempo e atenção havia dedicado. A culpa lhe roçou a pele como uma lixa.

— Deixa pra lá.

Era o momento de ser honesto com o Matt. Jake queria ter contado logo depois da primeira noite. O que ia dizer agora?

Tenho transado com a sua irmã.

Essa ia lhe render um olho roxo antes mesmo de terminar a frase.

A culpa se misturou à irritação.

Droga, Paige estava feliz, não é? E Matt com certeza ficaria feliz com isso.

Jake ia contar a verdade. Não tinha se passado tanto tempo assim. Só estavam saindo juntos há algumas semanas.

— E você, Jake? — Chase se levantou e colocou a cerveja de lado, preparando-se para dar a tacada. — Que mulher está te ocupando no momento?

— Essa é uma bela pergunta. — O olhar de Matt foi especulativo. — Ele tem andado bastante quieto a respeito da vida amorosa ultimamente. Quem quer que seja, tem ocupado a atenção dele mais do que o normal.

Inquieto, Jake se remexeu.

— Eu não tenho vida amorosa. Tenho uma vida sexual.

— Você está saindo há algum tempo com a mesma mulher.

— Isso não significa que estou apaixonado. Isso só significa que o sexo tem sido bom. — O que quer que tivesse com Paige durou mais do que qualquer outro relacionamento. E daí? Por que deixaria um sexo tão bom de lado? Era a vez de Jake jogar e seus olhos se fixaram na bola branca enquanto tentava dar sentido às próprias ações. Paige o entendia.

Ela sabia que estavam se curtindo.

Na verdade, Paige era quase a mulher perfeita para ele. Sexy, bem-humorada e feliz em curtir o momento.

Matt deu a volta na mesa.

— Quem quer que seja, ela conseguiu sua atenção. Com certeza é gostosa, não preciso nem dizer. É loira ou morena? Dá uma dica. E por que você ainda não a levou ao Romano's?

Porque ela já passava mais tempo no Romano's do que ele. E cada vez que iam para lá em grupo, era mais difícil agir como se nada tivesse mudado. Jake não se lembrava mais o que era "normal", como agia antes de a intimidade com Paige ser elevada a outro patamar.

A verdade é que não pensou que duraria tanto tempo. Normalmente, quando começava um relacionamento, já tinha o fim planejado.

Mas nenhum de seus relacionamentos tinha sido tão bom quanto aquele.

Jake deu a tacada. Errou e olhou para Matt.

— Você não vai dar risada, hein?

— Vou sim, não se preocupe. — Matt sorriu. — Você está com a cabeça em outro lugar. Sorte a nossa. Quem quer que seja a moça, um brinde a ela. Pelo bem da minha conta bancária, torço para que vocês nunca terminem. Podem me pagar.

O que aconteceria quando a relação deles *de fato* acabasse?

Ele continuaria vendo Paige? É claro que continuaria.

Eram amigos.

Na verdade, desde que parou de tentar mantê-la à distância, eles se tornaram mais próximos do que quando ela era adolescente. Mais próximos, pois o sexo deu a tudo uma outra dimensão.

Quando enjoassem de transar, continuariam sendo amigos.

E já que não pareciam estar perto de enjoar, não tinha por que ficar cismado.

Sussurrando em protesto, Chase pegou a jaqueta.

— Se continuar saindo com vocês dois, vou precisar voltar a trabalhar dezoito horas por dia. Falando nisso… — ele jogou um maço de notas em Matt. — Preciso de um projeto de paisagismo para a cobertura de um prédio em Tribeca. Coisa grande. Tem interesse?

— Depende. Você espera que eu tire meus honorários do bolo de dinheiro que acabou de me dar?

— Não.

— Nesse caso, sim, tenho interesse.

— Ótimo. — Chase lançou a jaqueta de volta na cadeira. — Pois eu quero que sua empresa faça o trabalho. Vocês estão ocupados neste fim de semana? Pois estão convidados para ir comigo e Matilda à praia.

—- Um fim de semana velejando em Hamptons... Isso sim é tentador. — Matt guardou o dinheiro dentro do bolso. — Jake?

— Não posso. Estarei ocupado. — Ele manteve a cabeça abaixada, tomando cuidado para não revelar a Matt que seria sua irmã quem o manteria ocupado.

Paige devia estar esperando no apartamento naquele exato momento.

Ele dera a chave a ela.

Não que aquele gesto quisesse dizer algo. Era mera conveniência, só isso.

Capítulo 19

A vida é um misto imprevisível de sol e chuva: portanto, carregue sempre um guarda-chuva.

— Paige

PAIGE CUMPRIMENTOU O PORTEIRO DO prédio de Jake e foi em direção ao elevador. Seus braços estavam tão carregados de sacolas que mal conseguia ver para onde ia.

Sentiu o peso da chave no bolso. Não só o metal, mas o significado dela. Saber que Jake lhe dera a cópia da chave deixava Paige tonta.

Tinha certeza de que ele nunca dera a chave a outra mulher antes.

Isso devia significar alguma coisa, não é mesmo?

Estava na cara que confiava nela, que era importante para ele.

Paige agora só tinha a intenção de descobrir quão importante. Ele talvez não tivesse expressado sentimentos mais profundos, mas a relação tinha mudado: Paige sabia disso. E não apenas pelas confidências que trocavam, mas porque estavam sempre juntos.

O que tornava a relação especial era o fato de se conhecerem tão bem. Um já sabia de tudo do outro.

E uma coisa que sabia sobre Jake era que amava comida italiana, motivo pelo qual seus braços carregavam as sacolas com tomates maduros e suculentos, manjericão fresco e um bom azeite de oliva.

Havia passado tempo suficiente no Romano's para que Maria pudesse ensinar a ela um truque ou outro e Paige estava pronta para exibir suas habilidades. Jake não era o único capaz de preparar uma refeição deliciosa.

Equilibrando as sacolas, saiu do elevador, abriu a porta do apartamento de Jake e entrou no espaçoso loft. Era um local bem masculino, onde couro macio e madeira polida eram cercados pelos vidros que iam do chão ao teto e que ofereciam uma vista tão espetacular que faria qualquer cidadão de Nova York parar e suspirar.

Ela sabia quanto Jake trabalhara para chegar ali e admirava tudo o que ele havia conquistado.

Paige parou por um instante, admirou o brilho dourado do rio Hudson e as luzes cintilantes da Ponte do Brooklyn. Então, colocou as sacolas sobre o balcão da cozinha e começou a desempacotar. O amor de Jake por tecnologia estava evidente no ambiente em que morava. As luzes, a temperatura e o sistema de som eram acionados por um controle central que ele podia programar de qualquer lugar do mundo.

Sorte sua que compartilhavam o fascínio por tecnologia, pensou Paige, senão não teria ideia de como acender as luzes, sem falar em ligar o fogão para fazer o molho de tomate com manjericão para a massa fresca que tinha acabado de comprar no mercado.

Colocou a garrafa de champanhe para gelar.

Aquela noite ia ser romântica. Especial.

E quando fosse o momento certo, diria a Jake o que sentia.

Ela estava picando o alho e um maço de manjericão quando a porta se abriu e Jake entrou.

A luz do sol brilhava sobre o cabelo escuro e os olhos cintilavam com um azul-acinzentado. Mesmo vendo-o com frequência, Jake ainda fazia Paige perder o fôlego.

Ele jogou as chaves na superfície mais próxima, livrou-se das botas e ela soube imediatamente que havia algo errado.

— Teve um dia ruim?

Jake lançou-lhe um olhar e, então, à comida quase pronta sobre o balcão.

— Você está cozinhando? Pensei que a gente ia sair para comer.

— Imaginei que seria legal ficarmos aqui. Foi uma semana longa e ambos estamos cansados. De qualquer jeito, te devo uma refeição. Você cozinhou para mim na semana passada. — Paige sabia muito bem que não devia pressioná-lo a dizer o que estava acontecendo. Se Jake quisesse contar, contaria. Ela estava ciente de que havia partes do passado sobre as quais ele não queria falar e Paige respeitava isso. — Também tem champanhe na geladeira.

— Estamos comemorando algo?

— Outro contrato da Gênio Urbano e mais um evento bem-sucedido. — Jogou os tomates picados na panela. — Os dois contratos surgiram do evento que organizei para você. Não tenho como agradecer o bastante por ter nos deixado cuidar dele.

— Foi você quem fez o trabalho. Mas se quiser agradecer, consigo pensar em algumas formas bem interessantes.

— Como foi a noite de bilhar com Matt e Chase?

— Eu perdi.

— Você nunca perde.

— Hoje, perdi.

Era esse o problema?

— Você estava distraído?

Jake lançou um longo olhar e balançou a cabeça.

— Eu estava com a cabeça cheia. Qual foi o evento de hoje?

— Um aniversário de 30 anos. — Ela conferiu a panela e baixou o fogo. — Deu tudo certo. A Eva e a Frankie cuidaram da maior parte. Eu só aliviei a tensão e acalmei os ânimos.

E sonhou. E tomou decisões importantes sobre o próprio futuro.

Um do qual, desejava Paige com todas as forças, Jake faria parte.

Ele abriu o champanhe e serviu as taças.

— Como é possível aliviar a tensão e acalmar os ânimos em uma festa de 30 anos?

— Em grande parte, garantindo à dona da festa que ela não tem uma ruga sequer no rosto, que nada está indo ladeira abaixo e que a vida ainda não acabou.

— Aos trinta? É uma preocupação real?

— Há coisas que ela queria ter feito e não fez, porque estava com medo demais. Não quero me sentir assim nunca. Ouvir o que ela disse me deixou aliviada por ter criado a Gênio Urbano. E foi graças a você.

— Você teria feito tudo sozinha. Tudo o que fiz foi acelerar o processo. — Inquieto, Jake rondou a cozinha. — Paige, a gente precisa contar para o Matt.

— Concordo. — Ela levou a vontade de Jake contar a seu irmão como algo positivo. Significava que ele não tinha planos de acabar com tudo em breve. E agora entendia por que parecia tão incomodado. Matt era seu amigo mais próximo e não seria uma conversa fácil. — Quando você quer contar a ele? No domingo? A Eva vai cozinhar. Estamos convidados.

— Provavelmente não é o tipo de coisa a ser feita em público. Vou conversar com ele em particular. Assim, quando seu irmão vier me nocautear, nenhum inocente ficará ferido.

— Por que Matt faria isso?

— Por causa disso.

Ele a puxou para si, coxa contra coxa. Jake tomou a boca de Paige em um beijo demorado que deixou-a de pernas bambas. Não importava o jeito como a beijava, se era lento e sensual ou brusco e voraz: a sensação ia direto da cabeça aos pés, levando no caminho todas as partes do corpo. Ela perdia o equilíbrio e sentia a cabeça girar. Naquela noite, havia algo de desesperado no carinho que ela nunca sentira antes. Paige abriu os botões da camisa dele, expondo os músculos rígidos e os contornos fortes do corpo de Jake.

— Estamos com pressa?

— Sim, estamos. — A boca dele roçou o seu maxilar e o pescoço.

Paige fechou os olhos.

— Por algum motivo em especial?

— Eu te quero. Esse motivo já tá bom? Transar com você é... é... — Enterrou a mão no cabelo comprido e trouxe a boca dela junto à sua. — Precisamos mesmo falar sobre isso?

— Não — as pernas estavam bambas —, mas desse jeito eu vou queimar a comida e você vai achar que sou uma péssima cozinheira.

— Não vou pensar isso, mas, se está preocupada, desligue o fogão.

E foi o que fez, sentindo as mãos de Jake a despirem tão rápido que ficou pensando se teriam tempo de sair da cozinha.

— Se você me distrair, o jantar vai atrasar.

— Não estou nem aí. — Ele a pegou no colo e a levou para o quarto como se não pesasse nada.

— Eu consigo andar.

— Eu sei, mas isso estragaria minha diversão, e ainda não malhei hoje.

— Não sei se fico feliz com você insinuando que sou pesada o bastante para se exercitar comigo.

Jake a colocou delicadamente no meio da cama e se inclinou sobre ela, imobilizando-a na cama com o corpo.

Eu te amo.

As palavras estavam na cabeça de Paige, mas não conseguiu pronunciá-las.

Ainda não.

— Então você deixou o Matt vencer?

— Não. Ele venceu sozinho. — Jake desabotoou a camisa dela, apressado.

Paige quase não ouviu o que ele disse. Jake a beijou nos ombros e nos seios, deixando-lhe a pele viva com a sensação. Tirou o sutiã dela com uma facilidade ridícula e traçou os contornos dos seios com as mãos.

Ela gemeu.

— Jake...

— Você é tão linda. — Abaixou a cabeça e abocanhou um dos mamilos, saboreando-o e atiçando-o até ela não conseguir mais ficar parada.

— Esqueci de perguntar... — Jake levantou a cabeça. Seus olhos brilhavam sob a luz íntima do quarto. — Um cara do fundo de investimentos ligou pra você? Dei seu cartão a ele.

Era impossível se concentrar com o peso e as mãos masculinas sobre ela.

— Você espera mesmo que eu converse sobre trabalho enquanto você está com a mão aí?

— Aqui, você quer dizer? — A mão acariciou mais acima, demorando-se na penumbra recôndita das coxas femininas. — Ou aqui, talvez? — Deslizou os dedos com uma destreza íntima, tocando-a de uma forma que só ele sabia fazer.

Paige ficou sem ar.

— Podemos falar sobre trabalho mais tarde?

— Claro. Ou podemos parar de falar de vez. — Jake levou a boca à dela, beijando-a com uma habilidade bruta e impetuosa.

Ele segurou os braços de Paige acima da cabeça, entrelaçou os dedos de ambos e a prendeu. Então, foi abaixando a cabeça aos poucos, provocando-a com a boca e com o olhar.

— Você está presa bem onde quero. Não tem como fugir.

— Não quero fugir. — Paige fitou fixamente os olhos de Jake e o que ela viu fez seu coração disparar. Sabia com absoluta certeza que ele a amava. Estava em seus olhos. Em seu toque. Nos mínimos detalhes, em como a escutava e prestava atenção. Nas mínimas formas como tentava tornar sua vida mais simples.

Ele se importava.

Jake deslizou-a para debaixo do quadril, puxando-a enquanto penetrava seu corpo e Paige gemia, todos os seus pensamentos se fundindo.

Ela não conseguia se concentrar quando transavam. Não conseguia pensar em nada que não fosse o peso do corpo de Jake e o prazer delicioso que provocava a cada penetração. Nenhuma parte do seu corpo permanecia intocada ou inexplorada. Com dedos experientes e habilidade consumada, Jake desembrulhava, descobria e testava, tomava liberdades que nenhum homem nunca tomara e Paige o incitava, pois era o seu Jake. Ela não conseguia se lembrar de um único dia de sua vida adulta em que não estivera apaixonada por ele.

Sem equilíbrio e abalada, desemaranhou os dedos e pousou a mão sobre os ombros dele, arrastando os dedos suavemente sobre o volume rijo dos músculos masculinos. Como era sempre tão gentil, Paige se esquecia de quanto ele era forte.

Jake parou e a olhou fixamente.

— Você está bem? — Com a respiração instável, a voz soou rouca e sexy.

— Sempre estou bem quando estou com você.

De novo, ele beijou-a com intenção explícita enquanto mudava de posição e trazia mais um suspiro aos lábios dela. Jake a penetrou e Paige gemeu, contorcendo-se e agitando-se a cada movimento do corpo masculino e a cada deslizar habilidoso de mãos. Ele tocava, provocava e invadia seus sentidos até Paige só conseguir se concentrar no prazer.

Jake a fazia ir mais e mais alto até o mundo inteiro explodir. A conexão era tão crua e verdadeira que os sentimentos de Paige recusavam-se em se conter. Era como se algo tivesse se destrancado. Tivesse se libertado.

— Eu te amo. — Tinha se preocupado com quando diria essas palavras, mas, no final, elas saíram sem planejamento. Paige envolveu o pescoço dele com os braços. — Eu te amo tanto.

— Sim. — De olhos fechados, Jake sorriu. — Fico feliz que também tenha sido bom para você.

Era uma resposta típica de Jake.

— Não estou falando do sexo. Estou falando sobre o que sinto por você.

— Querida, algumas pessoas veem Deus, outras veem amor, mas, de um jeito ou de outro, ambos são a mesma coisa. Um sexo tão bom faz qualquer pessoa ficar emotiva.

Ela franziu a testa.

É sério que Jake não entendeu por que era tão bom entre eles?

Tentando domar a própria frustração, Paige se apoiou sobre os cotovelos.

— Eu te amo e amar você não tem nada a ver com o que fazemos na cama. Sim, o sexo foi bom, Jake, mas não é disso que estou falando. Eu amo o jeito como ficamos juntos.

Os olhos dele se abriram. O sorriso desapareceu.

— Paige…

— Eu te amo. — Ela falava rapidamente, incapaz de continuar reprimindo os sentimentos. — Amo tudo em você. Seu jeito de pensar, sua risada e como você me ouve. Amo como você contrata gente que ninguém mais contrataria. Como você é apaixonado por tudo. Amo a forma como é leal e protetor com seus amigos. Com a Maria. Com meu irmão. E, acima de tudo, amo seu jeito comigo. Eu amo até o fato de você me proteger, mesmo isso me deixando louca. — Foi apenas quando a torrente de palavras e sentimentos diminuiu que Paige percebeu que Jake não tinha respondido. Com o olhar preso nela, ele permaneceu assustadoramente imóvel.

E Paige sentiu as primeiras dúvidas desabrocharem dentro de si.

Quanto mais aquele longo silêncio se estendia, mais sua dúvida aumentava.

Tinha deixado Jake com medo.

Não devia ter dito nada. Foi muito cedo. Devia ter deixado as coisas avançarem um pouco mais e esperado que ele chegasse sozinho à conclusão, em vez de martelá-la em sua cabeça. Mas quanto tempo seria o bastante? Quando se tem tanta certeza quanto ela, de que serve esperar? A vida pode ser imprevisível, sabia disso. Era preciso aproveitar a circunstância.

Mas, aproveitando a circunstância, Paige não estragou tudo?

— Jake? Diga alguma coisa.

Ele se remexeu.

— Alguma coisa? Nós dois sabemos o que você quer que eu diga, Paige. É assim que o jogo funciona, não é? Você diz que me ama e, ou eu não digo nada e terminamos, ou digo que também te amo e vamos empurrando a situação com a barriga até um de nós perceber que na verdade *não* ama mais o outro e então terminamos. De qualquer forma, nós terminamos. Geralmente, prefiro que isso aconteça no começo, não depois. É mais honesto para os dois.

— Mais honesto?

— Sim. Quanto mais profundas forem as raízes, mais difíceis são de arrancar.

— Raízes são algo bom. Dão segurança.

— Não tem nada seguro no amor. — Ele se afastou e saltou da cama como um tigre que havia acabado de descobrir que alguém deixara a jaula aberta. — O amor é a coisa mais imprevisível que existe. É só uma palavra, Paige, e palavras saem facilmente da boca.

— Não é só uma palavra. Vem junto com um monte de sentimentos. Emoções importantes. — Parou de falar e respirou fundo. — Você não teve um bom dia, entendo isso. Deve ter sido difícil com o Matt, então vamos falar com ele no domingo e conversar sobre isso em outra hora.

— Não temos mais nada para conversar. E não há nada para contar ao Matt. — Jake vestiu a calça jeans, puxando-a no corpo. — Não sei o que você espera de mim, mas seja lá o que for, não posso te dar.

A frustração de Paige deu lugar às primeiras sementes de pânico.

— Eu não estava esperando nada. — Uma pequena parcela dela sabia que isso não era verdade. Estava esperando por algo. Teve esperanças e tanta certeza de que ele sentia o mesmo. Os dois tinham passado tanto tempo juntos. Jake dera a chave de casa para ela. Paige fez uma última tentativa de fazê-lo refletir sobre os próprios sentimentos. — O que temos é especial. Nós nos divertimos tanto nas últimas semanas.

— Sim, nos divertimos, e é por isso que não entendo por que você fez o que acabou de fazer. Por que estragou tudo?

Paige respirou fundo.

— Talvez porque eu não ache que o amor estrague uma relação. Ou não considere o amor a pior coisa que pode acontecer com alguém. — O coração parou de bater, por ele e por ela. — O amor é um presente, Jake. O mais importante e valioso que existe. Você não pode comprar, fabricar sob demanda, ligar e desligar. Deve ser dado gratuitamente e é isso o que o torna tão precioso. É isso que estou oferecendo pra você.

— Você está enganada. Ele pode sim ser ligado e desligado. E "eu te amo" é a coisa mais fácil de dizer no mundo. — Jake olhou fixamente para ela. Seu rosto era uma máscara inexpressiva. — Eu não quero o que você está me oferecendo, Paige. E você devia ir embora agora.

Teria sido menos doloroso se tivesse dado um tapa nela.

— Eu... O quê? — gaguejou. — Eu digo que te amo e você me manda embora?

— Não quero que você me ame Sinto muito se você acha que ama.

— Eu não "acho". Eu sei que te amo.

Jake praguejou baixinho.

— É exatamente por isso que não me envolvi antes com você.

— O quê? Espera aí!

— Eu devia ter terminado logo que começou. Nós não devíamos ter saído juntos por tanto tempo. — Jake disse isso com a emoção de alguém que estava informando-a que sua carteirinha da biblioteca tinha expirado.

A questão era a mãe dele.

Sabia que era isso.

— Jake, meus sentimentos não são novidade. Passei a maior parte da vida apaixonada por você. — Paige manteve a voz calma. — Ou é o que me parece.

— Então você mentiu para mim, porque disse que isso não ia acontecer.

— Eu não menti. Eu só... — Respirou fundo, tentando não perder o controle das emoções. — Só subestimei o quanto já tinha me envolvido.

— Eu sei. Você é como a Eva. Acredita em amor e em finais felizes. É isso o que você quer.

— Sim, é isso mesmo. Não vou fingir o contrário e não vou pedir desculpas por desejar isso.

E Jake queria o mesmo, ela sabia.

Mas tinha medo de confiar no amor.

— Eu não quero isso e também não vou fingir. — O tom de voz foi brusco. Resoluto. — Pensei que você soubesse. Pensei ter deixado isso bem claro. Quando começamos, entramos em acordo que seria apenas sexo.

— Eu sei. Mas as coisas mudaram. Achei que você também tivesse sentido isso. — Paige tentou argumentar. — Esse tempo que passamos juntos... não foi só sexo. Nós nos divertimos. Demos risada. Conversamos.

— Passamos algum tempo juntos. Não ficamos procurando o pote no fim do arco-íris. Você disse que estava bem com a situação. — A voz soou baixa. Grave. — Você me garantiu que saberia lidar com uma relação que se resumisse a sexo. E agora está me dizendo que não.

— Não estou dizendo isso. Só estou falando que te amo. — Paige respirou fundo e mergulhou. A essa altura do campeonato, o que mais podia perder? — E acho que você também me ama.

— Mesmo não vendo nem um pouco de amor naquele instante. Havia apenas um pânico cego.

O silêncio se prolongou, tão tenso que Paige poderia cortar com uma faca.

— Você está enganada. Não amo, não. — A expressão estava fixa. Imóvel. Séria.

Era difícil reconhecê-lo como o cara risonho e sensual com quem tinha passado as semanas anteriores.

Ele havia passado de caloroso e tranquilo para frio e inacessível. E Paige sabia que isso era um mecanismo de defesa.

— Tem certeza? Pois estou sentindo que isso não tem a ver com a gente, Jake. Tem a ver com a sua mãe.

— A Maria é minha mãe.

Paige fechou os olhos.

— Jake...

— Quero que você vá embora, Paige.

— Não consigo imaginar o que foi ela não ter voltado naquela noite. Você me contou como aconteceu e nunca me esqueci daquela conversa. Meu coração sempre para quando penso em quanto você deve ter ficado desamparado e confuso, o quanto deve ter pensado no que estava acontecendo e se preocupado.

— Isso foi há muito tempo.

— O tempo cura, mas não apaga. Foi há muito tempo, mas ainda mexe com você. Algo assim deixa marcas para sempre. Ah, você se adapta e aprende a conviver com o trauma, mas a cicatriz fica e de vez em quando dói, lembrando que é preciso ser cauteloso. É isso o que está acontecendo, Jake? Você está sendo cauteloso? — Paige deslizou da cama e atravessou o quarto na direção dele, aliviada por Jake pelo menos não ter recuado ainda mais.

Suavemente, ela fechou os dedos em volta do braço masculino.

O bíceps estava contraído e tenso. O corpo inteiro estava enrijecido, como se forçasse a imobilidade.

— Não tenho mais nada sobre o que conversar, Paige. Não quis que se apaixonasse por mim. Não era parte do acordo. Fiz tudo o que pude para evitar isso.

Foi como se ela não tivesse falado nada.

Como se ele tivesse ignorado suas palavras.

— Eu me apaixonei anos atrás, então, independentemente do que você fizer para evitar isso, já é tarde demais. — A voz saiu engasgada. — Eu te amei no momento em que você entrou no hospital com o Matt, na primeira noite. E te amo desde então.

— Sinto muito em ouvir isso.

— E acho que você também me ama.

— Não amo. — Frio, o olhar se encontrou com o dela. Um olhar vazio. — Sinto muito magoá-la, mas não te amo.

Era como tentar abrir um buraco na parede com um grampo de cabelo.

Os olhos de Paige se encheram de lágrimas e ela segurou o braço dele em uma última tentativa de quebrar a fria camada que o isolava de suas emoções.

— Jake...

— Você tem que ir embora, agora. Ficar aqui só está te magoando.

— Ficar me mandando ir embora está me magoando. Rejeitar o meu amor é que me magoa.

— Sinto muito por isso. — Ele baixou os olhos até os dedos em seu braço, como se forçando a fazer algo que achasse impossivelmente difícil. Então, cerrou a mandíbula e afastou delicadamente a mão de Paige. — Seria melhor se não nos víssemos por algum tempo. Você pode continuar usando o escritório. Vou passar algumas semanas em Los Angeles.

— Você não quer ir para a Califórnia. Eu não quero parar de te ver. De que você tem medo, Jake? Por que tem tanto pavor? Eu te amo.

Houve um silêncio longo, pulsante, e então ele ergueu os olhos.

— Ela me dizia isso. Dizia isso todos os dias. Usou essas mesmas palavras na manhã em que saiu e nunca mais voltou. *"Eu te amo, Jake. Somos só eu e você contra o mundo."* Acreditei nela, por isso me sentei nos degraus do prédio e fiquei esperando como todas as noites, mas ela não voltou. Deixou um recado com a nossa vizinha, a Maria, pedindo que me levasse às autoridades para que encontrassem um lar para mim. Ela não me deixou nada. Nenhum recado. Nenhuma explicação. Nada.

Paige sentiu a alfinetada quente das lágrimas.

— Ah, meu Deus. Jake...

— Ela não tinha como saber que a Maria ia me acolher. Eu podia ter acabado em qualquer canto e ela nunca saberia onde, pois nunca me procurou. Nem uma única vez. Era isso que "eu te amo" significava para ela. E em vez de ser eu e ela contra o mundo, acabou que lutamos contra o mundo cada um em seu canto, o que é um desafio bem grande quando se tem apenas 6 anos. Aprendi muitas coisas com a minha mãe biológica, mas a lição mais importante foi não confiar nessas palavras. "Eu te amo" não significa nada, Paige. São palavras vazias usadas por milhões de pessoas todos os dias. Milhões de pessoas que continuam acabando suas relações, se divorciando e nunca mais se veem. — Com o rosto pálido e esgotado, Jake pareceu cansado e Paige sentiu como se alguém tivesse colocado um tijolo pesado em seu peito.

O que devia dizer?

O que *podia* dizer?

— Talvez sejam palavras fáceis de falar — disse baixinho. — Mas eu só as pronunciei para um homem, e esse homem é você. E se realmente acredita que meu amor não significa nada, então não é nem o homem nem o amigo que eu achava que era.

Jake ergueu os olhos e a fitou por um longo instante.

Então se virou.

— Deixe a chave na mesa quando for embora. Nunca devíamos ter começado. Sinto muito que tenhamos feito isso.

A dor era indescritível.

— Eu não sinto muito. Nunca vou sentir. Sim, foi um risco, mas foi você quem me ensinou a assumi-los. Foi você quem me ensinou a ir atrás das coisas que eu queria na vida. Foi por sua causa que me mudei para Nova York. Foi por sua causa que criei a Gênio Urbano. Você me ensinou a assumir riscos, mas tem medo demais de fazer o mesmo.

— Assumo riscos o tempo todo.

— Não em relacionamentos. Não com o coração. Você nunca arrisca o coração. — Olhou fixa e demoradamente para Jake, reprimindo a corrente de tristeza. — Eu te amo. E não são apenas palavras. Com você eu me sinto plena. Eu te amo. Sempre vou te amar, quero que a gente fique junto e, acima de tudo, quero que se permita ser amado. Quero que confie nesse sentimento e não continue fugindo ou o afastando. O amor pode durar, Jake. Há exemplos em toda parte. E mesmo se esse for realmente o fim, não vou me arrepender de um segundo sequer dessas últimas semanas.

Paige sentiu seu coração se partindo ao meio.

Forçando-se a permanecer calma, caminhou em direção ao banheiro.

Como tinham passado de um sexo incrível a isso?

O que aconteceu?

Por quê?

Mas Paige sabia o motivo. Ela deu um nome ao sentimento que compartilhavam. E tornou impossível que Jake o ignorasse. Disse o que sentia e, enquanto parte dela não se arrependia disso, parte se arrependia. Se não tivesse dito nada, ainda estariam na cama. Se não tivesse falado, teriam se curtido mais algumas semanas...

Engasgando-se com o choro, Paige entrou no chuveiro e ligou-o no máximo. Suas lágrimas se misturaram ao fluxo intenso da água, o som da torrente dominando o box.

Se ficara magoada, a culpa tinha sido toda dela. Ou dele, talvez? Ou da mãe biológica dele? Paige não sabia de quem era a culpa. Só que estava magoada. E doía tanto que, na hora em que saiu do chuveiro, nenhuma lágrima havia sobrado.

Paige se sentiu seca. Anestesiada.

Estar anestesiada era bom: ajudaria a suportar a hora seguinte. Recolheria as roupas, juntaria as poucas coisas que tinha no apartamento, pegaria o metrô e desabafaria com as amigas.

Elas eram tudo de que precisava naquele momento. Envolveriam Paige em um apoio aconchegante, do jeito que só as pessoas que a conhecem por dentro e por fora são capazes de fazer.

Eva lembraria Paige de que havia muitos outros homens disponíveis e Frankie diria pouca coisa, o que seria mais um sinal de que não se pode confiar em homens.

Elas chorariam e dariam risada juntas. Provavelmente, abririam uma garrafa de vinho e comeriam chocolate.

De um jeito ou de outro, superaria tudo com a ajuda das amigas.

Só precisava chegar em casa.

Foi quando percebeu que suas roupas estavam na cozinha.

Depois de respirar fundo, abriu a porta do banheiro e ficou aliviada por não ver sinal de Jake.

A ausência era mais um sinal de que o amedrontava.

Em dois minutos, Paige ia se vestir e sumir dali. Jake teria o apartamento de volta. Teria sua vida de volta.

Estava recolhendo as roupas do chão quando ouviu a voz dele.

— Eu não estava te esperando. Não é um bom momento...

Paige permaneceu imóvel. Jake ainda estava no apartamento. E tinha visitas? Quem apareceria assim tão tarde?

Ao ouvir o comentário de que não era um bom momento, deduziu que a visita devia ser alguma mulher. A tristeza de Paige voltou em um piscar de olhos.

Faria um favor a ele e deixaria claro que não ficaria enrolando por lá.

Quanto a uma mulher estar andando de toalha por seu apartamento... bom, deixaria para Jake se explicar.

Carregando as roupas, entrou na sala de estar e congelou.

Estava esperando uma das companhias dele, mas não era uma mulher que estava de pé na sala.

Era Matt.

E ela estava de pé no apartamento de Jake, vestindo nada além de uma toalha molhada e os chinelos em seus pés.

Capítulo 20

Não esconda um esqueleto no armário, a não ser que tenha certeza de que ninguém vai pegar suas roupas.

— Eva

O OLHAR DE JAKE PERCORREU Paige da cabeça aos pés, captando as bochechas coradas e o fato de estar nua debaixo da toalha.

— O que está acontecendo aqui? — A voz de Matt soou baixa e fatal, seu rosto não sorria. — Jake?

Paige deu um passo à frente, desejando poder desaparecer em um buraco no chão. Achava que sua vida não podia ficar pior.

Não era a melhor forma de contar a Matt, mas com certeza não queria que o irmão descobrisse assim.

A última coisa que queria na vida era magoar o próprio irmão. E, naquele momento, mal conseguia reconhecê-lo. Matt sempre estava calmo e comedido. Forte. O tipo de homem que resolvia os problemas não com raiva, mas com a cabeça no lugar e palavras cuidadosamente escolhidas.

— Matt…

— Estou falando com o Jake. — A voz soou fria como gelo e Paige recuou. Ele nunca a interrompia desse jeito. Nunca era nada além de bondoso e protetor.

— Matt, eu posso…

— Você está transando com a minha irmã? — Toda a atenção estava fixa em Jake. — Você tem Manhattan inteira aos seus pés, mas escolheu farrear com a *minha irmã*? Há quanto tempo isso está acontecendo?

— Há algum tempo.

O rosto de Matt empalideceu.

— Você bebeu cerveja comigo, jogou algumas partidas de bilhar e se esqueceu de contar que está transando com a minha irmã?

— Não me esqueci. — O tom de voz de Jake soou estável. Ele não recuou nem balbuciou. Não pediu desculpas. Nem mencionou as vezes em que tentou convencer Paige a deixá-lo contar tudo para Matt.

— Quem mais sabe? A Frankie? A Eva? — Ele lançou um olhar demorado a Paige e uma dor atravessou seu rosto. — Você contou a elas. As suas amigas sabem. Todos sabem, menos eu.

Saber que tinha magoado o irmão era o pior de tudo.

— Elas adivinharam, mas…

Matt sequer ouviu. Toda a atenção dele estava voltada a Jake.

— Você tirou vantagem…

— Ele não tirou vantagem. Não sou uma adolescente vulnerável. — Paige entrou na frente do irmão, forçando-o a olhar para ela. — Achei que você não fosse querer saber dos detalhes, mas como está tirando conclusões precipitadas sem ter qualquer base em fatos, vou te contar. Jake se manteve distante de mim. Todos esses anos, se manteve longe. Fui eu quem me aproximei. Eu que mostrei a porta. Eu que dei a escolha.

Matt emitiu um som de desgosto.

— Aposto que ele resistiu muito.

— Não, mas estava preocupado com as mesmas coisas que você. Com a minha vulnerabilidade, preocupado em me magoar…

— Paige engoliu seco — ... e eu disse tudo o que sempre te digo. Que sou adulta. Que não preciso ser protegida.

— Eu te conheço. — Matt lançou um olhar demorado à irmã.

— Você quer amor e um final feliz. Algo que Jake não tem a oferecer. Toda semana ele sai com uma mulher diferente. Não tem como oferecer a você o tipo de relacionamento que quer e merece.

Paige não apontou que o que tinha acontecido entre eles já perdurava por mais de uma semana.

— Isso é problema meu, Matt.

— Ele vai te magoar. — A voz de Matt soou ríspida. — O Jake vai te usar e depois te largar como fez com todas as outras mulheres com quem não quis nada. Ele já fez isso antes. A única diferença é que não me importava das outras vezes, porque não era a minha irmã. Ele vai te magoar, Paige.

Como poderia discutir, se o seu coração estava rachado em dois?

Do outro lado da sala, o olhar de Jake encontrou o dela.

— Vista-se, Paige. Eu e Matt vamos resolver isso aqui.

Esse comentário machista acendeu um pavio nela.

— Não entendo como nosso relacionamento possa ser algo para você resolver com meu irmão. Caso você tenha esquecido, estou nua debaixo desta toalha, Jake, e tirei as roupas sozinha.

Ele passou uma das mãos pela nuca e Matt rosnou baixinho.

— Pergunte a Jake como vê o futuro de vocês. — O tom de Matt era grosseiro. — Pergunte quanto tempo acha que vocês vão ficar juntos.

Paige já sabia a resposta para essa pergunta.

— Não estamos juntos. Não mais. Acabou. — Conseguiu dizer isso calmamente, contente por ter secado todas as lágrimas no banho. — Eu estava prestes a ir embora quando você apareceu.

— Ir embora? — O olhar de Matt oscilou da pilha de roupa nos braços dela e depois a seu rosto, prestando atenção pela primeira vez. — Seus olhos estão vermelhos. Você andou chorando? Droga, ele te fez chorar?

Paige viu o irmão cerrar os pulsos e falou prontamente:

— Não foi culpa dele.

Matt emitiu um som sarcástico.

— Não me diga que... você disse que o amava e Jake terminou tudo. Esse é o *modus operandi*.

— Isso é problema meu, Matt.

— Se ele te magoou, é meu problema.

— Não, não é. Se estou magoada, o problema é meu e vou lidar com isso.

— E você *está* magoada. — O olhar era firme; os lábios, tristes. — Você está apaixonada.

— Sim! Estou apaixonada por ele. Não nego isso.

— E Jake não corresponde ao seu amor. É por isso que você estava chorando. — O rosto de Matt ficou branco e ele se virou para Jake com um baixo rosnado de raiva. — Você prometeu. Todos esses anos, você prometeu que não encostaria na minha irmã. Ou talvez tenha esquecido.

Paige franziu a testa.

Do que estava falando?

— Espera aí...

— Eu não esqueci. — A voz de Jake saiu monótona. — Nunca esqueci.

Paige balançou a cabeça, tentando afastar a tristeza para conseguir pensar direito.

— Que promessa? Não estou entendendo.

Os dois homens estavam cara a cara, como se tivessem se esquecido da presença dela.

Matt colocou o dedo contra o peito de Jake.

— Minha irmã era apaixonada por você. Nós dois sabíamos disso e você prometeu que não ia fazer nada.

Paige olhou para os dois, absorvendo o sentido daquelas palavras.

A ficha finalmente caiu.

— Ah, meu Deus. — Ela encarou Jake, sua voz era quase um sussurro. — Vocês dois falavam sobre mim. Você fez uma promessa a ele?

— Paige...

Ela se virou para o irmão.

— *Você* era o motivo por Jake ter me dado o fora naquela noite?

— Que noite? — Era a vez de Matt ficar confuso e Jake praguejou baixinho.

— Isso não... ele não... merda...

Os olhos de Matt ficaram sombrios.

— Então Paige se *declarou*?

— Sim, mas... espera aí. Vocês dois. — Jake passou a mão no queixo e respirou fundo. — Paige, é verdade que prometi ao seu irmão não encostar em você, mas a decisão foi minha. Sabia que você queria algo que eu não era capaz de oferecer.

— Como sabia o que eu queria? Você me perguntou? *Algum de vocês se deu ao trabalho de me perguntar?* Eu tinha 18 anos! Eu não estava pronta para largar tudo e me casar, seus dois babacas arrogantes... — O xingamento estava preso na garganta. — Foi meu primeiro amor, só isso. Acontece com todas as adolescentes. É parte da vida. Isso faz parte de crescer. Todo mundo se magoa. As pessoas sobrevivem e seguem em frente. Foi o que fiz, mas o que esse episódio me ensinou não foi como me recuperar de uma decepção amorosa, e sim como não podia confiar nos meus próprios instintos. Pensei que você se importasse e, por causa disso, te entreguei tudo.

Matt franziu a testa.

— O que você quer dizer com "tudo"?

Olhando para Jake, Paige ignorou o irmão.

— Eu me despi. Me humilhei. E me protegi desde então, pois morria de medo de me enganar de novo. Você dizia a si mesmo que estava me protegendo, mas o que estava dizendo, no fundo, era que não me achava capaz de tomar decisões sobre meu próprio futuro.

Jake se virou.

— Isso não...

— Você achou que eu não devia decidir sozinha o que era melhor para mim. E se eu só quisesse sexo? Isso não passou por sua cabeça? — Paige migrou da tristeza para a culpa, e depois para a fúria.

— Você era tão vulnerável — interviu Matt. — Você tinha vivido um inferno.

— E Jake piorou tudo. E você... — Paige olhou para o irmão, em fúria. — Mais do que qualquer pessoa, você devia ter entendido o meu lado. Você viu tudo. Como todo mundo tinha algo a dizer sobre o meu futuro, menos eu. Os médicos, nossos pais... Eu achava que pelo menos poderia escolher por quem me apaixonar, mas aparentemente não podia.

As primeiras sombras de dúvida atravessaram os olhos de Matt.

— Paige...

— Não. — Com as pernas trêmulas, ela recuou. — Não quero conversar agora. Com nenhum de vocês. Vou embora e vocês podem falar o que quiserem, pois é só isso que sabem fazer: decidir o que querem e me deixar de fora.

— Você não pode ir embora assim...

— Posso sim. Não sou frágil, Matt. Posso me magoar sem quebrar. Eu te amo e amo como você se importa comigo, mas não preciso de proteção. Você quer saber por que não te contei antes sobre o Jake? *Exatamente* por isso. Porque sabia que você ia se meter em algo que não é da sua conta.

— Sou seu irmão. Enquanto estiver vivo, vou te proteger.

— Você não está me protegendo. Está tomando decisões por mim. E isso termina agora.

———✕———

— Não sei quem matar primeiro, o Jake ou meu irmão. — Paige estava deitada na cama de Frankie, seca de tanto chorar. — Estou com tanta *raiva*. Tenho péssimo gosto para homens.

— Mas um excelente gosto para amigas. — Eva enfiou uma pilha de lenços nas mãos de Paige e Frankie se inclinou mais para perto.

— Você tem certeza de que é raiva? Porque pra mim parece mais tristeza. Não que seja especialista em decifrar sentimentos dos *Homo sapiens*.

— *Homo sapiens*? É sério? — Eva empurrou mais lenços para Paige. — Não é hora de vomitar o latim das suas enciclopédias de botânica.

— É uma nomenclatura binomial, o gênero seguido da espécie, e *Homo sapiens* não é uma planta. Diga que você sabe disso.

Paige se sentou.

— Continuem falando. Preciso de distração e vocês estão me animando.

— É mesmo? Você não parece muito animada. — Frankie olhou para Paige com dúvida. — Você está arrependida?

— Não. — Paige assoou o nariz com força. — Foi o melhor mês da minha vida. Não foi só o sexo que foi incrível...

Frankie ficou vermelha.

— Não precisa dar tantos detalhes.

Eva mudou de posição e se sentou mais perto de Paige.

— Ela ainda não deu detalhes o *suficiente*.

— Estava dizendo que não foi só o sexo que foi incrível, nós nos divertimos. Demos risada. Conversamos. Ficamos tão próximos. Tirando vocês duas, nunca consegui conversar com alguém do jeito que conversei com Jake. — Paige sentiu a frustração tomar conta. — Se ele entrasse aqui agora, eu o mataria.

— Espera... o quê? — Frankie pareceu confusa. — Pensei que você o amasse.

— Eu o amo. É por isso que o mataria. Por jogar tudo fora. Por se recusar a ver no que isso ia dar.

— O que ele disse quando foi embora? Tentou te impedir?

— Ele disse que me traria de moto, mas, enquanto discutia com o Matt, fui embora.

Eva cruzou as pernas e deu a caixa de lenços a Paige.

— Então não teve um *gran finale*?

— O *gran finale* ainda está acontecendo. — Paige devolveu a caixa a Eva. — Não quero mais lenço. Já chorei tudo o que tinha. E é melhor você ligar para o seu namorado policial. Estou achando que tem dois cadáveres em algum lugar de Tribeca.

— Ele não é meu namorado policial. E acho que você tem razão, o Jake te ama. Mas está com medo.

Frankie franziu a testa para Eva.

— Esterco que cheira a rosa continua sendo esterco.

— O que isso quer dizer?

— Quer dizer — disse Frankie pacientemente — que essa história toda cheira mal e que tentar sentir um cheiro melhor não muda o fato de que fede. É um ditado. Tipo um dos que você sempre usa. Pode colocar no seu blog, se quiser.

— Não, obrigada — recusou Eva. — Ele não só não é otimista, como nenhum dos meus ditados usaria a palavra "esterco". É um blog de culinária e estilo de vida.

Sem se preocupar, Frankie continuou:

— Amando ou não, o Jake é um fraco por fingir esses sentimentos. Paige está melhor sem ele.

Ela quis acreditar nisso.

Estava melhor sem ele?

Talvez, um dia, achasse isso.

Naquele momento, não sabia como ficaria no próximo minuto. Na próxima hora.

— Estou com raiva e me sinto *péssima*, mas, acima de tudo, sinto falta dele e só se passaram algumas horas. — Foi tomada de tristeza. — Talvez tenha sido um erro. Dói.

— Você foi honesta sobre o que sentia e isso nunca é um erro — disse Eva. — Se Jake não quer passar o resto da vida ao seu lado, é porque é louco de pedra. Sei que está sofrendo agora, mas isso vai passar. Pelo menos, quando você tiver 90 anos, não vai ficar sentada na poltrona pensando em como seria aparecer no apartamento dele e tirar a roupa. Às vezes, a gente tem que tentar. Se deixarmos as grandes decisões para os homens, o mundo para de girar. Pense só nas mulheres incríveis que não deixaram as coisas nas mãos de homens... Boudicca, Marie Curie, Lady Gaga...

Frankie ficou boquiaberta.

— *Essa* é sua lista de mulheres incríveis?

— São as primeiras que me vieram à mente.

— Sua mente é bem bizarra.

Paige pegou um copo de água, desejando que fosse algo mais forte.

— O que mais me incomoda é que, no fim das contas, ele também estava me protegendo. Todos esses anos...

Frankie ajeitou o travesseiro.

— Concordo... é uma merda.

Eva hesitou:

— Na verdade, não é uma merda não. Acho adorável.

— Adorável? — Com dor de cabeça, Paige esfregou as têmporas. — Como pode ser "adorável" descobrir que outras pessoas estão tomando decisões por você? Decisões das quais não participou e que nem soube que estavam sendo tomadas?

— Essa parte não é adorável, mas o sentimento por trás é. Eles te *amam*, Paige. — Eva se aproximou e apertou a perna dela. — O jeito como demonstraram talvez não tenha sido certo, mas a intenção foi boa. Onde está dizendo que as pessoas que te amam sempre vão acertar tudo? Elas não vão. Todo mundo erra. É humano. Ou *Homo sapiens*, como diria Frankie. E, às vezes, o *Homo sapiens* tem o bom senso de um *Ocimum basilicum*. — Eva olhou triunfante para Frankie. — Ficou impressionada?

— Estou sem palavras.

— Como se diz "estúpido" em latim?

— "*Plumbeus*".

— Então o Jake é um *Homo plumbeus*.

Paige sabia que elas estavam tentando alegrá-la.

— De agora em diante, vou tomar todas as minhas decisões e eles vão ter que se acostumar com isso.

— Falou bonito. Você é uma *Homo decisivus*. — Ignorando o gesto de Frankie, Eva deslizou para fora da cama. — E pode começar agora mesmo. Pipoca ou sorvete? Não quero te influenciar, mas tenho uma camada de chocolate dupla que salpiquei com um pouco mais de generosidade açucarada.

Paige se levantou e observou-se no espelho. Seus olhos estavam vermelhos e a maquiagem escorria e borrava.

— Sorvete. Sem tigela. Me dá direto o pote e uma colher.

— Tem certeza? — Eva percebeu o olhar de Frankie e pigarreou. — É claro que você tem certeza. Você sabe o que quer. Sorvete e colher saindo da geladeira. Se dissesse que queria que viesse num caminhão, estaria tudo bem também. Nunca vou questionar uma decisão sua. Frankie?

— Também quero. Um pote grande. Com uma colher grande.

— Você não acabou de perder o amor da sua vida.

— Não, mas estou absorvendo o sofrimento da Paige. Vou acompanhá-la no sorvete.

Eva desapareceu escada abaixo, foi até a cozinha e ressurgiu alguns minutos depois com o sorvete.

Estavam sentadas na cama de Frankie, com as colheres nos potes, quando Matt entrou.

Frankie engasgou, pulou da cama e pegou os óculos no criado-mudo.

— O que está fazendo aqui? Aluguei o apartamento de você, mas isso não quer dizer que pode ir entrando. — A voz dela soou mais fria do que o sorvete. — No momento, você não é bem-vindo aqui. O acesso está proibido para homens.

Matt não se mexeu.

— Preciso conversar com a Paige. Podem nos dar um minuto?

— Não. — Eva também se levantou. Ela não estava mais sorrindo. — Por que precisa conversar com ela? Tomou alguma decisão sobre a vida dela e precisa avisar?

Matt estremeceu.

— É, acho que mereço ouvir isso. Vim ver se minha irmã está bem, mas já que vocês estão comendo sorvete na cama, imagino que não, então não vou embora e vão ter que aceitar isso.

Paige sentia apenas exaustão.

— Você bateu nele?

— Não. Nós conversamos. — Matt foi até a poltrona no canto do quarto de Frankie, tirou a pilha de revistas de jardinagem de cima sentou. — Vocês têm todo direito de estarem nervosas comigo, mas tem algumas coisas que preciso dizer.

Frankie cruzou os braços.

— Pode falar, mas esteja ciente de que, se fizer ela chorar, eu é que vou bater em você.

— Não vou fazer Paige chorar. — Matt se inclinou para a frente, apoiando os braços nas pernas antes de começar a falar: — Desde o momento em que você nasceu, mamãe e papai não pararam de me dizer "toma conta da sua irmãzinha. Cuide da Paige. Fique de olho nela, Matt". Não sei quando tomar conta de você virou tomar decisões por você. Nunca tinha refletido sobre isso, até hoje.

A emoção ameaçou tomar conta de Paige.

— Matt, não…

Frankie se mexeu.

— Você disse que não ia magoá-la…

Com o olhar em Paige, Matt ignorou Frankie.

— Desculpe por ter tomado decisões por você. Desculpe por ter sido um babaca superprotetor e por você sentir que não pode me dizer nada. Acima de tudo sinto muito ter te magoado. Consegue me perdoar?

O pedido sincero de desculpas de Matt tocou Paige mais fundo do que qualquer outra coisa que disse.

Ela deslizou para fora da cama e sentiu Frankie pegar seu pote de sorvete um segundo antes de Matt se levantar e abraçá-la.

— Também sinto muito. Desculpe por não ter contado.

— Não peça desculpas. — Matt acariciou o cabelo dela. — Você não tem obrigação de me contar nada. É sua vida. Você compartilha o que quiser. Tome as decisões que quiser, faça o que quiser, escolha quem quiser. Não vou tentar decidir nada por você, mas estarei sempre aqui quando precisar de mim. Não importa o que aconteça.

Eva soluçou baixinho e Matt olhou-a por cima da cabeça de Paige.

— Por que você está chorando? Eu disse algo de errado?

— Não. — Frankie ajeitou os óculos. — Você disse a coisa certa, seu idiota. A Eva chora por qualquer coisa... já devia saber disso. Perto dela, um marshmallow é duro que nem pedra.

Paige se afastou e Matt perguntou:

— Estou perdoado?

— Talvez. — Ela deu um sorriso torto. — Se eu dissesse que ia atravessar a Ponte do Brooklyn pelada numa moto, o que você diria?

Matt abriu a boca e a fechou em seguida.

— Diria para você ir em frente. E me prepararia para receber uma ligação da polícia.

Paige pegou o sorvete de volta com Frankie.

— Se você não matou o Jake, o que fez então?

— Disse que ele era um idiota. — Matt pareceu cansado e Paige sentiu uma pontada de culpa.

— Idiota por não dizer a verdade?

— Não. Por não querer o que você estava oferecendo.

Paige sentiu um rompante de amor pelo irmão e, logo em seguida, culpa.

— Ele queria contar a você desde o começo. Eu pedi que não contasse. Eu o coloquei em uma posição difícil. — E isso ainda a preocupava. — Não quero estragar a amizade de vocês.

— Amizade não é algo que a gente liga quando quer e desliga nas situações difíceis e complicadas. Alguma coisa mudou? Sim, acho que sim. Mas sei que vamos dar um jeito. Todos nós vamos dar um jeito.

Matt estava certo em dizer aquilo, porque a situação não dizia respeito apenas a ela.

Paige tomou uma decisão.

— Vou conversar com ele. Garantir que saiba que não precisa se afastar da gente. Ainda quero nossos jantares no Romano's e nossas noites de filme na varanda.

— Tem certeza? Se continuar vendo Jake for te magoar... — Matt viu como Paige olhava para ele e pigarreou. — Claro. Se é isso o que você quer.

— Sim, é isso.

Matt olhou para o relógio em seu pulso.

— Preciso ir embora. Tenho uma reunião amanhã de manhã e vocês deveriam dormir. — Ele hesitou. — Filminho amanhã à noite? Podemos assistir a uma comédia romântica se vocês quiserem. Maratona romântica. O que quiserem. A escolha é de vocês. Podemos pedir pizza. A Eva pode tirar uma folga da cozinha.

A *última* coisa que Paige queria naquele momento era ver um filme romântico. Era irônico que Matt, que nunca sugerira isso antes, estivesse fazendo isso agora.

Homens.

Por outro lado, havia algo que poderia fazê-la se sentir pior do que naquele momento? Provavelmente não, e parte dela estava comovida por Matt ter feito aquela sugestão, mesmo sabendo que o irmão detestaria cada minuto do filme.

— Claro. — Esboçou um sorriso. — Por que não?

Frankie abaixou o sorvete

— Você está mesmo se oferecendo para fazer uma maratona de filmes românticos para duas mulheres emotivas e uma totalmente acabada? Você está com a consciência pesada.

Eva pareceu interessada.

— Defina "maratona".

— Três filmes. Cada uma pode escolher um. E eu terei posse exclusiva da garrafa de tequila.

Eles estavam tão empenhados em distraí-la e animá-la que Paige não se importou em dizer que não era necessário.

— Três filmes? Ótimo. — A voz soou tão animada que Paige pensou se aquilo não tinha sido forçado demais. — Nós escolhemos?

— Sim. Mas nada de animação. — Matt tirou as chaves do bolso. — E eu preciso saber os títulos antes, para descobrir quanto de bebida alcoólica vou precisar para sobreviver.

Em silêncio, Eva estava fazendo uma lista contando nos dedos.

— Não sei se consigo escolher só três.

— Você só pode escolher um — Paige relembrou a amiga. — Cada uma de nós pode escolher um filme.

— *Enquanto você dormia* — disse Eva e Frankie ficou horrorizada.

— É um filme de Natal. Nós estamos em pleno verão.

— É romântico. E otimista. A Sandra Bullock está linda e aquela parte no final, quando o cara dá o anel pra ela, é a melhor cena de pedido de casamento da história.

— É a cena de pedido de casamento menos verossímil da história.

— Isso não é verdade.

— O cara está em coma!

— Esse é o irmão dela. Você precisa prestar mais atenção. Qual é sua escolha?

— *O silêncio dos inocentes.*

— Esse filme é de terror.

— Eu sei, mas o Hannibal Lecter fica bem a fim da Jodi Foster.

— Ele é um *serial killer*! Ele quer comê-la viva! A gente não vai assistir a esse aí. Paige?

Ela percebeu que não tinha escutado nada do que as duas estavam falando. Era alguma coisa sobre pedido de casamento. Na opinião dela, qualquer proposta estava de bom tamanho.

— Hã... A melhor proposta de casamento é a do Richard Gere subindo as escadas de incêndio com flores na boca.

Eva fungou.

— *Essa* sim é inverossímil.

— Tudo é inverossímil. — Frankie abaixou a colher. — Esperar um final feliz para todo o sempre é inverossímil.

Paige tendia a concordar. Não, não ia fazer aquilo. Não ia fingir que todos os homens têm o mesmo medo de relacionamento que Jake. Sabia que aquilo não era verdade.

— Escolha um filme, Frankie. Sem ser de terror.

— *Amor a toda prova* — murmurou Frankie. — O título desse pelo menos é mais honesto. E dá para ver o Ryan Gosling pelado da cintura para cima. Sempre tem um bônus.

Paige vasculhou a memória em busca de algo. Qualquer coisa.

— *Harry e Sally: Feitos um para o outro.*

— Você escolheu esse porque o Billy Crystal é engraçado, né? — Frankie afastou o cabelo do rosto e olhou-a com firmeza. — Não porque ele tem fobia de relacionamentos, mas vê uma luz no fim do túnel?

— Escolhi esse porque o diálogo entre eles me faz rir. — E porque não estava nem aí para o que iam assistir. — Os dois têm química.

— Bom. Desde que você saiba que a vida real não é que nem nos filmes e que o Jake não vai aparecer aqui montado em um cavalo branco brandindo a espada.

— Sei disso. — E sentiu um peso esmagando o peito. Algumas semanas atrás, Paige teria feito sua expressão corajosa, mas agora não se dava ao trabalho. Sentia falta de Jake. Não sabia nem como as horas seguintes iam ser, quem dirá os dias e as semanas que viriam.

Matt estava olhando para ela.

— Nós vamos distrair você. Vai superá-lo quando for o momento certo.

— Vocês podiam me deixar inconsciente e me acordar quando esse momento certo chegar. Ou podiam deixar o Jake inconsciente e torcer para que tivesse bom senso quando acordasse.

— Pensei que você não queria que eu batesse nele.

— Não quero. — Paige suspirou. — Pode me ignorar. Tenham dó de mim.

— O lugar mais confortável do mundo para "ter dó de você" é na varanda da cobertura, assistindo a uns filmes e bebendo tequila. — Matt caminhou até a porta. — Pode me ligar se precisar de algo. Não vou dar conselhos ou coisa do tipo, mas ouvir você.

Frankie o seguiu com os olhos enquanto fechava a porta.

— Considerando que ele é homem, seu irmão não é tão ruim assim.

—⌇⌇—

Jake passou a noite insone.

Não se lembrava de outra situação em que tivesse se sentido tão mal.

Ou talvez se lembrasse.

Tinha 6 anos e estava esperando que a mãe voltasse para casa. O sol já tinha se posto, o céu estava bem escuro e ainda não havia sinal dela. Ele já pressentia, bem no fundo, que a mãe não ia voltar. Continuou sentado, pensando no que havia feito. No que tinha dito, tomado por um vazio imenso e uma dolorosa sensação de estar perdido.

Naquele momento, se sentia da mesma forma.

Quando os primeiros raios de sol começaram a brilhar através das janelas de seu apartamento, desistiu de dormir e se levantou, pensando na última coisa que Matt dissera antes de ir embora na noite anterior.

Minha irmã ofereceu a você a melhor coisa que o dinheiro não pode comprar. Talvez devesse ter pensado nisso antes de recusar o amor dela.

O suor gotejava por sua nuca.

Para algumas pessoas, amor talvez fosse a melhor coisa do mundo, mas ele sabia que também poderia ser a pior.

O amor era uma loteria.

Às vezes se acertava. Às vezes não.

Na sua experiência, a sorte não tinha sido boa. E quanto mais alguém fosse importante para ele, mais machucava.

E Paige era importante.

Andou de um lado para o outro, tentando se livrar da dor no peito e, no final, fez o que sempre fazia quando a vida estava complicada. Pegou a moto e foi ao Brooklyn visitar Maria.

Era a única pessoa do mundo que entendia o que ele estava sentindo.

Ela seria simpática à sua dor e ele precisava disso naquele momento, pois Paige e Matt o fizeram se sentir um babaca.

Maria com certeza não o faria se sentir um babaca.

E ainda faria café da manhã.

Apesar de ainda ser cedo, o restaurante já estava a todo vapor com um público matinal que se inclinava sobre os próprios cafés nas mesas salpicadas de uma luz do sol acalentadora.

Jake foi direto para a porta dos fundos e encontrou a mãe cortando tomates na cozinha.

Era uma cena familiar e reconfortante. O cheiro de alho frito e orégano fresco o transportou de volta à infância.

Maria olhou para o rosto dele e abaixou a faca na hora. Sem dizer palavra, preparou um café bem forte e levou para a mesa mais próxima.

— O que aconteceu?

A capacidade de perceber instantaneamente que algo estava errado era um indício de como o conhecia bem.

— Por que alguma coisa teria acontecido? Estou com fome. Decidi que precisava começar meu dia com granita e brioche. E café, é claro.

— Você atravessou a Ponte do Brooklyn para comer granita e brioches, mesmo tendo mais restaurantes chiques do que gatos de rua no seu bairro? Algo aconteceu. Presumo que tenha sido uma mulher. — A voz dela era mais suave do que mel morno, e Jake percebeu que fizera bem de ir até lá.

Decidiu parar de fingir:

— Foi uma mulher.

Maria balançou a cabeça, esperando.

— E?

— É a Paige. Eu estava saindo com a Paige.

Maria deu um sorriso sem surpresa.

— Há muito tempo que torço para isso. Fiquei pensando, quando vi os dois juntos aqui naquela noite. Percebi que as coisas estavam diferentes. Estou feliz. Vocês ficam perfeitos juntos.

Não era a reação que Jake esperava.

— A gente saiu por um tempo. Para se divertir.

— É claro que sim. Sempre se divertem. A Paige se preocupa com você. — Maria se sentou do outro lado da mesa, observando-o pacientemente enquanto ele bebia o café e tentava decidir quanto da história contaria.

— Ela disse que me ama. — Relembrar isso fez o coração de Jake disparar. — Mas essas palavras não significam nada.

A mãe olhou-o, imóvel.

— Para uma mulher como Paige, essas palavras querem dizer tudo. Ela não é do tipo que se entrega com facilidade. É uma mulher forte com um coração enorme. Independentemente de qual for o problema, você vai resolvê-lo.

Ele percebeu que Maria disse *você*, não *vocês dois*, o que significava que não achava que a culpa era de Paige.

— É tarde demais. Terminei tudo.

— Vocês estavam saindo, curtindo a companhia um do outro... e então você terminou?

— Não posso dar o que ela quer. Não posso ser o que Paige precisa. Não quero o que ela está me oferecendo.

Maria olhou para o filho fixamente.

— Se entendi bem, Paige está te dando amor incondicional, lealdade para a vida inteira, amizade, apoio, encorajamento, bom humor e, presumo eu, um sexo incrível. Por que não ia querer isso, Jake?

Ele abriu a boca para responder, mas nada sensato lhe ocorreu, então ficou de boca fechada.

Maria o fez se sentir um idiota.

Era a terceira vez que se sentia um idiota em menos de doze horas, e identificou um sentimento que podia ser frustração ou desespero.

— Pensei que você fosse me entender.

— Eu entendo que está com medo de amar. Que não confia nesse sentimento. Mas não é porque tem medo de algo e não confia nele que não o sente. Você ama Paige, Jake.

As palmas das mãos dele ficaram úmidas.

— Não sei bem se...

— Estava afirmando, não perguntando, Jake. Você sempre a amou. Eu soube disso desde a primeira vez em que a trouxe aqui. Desde que vi os dois juntos. Vocês se sentaram na mesa que ia acabar virando a de sempre, os cinco amigos, e você tomou conta de Paige como um guarda-costas. Eu me lembro de ter ficado feliz por Matt não precisar ter que passar tanto tempo se preocupando com a irmã, porque ia dividir esse fardo com você.

— A gente não parava de brigar.

— Jake... — falou Maria com paciência — Nós dois sabemos por que isso acontecia.

Jake preferia ter ido a um restaurante qualquer para tomar o café da manhã, e não para lá. Uma tensão alfinetou a sua nuca.

— Eu gostava dela naquela época, é verdade, mas...

— Você a protegia. E continuou protegendo. É o que fazemos quando amamos alguém.

— A não ser que você seja minha mãe. — Essas palavras saíram sem querer e ele praguejou baixinho. — Esqueça o que acabei de falar. Quis dizer minha mãe biológica. Você é minha mãe de verdade. Sei que penso em você dessa forma. Sempre pensei.

— Eu sei. E você não tem que se desculpar ou explicar nada para mim, Jake. Ela era sua mãe biológica. — Maria se aproximou e segurou a mão dele. — E sua mãe não foi embora porque não te amava. Foi embora porque não achava que era capaz de te dar o que você precisava. *Ele é inteligente, Maria*, ela costumava me dizer. *Ele precisa de mais do que tenho a oferecer.* E eu respondi que uma criança precisava mesmo era de amor, mas ela não via as coisas desse jeito. Tudo o que via eram as coisas que não podia te dar. Coisas que não podia comprar e a educação pela qual não podia pagar. — Maria fez uma pausa. — Do mesmo jeito que você julga estar fazendo o melhor por Paige.

— Não é a mesma coisa.

— Não mesmo? A Paige quer que você a proteja? Pediu isso?

— Ela detesta isso. — Jake respirou fundo. — Paige precisa de constância e nós dois sabemos que não há constância no amor. O amor é um risco.

— E por que as pessoas escolhem assumir esse risco? — Maria apertou a mão dele. — Paige arriscou porque te ama. Porque acredita que aquilo que compartilham vale o risco. Ela expôs o coração e os sentimentos, mesmo sabendo que havia uma grande chance de você pisar neles.

Jake se encolheu, pois foi exatamente o que havia feito.

Paige tinha exposto os próprios sentimentos e ele os pisoteou sem piedade..

Maria soltou-o.

— Paige fez a escolha dela e agora você precisa fazer a sua. Precisa decidir se a ama o bastante para assumir o risco. Você vai fazer o que for preciso? Ela vale a pena ou é melhor seguir sua vida sem ela?

— Sem Paige? Quem disse que vou seguir sem ela? — Jake se levantou desejando ter procurado um canto escondido para lamber as próprias feridas, em vez de ter ido falar com Maria. — Não vou ficar sem ela. Vamos continuar sendo amigos. Vamos continuar nos vendo. Ela é irmã do Matt, pelo amor de Deus.

— Sim, vocês vão continuar sendo amigos. Até ela encontrar outra pessoa. Como você vai se sentir quando Paige acabar encontrando um homem que não tem medo de amar? Pois é isso que vai acontecer, Jake. Uma mulher como ela... vai encontrar alguém. E sabendo como ela é, fiel e amorosa, não vai ser do tipo de relação frágil, fácil de ser desfeita como as que você prefere ter.

Pensar em Paige com outro homem fez Jake querer socar a parede.

— O que está acontecendo? Hoje é o dia de todo mundo me crucificar?

A expressão no rosto de Maria se suavizou, porém a mãe de Jake não recuou.

— Acho que todo mundo está tentando fazer você criar bom senso. Como vai se sentir quando Paige parar de chorar por você e encontrar outra pessoa?

Jake não queria pensar nela chorando. E não queria pensar em entrar naquele restaurante e vê-la com outro homem. Outro homem segurando a mão dela. Fazendo-a dar risada. Dormindo de conchinha.

O suor enregelou sua nuca.

— Se acha que está protegendo Paige ao permanecer longe, então está iludindo a si mesmo. Ela não quer ser protegida, Jake… Nunca quis. Paige quer viver a própria vida, cada minuto. Ela vai rir e vai chorar, porque sabe que esse é o preço a ser pago. A vida é feita de altos e baixos. De gargalhadas e de lágrimas. Você precisa escolher se vai ou não fazer parte da vida dela, precisa tomar essa decisão. A sua mãe fez a escolha dela. E agora chegou a sua vez, mas, acima de tudo, precisa parar de misturar uma coisa com a outra.

— Vim aqui pensando que você me abraçaria, me daria comida e faria eu me sentir melhor.

— Vou te abraçar e te dar comida, mas a única pessoa que pode melhorar as coisas é você. No final, somos nós que fazemos nossas próprias escolhas.

Maria suspirou.

— Você acha que gosto de te ver sofrer desse jeito? Isso acaba comigo. Mas você é meu filho, e quando uma mãe vê o filho fazendo algo estúpido, ela diz "não". É o dever dela. Agora vai lá falar com a Paige.

— Ela não vai querer falar comigo.

— Paige não vai precisar falar. Já disse tudo o que tinha para dizer. Agora ela precisa ouvir você. E é melhor ter certeza de que vai dizer as palavras certas.

Capítulo 21

Finais felizes não acontecem apenas em contos de fadas.

— Eva

UMA DAS MUITAS COISAS BOAS em ter a própria empresa, refletiu Paige, é poder trabalhar quando quiser, inclusive no meio da madrugada e aos sábados.

O trabalho anestesiava a dor em seu coração.

Eva estava no andar de cima, testando uma receita e atualizando o blog, e Paige e Frankie escolheram trabalhar na cozinha de Frankie em vez de ir ao escritório.

O celular tocou.

Como sabia que não era um cliente, Paige ignorou a ligação.

Frankie espichou o pescoço e viu o número.

— É o Jake. De novo. É a quinta vez. Quer que eu mande ele ir para aquele lugar?

— Não. — Os dedos tremiam sobre o visor. — Deixa cair na caixa postal.

— Tem certeza? Está na cara que ele tem algo a dizer.

— Ele pode dizer para a caixa postal. Vou falar com Jake quando estiver pronta. — E isso aconteceria quando soubesse que não faria papel de trouxa.

Desbloqueou o tablet e abriu uma lista de afazeres.

— Você recebeu um pedido de flores para um aniversário de casamento surpresa?

— Sim, recebi. Veio pelo aplicativo que, aliás, está genial. Já encomendei e eles vão ser o casal mais feliz de Manhattan.

O aplicativo *era* genial, mas não queria pensar nisso, pois a fazia pensar em Jake, o que também estava evitando.

— Um de nossos clientes fez um pedido de manutenção do jardim de cobertura.

— Vou passar lá na segunda-feira para conversar com ele e vou levar a Poppy, com quem já trabalhei um milhão de vezes.

— Poppy? A Poppy britânica, com o sotaque fofo e o sorriso brilhante como uma lâmpada?

— Ela mesma. Poppy precisa de trabalho e é boa.

— Por que precisa de trabalho?

— Porque quer ficar em Nova York. Acho que quer manter um oceano de distância entre ela e aquele namorado cretino que dormiu com a amiga dela.

— Falou e disse. O trabalho é da Poppy. — Paige voltou para a lista de afazeres e Frankie hesitou.

— Conseguiu dormir um pouco à noite?

— Não muito. Fiquei a maior parte do tempo ensaiando o que vou dizer ao Jake na próxima vez que o encontrar. Preciso encomendar um batom novo para me dar confiança.

— Vou te ajudar com isso. — Frankie jogou um pacote no colo de Paige.

— Comprou um batom para mim?

— Você sempre fica mais animada. — Frankie tentou minimizar o próprio gesto. — Não uso batom, mas se funciona para você, quem sou eu para discutir? Eva e eu vasculhamos sua gaveta de batons para achar uma cor que você não tivesse ainda. Aliás, a maioria das mulheres se contenta com uma *nécessaire* com batons.

Você e Eva são as únicas que conheço que precisam de uma gaveta inteira.

Comovida, Paige abriu a sacola.

— Quando vocês compraram?

— Eu estava na porta da Saks na hora que abriram.

— Você odeia a Saks.

— Sim, mas eu te amo. — O tom de Frankie era firme e Paige sentiu uma onda de calor percorrer seu corpo.

— Vocês são as melhores — murmurou. — Tenho as melhores amigas do mundo. — Ela examinou o batom. — Adorei. É perfeito. Agora me sinto quase pronta para conversar com Jake.

Paige ensaiou o encontro mentalmente e soube como agiria quando o visse. Ele estaria esperando que ela chorasse. Mas não iria chorar. Jake estaria esperando que ela estivesse magoada e machucada. Então mostraria força. Todas as feridas iriam ficar firmemente escondidas dentro dela, cicatrizadas com força de vontade e coragem feminina.

A prioridade era garantir que esse contratempo não interferisse na amizade deles.

Isso era o mais importante no momento. Mais do que seus sentimentos. Eles iriam sarar na hora certa. E, se não curassem, aprenderia a viver com mais uma ferida no coração. Mais uma cicatriz, só que não seria visível.

Quando o celular tocou de novo, era um cliente. Paige atendeu a ligação e se concentrou. Da mesma forma que fez com a seguinte.

Superaria aquela situação, a cada ligação. A cada minuto. Dia após dia.

E a ligação seguinte emocionou as três.

Eva saiu correndo pelo apartamento com o celular na mão.

— A Matilda vai se casar... quer que a gente organize a festa!

— Ela quer que a gente organize? — Paige fechou o documento em que estava trabalhando. — Nós nunca produzimos um casamento.

— Não é diferente de qualquer outro evento. — Frankie alcançou a garrafa dela. — Comida, bebida, convidados, música, flores e uma baita bagunça para limpar no final. Dessa vez, pelo menos, vai ser para uma amiga. É claro que vamos organizar. A não ser que vocês achem difícil demais.

— É claro que não. Por que acharíamos difícil?

— Porque ela vai se casar. Isso significa que vai rolar aquela baboseira romântica e que o Jake vai estar lá.

— Nós vamos estar ocupadas demais cuidando dos convidados. Diga que sim. É claro que aceitamos organizar a festa.

Eva voltou a falar ao celular, felicitou Matilda em nome de todas e discutiu algumas ideias gerais.

— Vai ser em Hamptons? Casamento na praia? — A expressão de Eva ficou sonhadora. — Nossa, vai ser perfeito.

É trabalho, disse Paige a si mesma, reprimindo uma pontada de inveja. Trabalho. Mais um que a ajudaria a superar mais outro dia.

Depois de terminarem de trabalhar, iria tomar um banho, colocaria um vestido leve de verão que, assim esperava, compensaria seu humor triste, passaria o novo batom e subiria ao terraço com as amigas e o irmão.

O sol estava se pondo sobre Manhattan e lançava listras douradas por entre as torres cintilantes de metal e vidro.

Matt tinha preparado o telão.

E a tequila.

Paige examinou as garrafas.

— Isso é o necessário para um homem sobreviver a seis horas de puro sentimentalismo feminino?

— Isso aí é o necessário para um homem sobreviver a vinte minutos de sentimentalismo em geral. Tem mais lá embaixo. — Matt colocou gelo nos copos e serviu a bebida. — Vocês vão brindar a quê?

— É noite de filmes românticos. — Frankie pegou o copo da mão de Matt. — Aos contos de fadas, finais felizes e a essa merda toda.

Eva revirou os olhos.

— Não é à toa que você está sozinha.

— Você tem razão: não é à toa. Trabalhei duro pra isso.

Pensando por que tinha concordado em fazer uma noite de filmes românticos, Paige pegou um dos copos.

— Hoje vamos brindar à amizade. A melhor coisa que existe.

Eram suas amigas que a ajudariam a superar aquela situação, do mesmo jeito que haviam ajudado em outros momentos de sua vida.

Paige ouviu passos nas escadas e viu a expressão no rosto do irmão mudar.

Ele colocou o copo sobre a mesa com cuidado.

— Jake... — o tom dele era estável — nós não estávamos te esperando.

— Sábado à noite é nossa maratona de filmes. — Jake entrou na cobertura. O cabelo escuro brilhava e os olhos pareciam cansados. — Ainda sou bem-vindo?

Paige sentiu uma pontada de pânico.

Ainda não estava pronta para aquilo. Precisava de mais tempo para se preparar.

Conseguia sentir todos olhando-a, esperando para ver como ia reagir, e percebeu que as coisas agora iam ser desse jeito.

Cabia a ela não tornar aquela situação constrangedora.

— É claro que é bem-vindo. — Ela abriu um sorriso tão grande que seu rosto quase rachou. — É bom te ver. Não sabíamos se ia conseguir vir, mas estamos felizes que tenha chegado. Sente-se. Temos pizza...

A gata Garrinhas entrou pela cobertura. Sem olhar para nenhum deles, escolheu a almofada maior e mais confortável e se esticou.

Jake ignorou a pizza.

— Antes de começarmos a noite de filmes, preciso conversar com você, Paige. Tentei ligar, mas você não atendeu.

— O trabalho estava uma correria só.

— Fico feliz de saber, mas isso não muda o fato de que preciso falar com você.

— Acho que já dissemos tudo o que precisava ser dito. Ficou tudo para trás. É passado. Já esqueci. — Paige acenou com a mão. — Sente-se. Escolhemos uma trilogia de filmes românticos, então acho que vai acabar não ficando muito tempo.

Estava contando com aquilo.

— Você talvez tenha dito tudo o que precisava dizer, mas eu não. E isso não é passado, Paige. Não esqueci. Não consegui pensar em nada desde que foi embora da minha casa e tenho certeza de que você também não.

— Não é verdade. Precisamos começar o filme, senão o sol vai nascer e ainda não vamos ter terminado os três. Se ainda quiser conversar no final, tudo bem. Matt? Aperta o play. — Havia desespero em seu tom de voz e se sentiu aliviada quando Matt começou o filme.

Esperava que Jake fosse ficar ali por cinco minutos. Dez no máximo. Será que veria algo de interessante em *Harry e Sally*? Talvez. Mas se aquele filme não o mandasse correndo de volta para casa, *Enquanto você dormia* com certeza mandaria.

De um jeito ou de outro, ao final da noite ele teria ido embora. Paige tinha certeza disso. E na próxima vez que se vissem, estaria mais recomposta.

Ela se sentou na almofada mais próxima e fixou os olhos na tela.

Eles assistiram a *Amor a toda prova* e Paige não ouviu uma palavra sequer.

Só conseguia pensar em Jake, sentado a seu lado, esperando.

Esperando pelo quê?

Para lhe dar mais motivos por nunca poder amá-la?

Não queria mais ouvir seus motivos.

Queria que os filmes durassem para sempre, mesmo fazendo-a se sentir miseravelmente deprimida.

Matt abriu a tequila.

— É isso o que as garotas querem? Sério? — Ele olhou para a tela. — Eu tiro a camisa quando estou trabalhando se for um dia quente e não houver ninguém por perto. Talvez eu precise dançar que nem no *Dirty Dancing*.

— Se você tirasse a camisa, garanto que alguém, em algum lugar, ia ligar. E é o Ryan Gosling. — Eva gesticulou para a tela.

— Ele poderia tirar a camisa e dançar qualquer coisa. Ou coisa nenhuma. A gente ia continuar babando e achando que é o melhor filme de todos os tempos.

Paige sabia que estavam tentando amenizar a tensão entre ela e Jake, mas não teve energias para se juntar a conversa. Não estava nem aí para o que Ryan Gosling estava fazendo.

Só conseguia pensar em Jake.

Estavam no meio de *Harry e Sally* quando Jake finalmente se levantou.

E tirou a camisa.

Matt engasgou com a tequila e Frankie arrumou os óculos.

— Toma essa, Ryan Gosling.

A boca de Paige ficou seca. O corpo era sarado, mas já sabia disso, porque suas mãos percorreram toda aquela pele.

— O que está fazendo?

— Estou fazendo o necessário para chamar sua atenção e, neste momento, me parece que isso é o necessário. Nesses filmes que você adora, um cara sempre tira a camisa na última cena e faz papel de bobo em público.

Eva assobiou e pegou a pipoca.

— Belo tanquinho. Já pensou em fazer o teste para *Magic Mike*?

Paige não disse nada. Estava completamente concentrada em Jake. E ele nela.

Somente nela.

Os olhos eram de um cinza metálico intenso.

— Quero te dizer algumas coisas.

Frankie se levantou rapidamente e puxou Eva, relutante, esbarrando em algumas almofadas.

— Vamos sair daqui.

— Por quê? — Ele as impediu. — O que eu disser a Paige vai contar pra vocês, então podem ficar e ouvir em primeira mão.

— Por mim está ótimo. — Eva se sentou novamente, mas Frankie pareceu horrorizada.

— É algo íntimo...

— Com vocês três não tem essa coisa de "íntimo". E não tenho problemas com isso. Acho ótimo vocês três terem um laço de amizade tão forte. — Jake balançou a cabeça quando Matt se levantou. — Você também pode ficar. Assim, pode decidir se vai querer quebrar minha cara ou não.

— É noite de filme romântico — disse Paige. — Ninguém vai quebrar a cara de ninguém. E ainda temos mais um para assistir.

— Não queria passar por aquilo. Não estava pronta para aquela conversa.

— Isso aqui está virando o *Na sintonia de Manhattan*? Vocês têm esse filme?

Paige engoliu seco.

— Você quis dizer *Sintonia do amor*?

— Não, não quis. *Na sintonia de Manhattan* tem uma história diferente. — Jake olhou firme para ela. — Quer saber como termina?

— Eu...

— O cara é um idiota, como todos são nesses filmes que vocês adoram. Ele demora a entender o que realmente quer, leva algum tempo e precisa de uma ajudinha dos amigos para compreender as próprias prioridades. — O tom de voz era imponente e ele esticou a mão para Paige. — Levante-se.

— O quê? Eu não acho que...

— Eu disse "levante-se".

Eva se arrepiou.

— Sei que não é politicamente correto dizer isso, mas adoro um homem mandão.

— Se não calar essa boca, vou quebrar o seu pescoço — murmurou Frankie. — Aí vai ver o que é forte.

Paige não conseguia desviar os olhos dos de Jake. Seu coração batia acelerado.

— Quer que eu saia correndo para os seus braços como acabaram de fazer no filme? Pois se você perder o equilíbrio, eu vou cair de três andares com a cara no chão no meio do Brooklyn. E isso não vai ser legal.

— Só hoje, você poderia fazer o que eu disse? Seria pedir demais? — Jake se inclinou para a frente e a ajudou a se levantar. — Na primeira vez que te vi, você estava deitada em uma cama de hospital tentando esconder o medo que sentia. Foi quando entendi que é a pessoa mais corajosa que já conheci.

O coração de Paige martelava. Tentou afastar a mão da dele, mas os dedos de Jake estavam firmemente fechados.

— Eu estava com medo, então é óbvio que não era tão corajosa.

E estava com medo agora.

Do que ele poderia dizer. E, mais importante ainda, com medo do que poderia não dizer.

— Ah, era corajosa, sim. Todo mundo ao seu redor estava surtando e você fingiu que estava tudo bem. Que era tranquilo como passear no parque. Achei incrível. Dizia a mim mesmo que você era só uma criança, mas sabia que não era. Demos risada, conversamos, brincamos. Levei comida ao hospital...

— Biscoitos. Eu me lembro.

— Derrubamos as migalhas na sua cama. Conversei com você de um jeito que nunca mais conversei com ninguém na vida. Sabia que é a única pessoa com quem conversei sobre a minha mãe biológica? — Jake respirou fundo. — Eu estava aterrorizado naquela noite em que você disse que me amava. Eu também tinha sentimentos por você, mas prometi ao Matt e eu sabia que ele tinha razão. Eu ia magoá-la.

— Jake...

— Por isso te dei o fora e fiz isso de um jeito que, eu esperava, ia acabar com os seus sentimentos por mim. Depois, me certifiquei de que você nunca mais tivesse esses sentimentos.

Matt franziu a testa.

— Era por isso que você sempre discutia com ela?

Jake continuou olhando para Paige.

— Você disse que me amava duas vezes na vida e, nas duas, lidei mal com a situação.

— Você foi honesto.

— Não fui honesto. Não fui honesto comigo e não fui com você. Mas estou sendo honesto agora. Eu te amo.

O fôlego dela ficou preso na garganta.

Quanto tempo Paige não havia sonhado com ele dizendo aquelas palavras?

— Jake...

— Você já sabe que eu te amo, mas talvez não saiba quanto. Ainda preciso demonstrar e vou fazer isso. Fui um covarde e um idiota, mas isso acaba agora.

Ela ouviu alguém emitir um som. Podia ter sido a Eva. Ou Frankie. Podia ter sido ela própria.

Paige não sabia, porque Jake ainda a olhava e havia esperado tanto tempo para ver aquele olhar que não queria perder um segundo sequer.

— Você me ama?

— Sempre te amei, mas, para mim, amar era a coisa mais aterrorizante que podia acontecer com alguém. Se você ama, pode perder. E eu não queria perder. Assumi vários riscos na vida, mas nunca arrisquei nos assuntos do coração. Dizia a mim mesmo que estava te protegendo, mas na maior parte do tempo estava protegendo a mim mesmo. Dizia a mim mesmo que o amor é um risco que não valia a pena correr. Mas ontem à noite, quando você foi embora, descobri que a dor não foi embora junto, pois tinha te perdido. E descobri que amar e estar com você é mais importante do que qualquer outra coisa. Nunca pensei que fosse achar uma mulher pela qual valesse a pena correr o risco. Eu estava errado.

Paige havia prometido a si mesma que, independentemente do que ele dissesse quando enfim se encontrassem, sorriria e voltaria para casa antes de começar a chorar.

Mas não esperava que Jake fosse dizer o que tinha acabado de falar.

— Tem certeza de que me ama?

— Absoluta. — Ele deu um sorriso de canto de boca. — Verdadeiramente, loucamente, profundamente: para ficar na sintonia de Manhattan.

Paige foi dominada pela emoção.

— Já disse, esse filme não existe.

— Mas deveria. É um título ótimo. Comprei algo para você. — Levou a mão ao bolso de trás e puxou uma sacolinha. — Espero que goste. É uma pena vocês não estarem assistindo a *Bonequinha de luxo*.

Paige reconheceu o embrulho inconfundível da Tiffany e seu coração começou a bater mais rápido.

Não se atreveria a esperar...

Tinha se atrevido antes e...

Cautelosa, Paige espiou dentro da sacolinha e viu algo brilhar.

— É um anel? — Com as mãos trêmulas, o tirou de dentro da bolsa. Por que o havia deixado solto ali?

— Da última vez que te dei uma joia em uma caixa, você achou que poderia ser um anel e não era. Vi a decepção no seu rosto. Dessa vez, quis que você não tivesse dúvidas. A caixinha está no meu apartamento, se você quiser. Case comigo — disse sem hesitar — e prometo deixar seu batom intacto pelo resto da vida.

Paige levou o olhar do diamante brilhante para o rosto dele.

— *Casar* com você?

— Sim. Eu te amo. Você é a mulher que quero. A única mulher que sempre quis. Assumiria qualquer risco por você.

O silêncio em torno dela foi quebrado apenas pelo som distante do trânsito.

Frankie estava em silêncio.

Matt não se mexia.

Nem Eva tinha algo a dizer.

Paige engoliu seco.

— Jake...

— Sempre foi você, Paige. Sei que vou precisar de mais do que palavras para convencê-la, então criei algo para ajudá-la a se decidir. — Colocou a mão no bolso e pegou o celular. — Criei um aplicativo. Ele se chama "A Paige deveria se casar com o Jake?" É bem autoexplicativo, e como você é nerd, provavelmente não vai precisar de ajuda, mas posso explicar como funciona, se quiser.

— Você está me chamando de nerd? — A felicidade borbulhava dentro dela. — Você criou um aplicativo para me pedir em casamento?

— Não, mas já que tocou no assunto, é uma ideia interessante, pois, acredite, pedir alguém em casamento é aterrorizante. Com um joelho no chão, os dois ou nenhum? De camisa ou sem camisa? As opções são infinitas.

— Sem camisa, com certeza. — Eva suspirou e Paige deu uma risadinha.

— Não me importa se você está de joelhos ou pelado... A única coisa que me importa é que você me ama. — Ela foi tomada de emoção. Como uma pessoa podia ir de tamanha tristeza a felicidade extrema e sobreviver? — Você está me pedindo em casamento? Tem certeza?

— Sim, e quero que também tenha certeza. Então, antes de responder, é melhor checar o aplicativo. Você disse que queria tomar suas próprias decisões, então criei algo para ajudá-la. É uma escolha importante. Não vai querer tomar a decisão errada.

Fascinada, Frankie se levantou e espiou por sobre o ombro de Paige.

— Que legal. Responda às perguntas, Paige.

— Você pode deslizar para "sim" ou "não". — Jake mostrou a ela. — Qual é sua bebida favorita de manhã? Café. A minha também. Viu só? Somos a combinação perfeita.

— Espera aí... — Paige respondeu a uma das perguntas, depois mudou de ideia e tentou outra resposta. Então franziu a testa. — Não importa que resposta eu dê, sempre vai dizer que somos a combinação perfeita.

Jake deu um sorriso encabulado.

— Não quis arriscar.

— Você mudou? — Os olhos brilhavam. — Pensei que você gostasse de assumir riscos.

— Tem coisas que não estou pronto para arriscar, e perder você é uma delas.

Paige sabia que nunca esqueceria o olhar dele naquele momento. Era tudo o que precisava ver.

— Não preciso disso para me ajudar a escolher. — Guardou o celular dentro do bolso de Jake e ele a puxou mais para perto, com uma expressão séria no rosto.

— Antes de você responder, preciso te avisar que nunca vou parar de te proteger. Eu te amo e me preocupo com você: proteger faz parte disso. — Com um gesto delicado, afastou o cabelo dela do rosto. — Prometo que não vou fazer escolhas por você. Vou respeitar o que decidir.

A visão ficou turva e Paige piscou algumas vezes para clareá-la.

Colocou o anel no dedo e ergueu os olhos para Jake, sabendo que seu olhar demonstrava tudo o que estava sentindo.

— Também te amo. Sei que sempre vou te amar. Você é tudo o que sempre quis. E vou me casar com você independentemente de esse aplicativo dizer que devo ou não. E você pode me proteger, desde que não se incomode que eu o proteja também.

Jake abaixou a cabeça e a beijou.

— Maratona romântica... ao vivo — murmurou Matt, e Paige se afastou, rindo.

— Você me prometeu uma noite com felizes para sempre. Isso ultrapassou todas as expectativas.

— Ainda não acabou. — Jake a empurrou em uma das almofadas. — Ainda temos mais um filme para assistir, não temos?

— *Enquanto você dormia.* — Paige se aconchegou. O anel em seu dedo cintilava e refletia as luzes de Manhattan. — Você acha que é homem o bastante para dar conta?

— É claro. — Jake a trouxe para perto e olhou para Matt. — Passe a tequila para cá.

Agradecimentos

DESCOBRI RECENTEMENTE QUE ESCREVI SETENTA e cinco livros para a Harlequin. Perdi a conta há muito tempo e só descobri a quantidade quando a editora me presenteou com um adorável anel da Tiffany em reconhecimento.

Tive tanta sorte na minha carreira. E vocês devem estar pensando que meu primeiro e maior agradecimento iria para minha editora — e ela é incrível —, mas na verdade vai para as minhas leitoras.

Se elas não comprassem meus livros, eu não faria carreira como escritora. Poderia continuar escrevendo, é claro, mas não seria um passatempo tão divertido... e teria que arranjar um "emprego de verdade", o que, provavelmente, não seria nada divertido!

Muitos escritores são introvertidos, mas sou extrovertida e amo a interação que tenho com minhas leitoras. Tenho a melhor comunidade de Facebook no mundo e, sempre que o dia está difícil, passo lá um pouquinho: os comentários e o apoio sempre melhoram o meu humor. Por isso, gostaria de fazer meu maior agradecimento a todas que compraram algum de meus livros, que me recomendaram às amigas, que conversaram comigo nas redes sociais. Vocês podem me achar no Facebook, Twitter, Instagram, Pinterest e Goodreads — todos os links estão no meu site. Amo saber da vida de vocês, trocar ideias sobre livros e ler seus e-mails. Fico tocada por algumas de vocês compartilharem detalhes sobre os desafios que enfrentam no dia a dia e me sinto feliz por meus livros ajudarem de alguma forma. Sei que quando a vida ficou difícil para mim, o que me ajudou foram minha família, meus amigos, a leitura e a escrita.

Obrigada por abrirem espaço para mim em suas prateleiras ou em seus leitores eletrônicos.

Este livro foi impresso no Rio de Janeiro, em 2021,
pela BMF, para a Harlequin.
A fonte usada no miolo é Adobe Caslon Pro,
corpo 11/15,4. O papel do miolo é Polén Soft $80g/m^2$,
e o da capa é cartão $250g/m^2$.